世赛成果转化系列教材

重型车辆维修

主　编　李清德　汪　超
副主编　吴　杰　高　吉　李攀攀
参　编　李　超　马　丽　余自俏　孙希岗
　　　　李　樾　蓝祖龙　王　磊
主　审　刘庆华

机械工业出版社

本书结合世界技能大赛重型车辆维修项目操作流程及评分标准，重点面向重型车辆零部件装配、整机装配、整机调试和维修等岗位，讲述柴油发动机系统、液压系统、电子与电气系统、传动系统、转向系统、制动系统与底盘系统常见故障诊断与排除，以及新车交付检查、精密测量等内容，车型涉及徐工集团、卡特彼勒、东风公司的装载机、挖掘机、滑移装载机、起重机、压路机、重型货车等。附录中包含重型车辆维修项目涉及的中英文专业术语和世界技能大赛重型车辆维修项目试题及评分标准。

本书可作为技工院校、职业院校车辆维修专业教材，也可作为重型车辆维修人员的学习用书。

图书在版编目（CIP）数据

重型车辆维修/李清德，汪超主编 .—北京：机械工业出版社，2020.9（2024.1重印）
世赛成果转化系列教材
ISBN 978-7-111-66909-8

Ⅰ.①重… Ⅱ.①李… ②汪… Ⅲ.①重型载重汽车—车辆修理—职业教育—教材 Ⅳ.①U469.207

中国版本图书馆 CIP 数据核字（2020）第 220102 号

机械工业出版社（北京市百万庄大街22号　邮政编码100037）
策划编辑：陈玉芝　责任编辑：陈玉芝
责任校对：王明欣　封面设计：陈　沛
责任印制：单爱军
北京虎彩文化传播有限公司印刷
2024年1月第1版第2次印刷
184mm×260mm・18.25印张・451千字
标准书号：ISBN 978-7-111-66909-8
定价：49.80元

电话服务　　　　　　　网络服务
客服电话：010-88361066　　机 工 官 网：www.cmpbook.com
　　　　　010-88379833　　机 工 官 博：weibo.com/cmp1952
　　　　　010-68326294　　金 书 网：www.golden-book.com
封底无防伪标均为盗版　机工教育服务网：www.cmpedu.com

前　言

世界技能组织（WorldSkills International）成立于1950年，其前身是国际职业技能训练组织，由西班牙和葡萄牙两国发起。其宗旨是通过成员之间的交流合作，促进青年人和培训师职业技能水平提升；通过举办世界技能大赛，在世界范围内宣传技能对经济社会发展的贡献，鼓励青年人投身技能事业。该组织的主要活动为每年召开一次全体大会，每两年举办一次世界技能大赛。我国于2010年10月加入世界技能组织，并于2011年、2013年、2015年、2017年、2019年分别参加了第41、42、43、44、45届世界技能大赛，第46届世界技能大赛将于2021年在中国上海举办。

重型车辆维修项目于2017年首次在第44届世界技能大赛中设置，湖北东风汽车公司选手吴杰取得了第九名。2019年在俄罗斯喀山举办的第45届世界技能大赛中，广州交通技师学院莫镇安取得重型车辆维修项目第六名，荣获优胜奖。

重型车辆维修项目要求选手掌握符合国际通用配置的常用重型车辆种类与型号、使用性能和主要特点；理解并掌握重型车辆发动机、液压、电气与电子等系统的工作原理、使用性能，以及零部件的精密测量、故障诊断、维修维护与更换；能够熟练掌握驾驶和操作的基本技能；能够正确使用特定工具的诊断功能，调整、维修、更换缺陷零件或系统，测试维修后的性能；能够正确解读技术手册上的指示并书写服务报告，确保工作满足生产商要求和法律规定；理解并遵守现行安全技术法规、标准，熟悉并能正确使用各种个人防护装备，避免重型设备和电动工具作业时造成伤害。

本书结合世界技能大赛重型车辆维修项目操作流程及评分标准，重点面向重型车辆零部件装配、整机装配、整机调试和维修等岗位，培养熟悉机械图样的阅读与绘制、工程机械零部件的装配与调试、工程机械液压系统安装及故障诊断与排除、工程机械电气系统安装与故障诊断、工程机械整机装配调试与维修、工程机械工作性能检测等工作，拥有良好的政治思想素质和职业道德，具备团队合作、执行生产现场管理规定、安全操作、遵守工作制度等职业素养，善于沟通协调，具有自主学习、独立分析与解决简单工艺文件编制和工装设计制作的能力，达到工程机械装配工高级职业资格（国家职业资格三级）要求的技能人才。

本书作者深度参与了第44届、第45届世界技能大赛重型车辆维修项目全国选拔赛及选手集训工作，通过对标世界技能大赛相关标准，对该比赛项目的组织形式、竞赛内容和评分标准有了较深入的理解。本书在编写过程中得到了徐州工程机械技师学院、宁波技师学院、广州交通技师学院、湖北东风汽车技师学院领导的大力支持，第45届世界技能大赛重型车辆维修项目中国专家组组长刘庆华教授对本书进行了审阅，在此一并感谢！

由于编者水平有限，书中错误和疏漏之处在所难免，敬请广大读者不吝赐教！

编　者

目 录

前言
第1章 柴油发动机系统 … 1
1.1 柴油发动机无法起动故障维修 … 1
1.2 柴油发动机功率不足故障维修 … 7
1.3 柴油发动机烟色异常故障维修 … 10
1.4 柴油发动机怠速异常故障维修 … 14
1.5 柴油发动机噪声大故障维修 … 16
1.6 柴油发动机过热故障维修 … 17
1.7 柴油发动机油液分析 … 20

第2章 液压系统 … 22
2.1 挖掘机液压系统故障维修 … 22
2.2 装载机液压系统故障维修 … 68
2.3 起重机液压系统故障维修 … 75

第3章 电子与电气系统 … 87
3.1 重型货车电子与电气系统故障维修 … 87
3.2 挖掘机电子与电气系统故障维修 … 107
3.3 压路机电子与电气系统故障维修 … 114
3.4 起重机电子与电气系统故障维修 … 118

第4章 传动系统 … 134
4.1 重型货车传动系统故障维修 … 134
4.2 挖掘机传动系统故障维修 … 149
4.3 装载机传动系统故障维修 … 168

第5章 转向、制动与底盘系统 … 181
5.1 转向系统故障维修 … 181
5.2 制动系统故障维修 … 198
5.3 底盘系统故障维修 … 212

第6章 新车交付检查 … 217
6.1 滑移装载机新车交付检查 … 217
6.2 挖掘机新车交付检查 … 222
6.3 装载机新车交付检查 … 227

第7章 精密测量 … 232
7.1 气门间隙的测量 … 232
7.2 活塞连杆组的测量 … 235
7.3 曲轴的测量 … 243

7.4　凸轮轴的测量 …………………………………………………………………… 244
7.5　气缸内径的测量 ………………………………………………………………… 247
7.6　气门的测量 ……………………………………………………………………… 249
7.7　气门导管的测量 ………………………………………………………………… 251
7.8　螺栓的测量 ……………………………………………………………………… 253
7.9　轴承的测量 ……………………………………………………………………… 255

附录 ……………………………………………………………………………………… 257
　　附录 A　重型车辆维修项目专业英语词汇 ……………………………………… 257
　　附录 B　世界技能大赛重型车辆维修项目试题及评分标准 …………………… 263

参考文献 ……………………………………………………………………………… 286

第1章
柴油发动机系统

➤学习目标：

1. 了解发动机系统常见故障的现象和原因。
2. 掌握发动机系统常见故障的诊断与排除方法。

1.1 柴油发动机无法起动故障维修

1.1.1 徐工汉风重型货车柴油发动机无法起动故障维修

1. 车型信息

整车品牌	徐工	整车型号	汉风 G9（NXG4251D5WC）
技术参数	驱动形式：6×4 发动机品牌：潍柴 WP12（EDC17） 功率：550 马力（1 马力=735.499W）	轴距：3200mm+1530mm 排量：12.54L 转矩：2550N·m	

2. 故障现象及原因分析

故障现象		原因分析
发动机无法起动	将点火开关拧至起动档位时起动机运转正常，但无法起动	发动机进油回路故障
		发动机进气系统故障
	将点火开关拧至起动档位时起动机有声音，但运转无力，发动机无法起动	蓄电池亏电（正常情况下，发动机起动前蓄电池电压为25V左右，发动机起动瞬间蓄电池电压降低2~4V）
		蓄电池负极与车架搭铁处接触不良
		发动机使用年限较久，阻尼较大；蓄电池线过长，电阻较大，起动电流小
	将点火开关拧至起动档位时起动机无声音	点火开关损坏
		点火开关插头松脱、退针
		主动安全模块损坏，或其起动信号线断路
		发动机 ECU 故障
		起动继电器或起动机损坏
		未挂空档

3. 结构原理

汉风 G9 重型货车采用潍柴 WP12 高压共轨发动机，该发动机的电控系统为 EDC17 系统，其起动过程受发动机电控单元（ECU）控制，如图 1-1 所示。

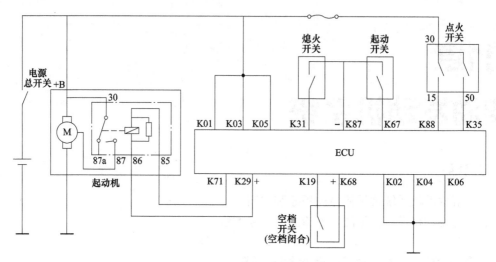

图 1-1　潍柴 WP12（EDC17）发动机起动系统电路图

ECU 接收各开关的位置信号，当起动条件满足时，ECU 会为起动继电器线圈通电，使起动机运转。与起动控制相关的开关有点火开关、空档开关、车下起动开关和熄火开关等，其中车下起动开关和熄火开关不是必需的。

K01、K03、K05 是 ECU 相线，K02、K04、K06 是 ECU 搭铁线，K88 是 ON 档信号，用来唤醒 ECU，K35 是起动信号，ECU 接收到 K35 信号后检测空档信号，如果在空档则用 K29 和 K71 驱动起动继电器，使起动机运转。

（1）空档开关　空档开关（图 1-2）在变速器处于空档时闭合，ECU 通过对 K19 针脚

图 1-2　空档开关

电位检测来判定档位。在空档开关损坏后，如果点火开关处于空档（ST）位置超过 5s，ECU 将强行起动发动机。

（2）起动机总成　潍柴 WP12 发动机使用自带起动继电器的起动机，进行电路连接时只需连接起动电缆和起动继电器插接件，如图 1-3 所示。

4. 故障排除步骤及方法

发动机无法起动故障排除流程图如图 1-4 所示。

图 1-3　自带起动继电器的起动机

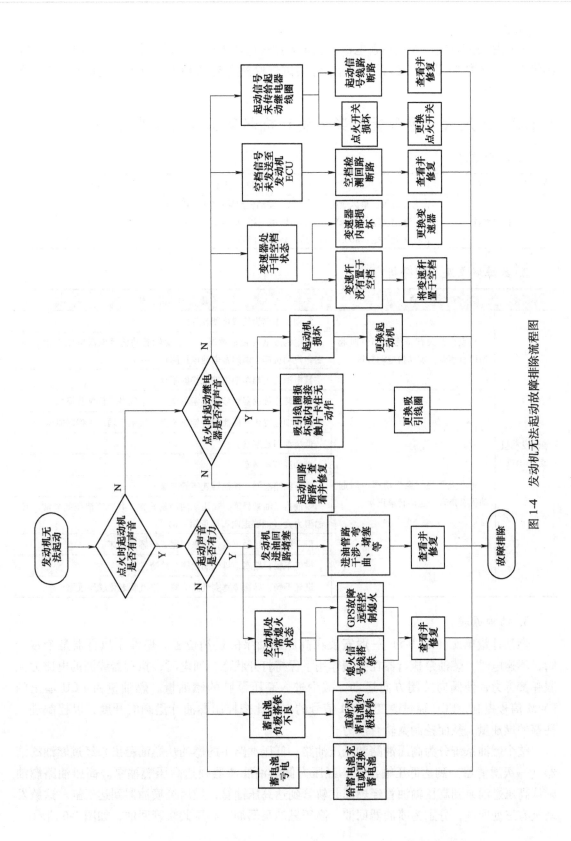

图 1-4 发动机无法起动故障排除流程图

注意：

在使用万用表前应先利用蓄电池来测试万用表电压档读数是否正常。拆下的端子必须做绝缘保护。不能使用白炽灯灯泡做指示灯的试灯检测发动机 ECU，以免流过的电流过大导致 ECU 烧毁。

1.1.2　东风天龙重型货车柴油发动机起动困难故障维修

1. 车型信息

整车品牌	东风	整车型号	DFL
技术参数	发动机：东风康明斯发动机　　发动机型号：ISDe210 40 额定功率：154kW　　额定转速：2500r/min 最大转矩：800N·m　　最大转速：1400r/min			

2. 故障现象及原因分析

故障现象		原　因　分　析
柴油发动机起动困难	将点火开关拧至起动档位时起动机有声音，发动机拖动缓慢	起动机主动齿轮或齿圈损坏
		蓄电池亏电（正常情况下，发动机起动前蓄电池电压为 25V 左右，发动机起动瞬间蓄电池电压降低 2~4V）
		蓄电池负极与车架搭铁处接触不良
	将点火开关拧至起动档位时起动机有声音，起动转速正常	曲轴转速传感器插接件接触不良，线束问题，传感器损坏
		凸轮轴位置传感器插接件接触不良，线束问题，传感器损坏
		低压油路进空气
		燃油滤清器堵塞
		高压油路泄漏、喷油器连接管泄漏
		喷油器回油量异常，高压泵回油量异常，共轨管泄压阀异常，回油阻力大（油路走向布局见图 1-6）
		EFC 插接件接触不良，线束问题，传感器损坏
		排气不畅，堵塞，排气制动阀门故障
		进气不畅，异物堵塞空气滤清器，进气管老化脱层吸瘪

3. 结构原理

燃油计量单元（图 1-5）一般安装在高压燃油泵的进油位置。燃油泵执行器是个常开阀，不通电时，燃油泵执行器在弹簧作用下保持打开状态；通电时，执行器线圈的电磁力克服弹簧弹力，使阀向关闭方向运动，减少进入高压泵腔的燃油量。燃油量由 ECU 输出的 PWM 信号控制，ECU 通过改变 PWM 信号的占空比来控制燃油计量阀的开度，以控制进入柱塞的燃油量，从而控制共轨管压力。

整个燃油系统分为高压油路和低压油路；低压油路中的燃油从燃油箱出来经过燃油滤清器（一级滤清器）到达低压输油泵，经压力侧燃油滤清器到达高压燃油泵。高压油路燃油则从高压燃油泵到高压输油管经燃油共轨管到达高压油管，最后经喷油器到达气缸。这款发动机有三处回油，分别为喷油器回油、高压燃油泵回油、高压共轨管回油，如图 1-6 所示。

图 1-5　燃油计量单元

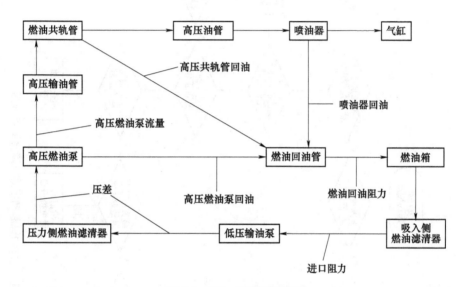

图 1-6　ISDe 发动机油路图

4. 故障排除步骤及方法

（1）发动机起动困难故障排除步骤及方法　发动机起动困难故障排除流程图如图 1-7 所示。

（2）注意事项　在这个故障排除过程中对照世界技能大赛标准应注意以下几点：

1）在进行维修时，需要在点火开关位置及电源总开关附近悬挂禁止起动和禁止操作警示牌，以防在维修过程中他人误操作。

2）在进行任何机械作业时都需要先断开蓄电池负极，并用万用表检测确认已断电。

3）在用万用表测量电压及电阻之前需要先对万用表进行校对，确保万用表正常；在测电阻时要确认车辆已断电。

4）在对油路进行检测时一定要戴丁腈手套，否则油液透过手套会对皮肤造成伤害。

5）维修油路时要防止油洒落到地面，用无纺布及溶液盒装好油液。

6）维修完成后要对场地垃圾进行分类处理。

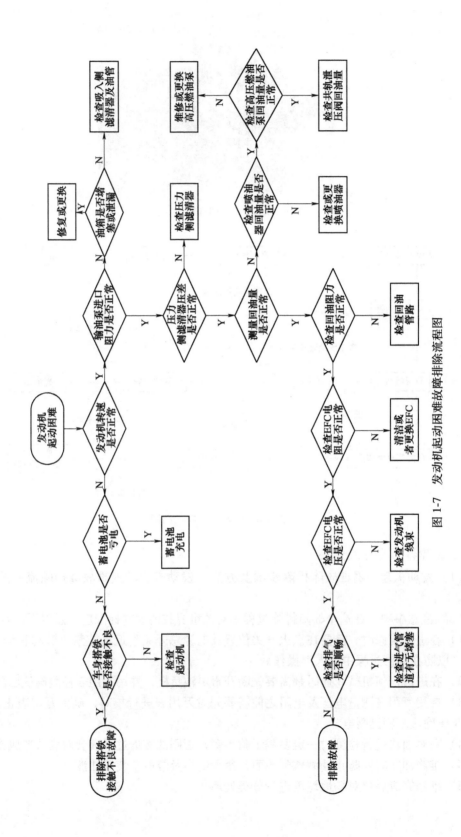

图 1-7 发动机起动困难故障排除流程图

1.2 柴油发动机功率不足故障维修

1. 车型信息

品牌	东风	型号	B5.9-C
技术参数	直列、四冲程、水冷、增压、直喷式柴油发动机 缸径：102mm　行程：120mm　排量：5.88L　压缩比：17.5∶1　进气门气门间隙：0.25mm　排气门气门间隙：0.50mm　点火顺序：1-5-3-6-2-4　润滑方式：强制与飞溅复合式　冷却方式：闭式强制水冷　质量：495kg　额定功率：118kW　额定转速：2600r/min　最大转矩：588N·m　急速：(750±100)r/min		

2. 故障现象及原因分析

故障现象		原因分析
柴油发动机功率不足	发动机燃油系统故障	燃油滤清器或管路内进入空气或阻塞，造成油路不畅通，动力不足，甚至着火困难
		喷油偶件损坏造成漏油、咬死或雾化不良，此时容易导致缺缸，发动机动力不足
		供油提前角过大或过小，造成喷油泵喷油时间过早或过晚（喷油时间过早则燃油燃烧不充分，过晚则会冒白烟，燃油也会燃烧不充分）
		喷油泵供油不足
	进气系统故障	空气滤清器不清洁会造成阻力增加，空气流量减少，充气效率下降
	排气系统故障	排气管阻塞会造成排气不畅通，燃油效率下降
	活塞与缸套拉伤	活塞与缸套拉伤严重或磨损过度，以及活塞环结胶造成摩擦损失增大，造成发动机自身的机械损失增大，压缩比减小，着火困难或燃烧不充分，下排气增大，漏气严重
	缸盖组有故障	由于排气漏气引起进气量不足或进气中混有废气，继而导致燃油燃烧不充分，功率下降
		气缸盖与机体的接合面漏气会使缸体内的空气进入水道或油道
		气门弹簧损坏会造成气门回位困难
		喷油器安装孔漏气或铜垫损坏造成缺缸
		气门间隙不正确会造成漏气
	冷却和润滑系统有故障	柴油机过热，是由冷却或润滑系统有故障所致，此种情况下会导致水温和油温过高，易出现拉缸或活塞环卡滞

3. 结构原理

（1）喷油器（图1-8） 孔式喷油器用于直喷式燃烧室柴油机上。孔式喷油器的喷嘴头部加工有1个或多个喷孔，一般有1~7个，喷孔直径为0.2~0.5mm。轴针式喷油器针阀密封锥面以下有一段轴针，它穿过针阀体上的喷孔且稍凸出于针阀体之外，使喷孔呈圆环形。因此，轴针式喷油器喷注的喷雾是空心的。轴针可以制成圆柱形或截锥形。圆柱形轴针其喷注的喷雾锥角较小，而截锥形轴针其喷注的喷雾锥角较大。

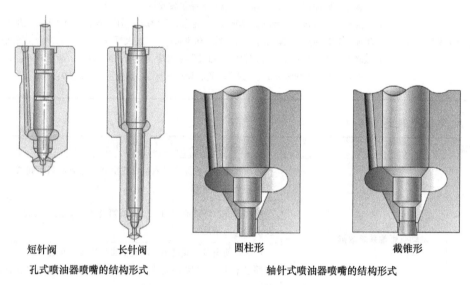

短针阀　　长针阀
孔式喷油器喷嘴的结构形式

圆柱形　　截锥形
轴针式喷油器喷嘴的结构形式

图1-8　喷油器

工作原理：喷油泵输出的高压柴油由进油管接头进入针阀中部的高压油腔，当油压克服调压弹簧预紧力及针阀偶件间的摩擦力时，针阀上升，高压柴油由喷孔喷射出去，当喷油泵停止供油时，针阀在调压弹簧作用下将喷孔关闭。

（2）燃油滤清器　燃油滤清器如图1-9所示。

图1-9　燃油滤清器

（3）喷油泵　轴向压缩式喷油泵（VE 泵）如图 1-10 所示。

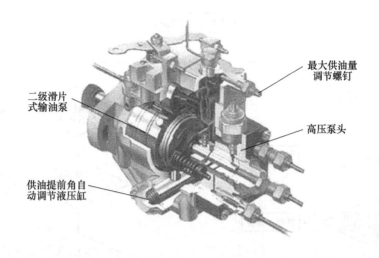

图 1-10　轴向压缩式喷油泵（VE 泵）

当发动机稳定运转时，活塞左右端压力相等，处于平衡位置。发动机转速升高时，二级滑片式输油泵出口压力增大，活塞右端压力增大，活塞左移，带动滚轮架转动一定角度，供油提前。转速降低时与前述相反。供油提前角自动调节过程如图 1-11 所示。

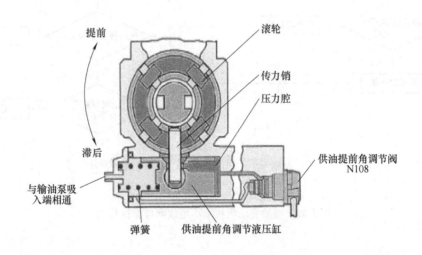

图 1-11　供油提前角自动调节过程

4. 故障排除步骤及方法

柴油发动机功率不足故障排除流程图如图 1-12 所示。

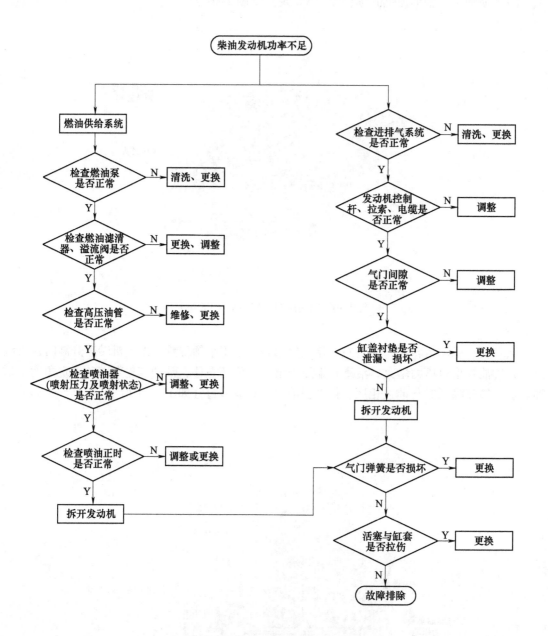

图 1-12　柴油发动机功率不足故障排除流程图

1.3　柴油发动机烟色异常故障维修

1. 车型信息

发动机品牌	康明斯	型号	B5.9

2. 故障现象及原因分析

故障现象		原 因 分 析
排气管冒白烟	燃油品质问题	柴油中有水,水在气缸内蒸发成水蒸气,从排气管排出
	气缸垫故障	气缸盖螺栓松动或气缸垫冲坏,使冷却液进入气缸
	气缸体故障	气缸体或气缸盖的某处有砂眼或裂纹,水进入气缸蒸发排出
	机体温度低	发动机温度过低,柴油不易蒸发燃烧
	燃油供给系统	喷油器雾化不良
		供油时间过晚
		供油量过少,混合气过稀
	气缸内压力低	气缸漏气量过多,压缩终了不能达到着火温度
排气管冒黑烟	进排气系统	空气滤清器过脏,进、排气管堵塞
		气门间隙调整不正确
	燃油供给系统	高压燃油泵各缸供油量不均匀或过大
		供油提前角太小
		喷油器工作不良
		柴油质量差或牌号有误
		气缸密封性差
	传感器故障（电控）	冷却液温度传感器、进气压力传感器、共轨压力传感器故障
排气管冒蓝烟	机油问题	油底壳加机油过量
		机油过稀
		机油压力高
	缸套活塞组件	缸套活塞组件磨损严重,间隙过大
		活塞环失去作用
		缸垫烧损,致使气缸与机油道相通
	气门和导管间隙	气门和导管间隙过大
	涡轮增压器问题	涡轮增压器浮动轴承损坏

柴油发动机排气管之所以会排出黑烟,主要是由于在缺氧的条件下,柴油燃烧不充分、不完全,从而形成游离碳,在混入废气后,最终从排气管排出,形成黑烟。柴油机一旦排放黑烟,应首先检查发动机是否能够正常起动。在发动机无法正常起动的情况下,排气管外有大量黑烟排出,说明进入燃烧室的柴油在不具备压燃条件的环境下,根本无法正常工作,并最终使不能燃烧或不能完全燃烧的柴油形成游离碳而排出黑烟。在发动机能够起动但运转不

均匀的情况下，则说明柴油发动机的喷油系统出现了故障。此种故障产生黑烟的主要原因是：虽然柴油在气缸内能够工作，但是由于喷油器型号选择不当、喷油时刻过早等原因，造成发动机工作状态不稳定而形成游离碳。另外，柴油机质量不合格、气缸组件磨损也会造成此类故障。

在寒冷季节柴油机起动时，会因空气温度较低而产生冷凝现象，使柴油机冒出白烟，同时随着机体温度的升高，白烟会逐渐减少直至消失。但是柴油机在热车后仍排出白烟，则说明因存在喷油时刻过迟、喷油压力低、雾化不良等故障，导致燃油中含有水分或冷却液漏入气缸，由于气缸内温度较高，水化为蒸气并排出，使柴油机冒出白色烟雾。

在机油进入燃烧室参与燃烧，且燃烧不完全的情况下，排气管会冒出蓝烟，此种情况主要是由于燃烧室内窜入的润滑油过多造成的。

3. 故障排除步骤及方法

柴油发动机烟色异常故障排除流程图如图1-13~图1-15所示。

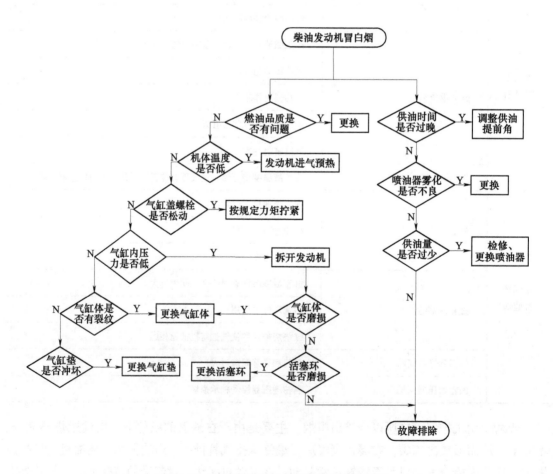

图1-13 柴油发动机冒白烟故障排除流程图

第1章　柴油发动机系统

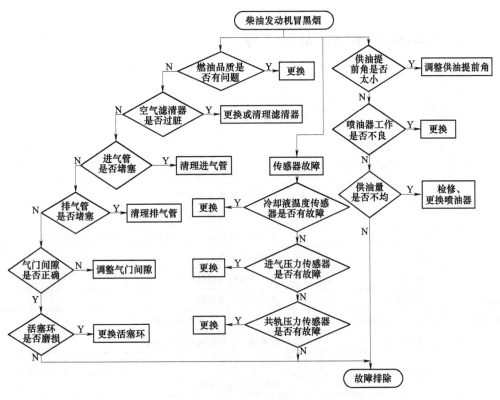

图 1-14　柴油发动机冒黑烟故障排除流程图

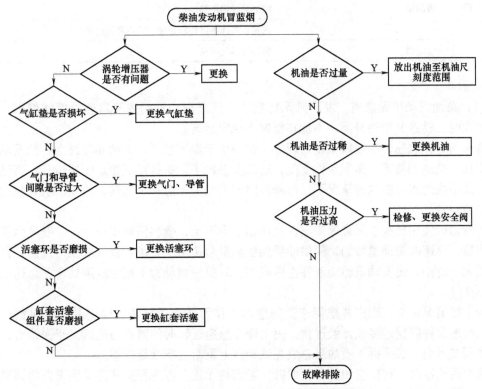

图 1-15　柴油发动机冒蓝烟故障排除流程图

1.4 柴油发动机怠速异常故障维修

1. 车型信息

发动机品牌	康明斯	型号	B5.9

2. 故障现象及原因分析

故障现象		原 因 分 析
柴油发动机无怠速	喷油泵	调速器怠速弹簧过软或折断
		喷油泵柱塞磨损严重
	温度	发动机温度过低，机油黏度过大，使发动机内阻力增加
	气缸内压力	气缸内压力低
柴油发动机怠速过高	油门操纵杆	油门操纵杆件调整不当
	油门回位弹簧	油门回位弹簧过软
	怠速限止块或调整螺钉	怠速限止块或调整螺钉失调
	怠速弹簧	怠速弹簧过硬或预紧力调整过大
柴油发动机怠速不稳	低压油路	油路中有空气
		低压油路供油不畅
	喷油泵	怠速稳定装置调整不当
		喷油泵供油不均
		调速器各连接杆件的销轴、叉头磨损过多
	喷油器	喷油器雾化不良

3. 原理

（1）柴油发动机无怠速　发动机无怠速，一般表现为油门置于怠速位置就熄火，当油门稍加大时，转速又很快升高，不能在低速下稳定运转。

冷起动时无怠速，一般属于正常现象。这是由于温度过低，机油黏度过大，使发动机内阻力增加，柴油的喷雾、蒸发条件变差，造成发动机不能维持最低稳定转速运转，当油门抬起时，便很快熄火。在这种情况下，可将油门调至稍高于怠速下运转，待发动机升温后，再恢复怠速运转。

若发动机使用已久，无怠速工况，且伴随动力不足，燃料消耗不正常，一般是由于柱塞磨损严重，怠速时漏油量增加，使供油量无法满足怠速工况要求；或气缸压力过低，供油提前角过大、过小，使发动机燃烧条件差造成的。只要按照动力不足的故障处理，怠速工况就会自然恢复。

若上述情况正常，则应考虑调速器的怠速工作元件有无异常。检查调速器弹簧有无折断，或调速元件磨损过多或弹簧过软，使飞锤在怠速运转时的离心力远远大于弹簧力；或维修人员调整不当。必须拆下喷油泵总成在试验台上重新进行维修调整。

检查调速器时，首先应调整怠速螺钉，若调整无效，再进行怠速弹簧预紧力的调整。可将怠速弹簧调整螺母向里稍拧或在弹簧座上加垫片，使预紧力增大，升高怠速。如果弹簧折断，应更换后再调整，使之恢复怠速工作性能。

（2）柴油发动机怠速过高　发动机怠速过高，表现为抬起油门时，发动机转速仍高于怠速规定值。怠速过高首先应查看油门是否回到最小位置，若没有到位，检查油门调整情况和油门回位情况。调整油门拉索限位螺钉，若油门仍不能回位，再检查油门回位弹簧是否过软。如果是检修调试后不久的喷油泵，应考虑怠速调整是否正确，怠速弹簧预紧力调整是否过大，若已更换弹簧，应检查弹簧是否过硬。

（3）柴油发动机怠速不稳　发动机怠速不稳的表现形式是怠速运转时，忽快忽慢，或有振动，使得汽车在急减速或换档时熄火。

当诊断怠速不稳时，首先应检查低压油路的供油是否畅通，检查加注的柴油是否符合要求，对汽车发动机的保养是否及时，否则应予以清理或保养、更换。若汽车长时间停驶或油箱中的油未及时补充，少量空气渗入油路，则应进行排气处理。若汽车使用已久，喷油泵也经多次调试而未查看调速器的磨损情况，在调试时注意检验调速元件、油门杆件的各连接处有无磨损过多现象，否则应予以换件处理。怠速不稳且伴有振动，是由于喷油泵供油不均引起的，可用逐缸断油法检查。若断油缸并未引起转速变化，则说明该缸供油不足或喷油器的雾化不良，应先检查喷油器，再查喷油泵。如果原因是怠速稳定装置调整不当，应重新上试验台检修。

4. 故障排除步骤及方法

柴油发动机怠速异常故障排除流程图如图 1-16 所示。

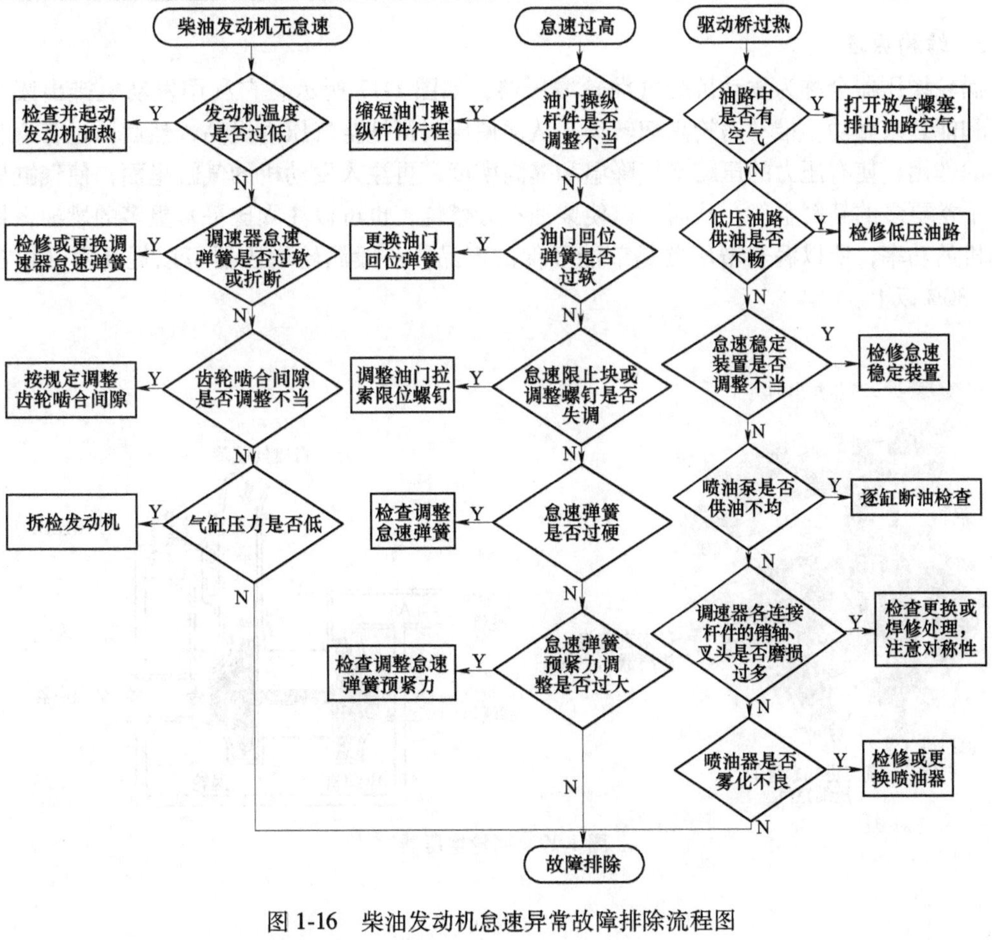

图 1-16　柴油发动机怠速异常故障排除流程图

1.5 柴油发动机噪声大故障维修

1. 车型信息

发动机品牌	康明斯	型号	B5.9

2. 故障现象及原因分析

故障现象	原因分析	
柴油发动机噪声大	传动带噪声	柴油中有水，水在气缸内蒸发成水蒸气，从排气管排出
	进排气系统噪声	进气或排气泄漏
		气门间隙过大
	涡轮增压器噪声	叶轮、涡轮与增压器壳体接触
	齿轮传动噪声	齿轮啮合发生撞击
	发动机内部噪声	活塞敲击缸套
		活塞连杆噪声
		轴承噪声

3. 结构原理

涡轮增压器全称为发动机废气涡轮增压器，如图1-17所示。它利用发动机排出废气的温度和能量来做功，推动涡轮高速转动，从而使压气机把空气压力提高，然后通过管道和中冷器的作用，使有压力的压缩空气降温和提高密度，再注入发动机的气缸里面，使气缸里面有比平常更多的新鲜空气，从而可以使柴油充分燃烧，也可以注入比平常更多的燃油，提高发动机的功率，所以涡轮增压器是节能环保的产品。一般涡轮增压器可以提高发动机功率20%~30%以上。

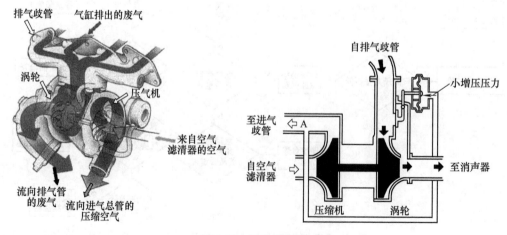

图1-17 涡轮增压器

4. 故障排除步骤及方法

柴油发动机噪声大故障排除流程图如图1-18所示。

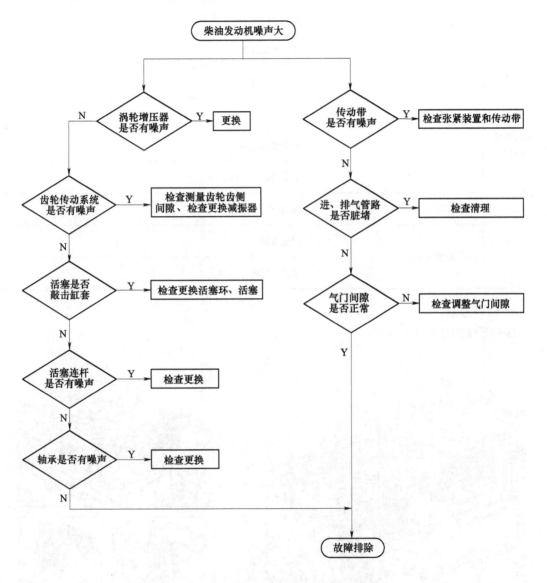

图1-18 柴油发动机噪声大故障排除流程图

1.6 柴油发动机过热故障维修

1. 车型信息

品牌	康明斯	型号	B5.9

2. 故障现象及原因分析

故障现象		原因分析
柴油发动机过热	传动带	传动带张紧力小、磨损、破损
	冷却系统	冷却液液位低
		散热器堵塞
		水泵损坏
		冷却管路破损
		节温器损坏、打不开
	运行状态	超负荷
	燃油供给系统	燃油质量
		喷油器损坏

3. 结构原理

冷却系统图如图 1-19 所示。

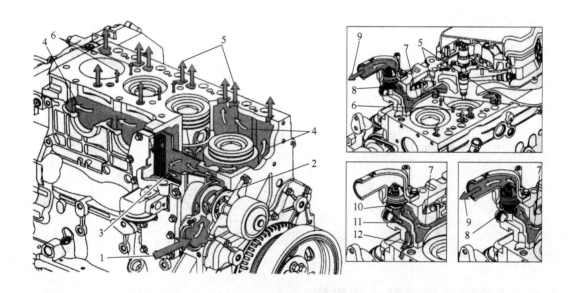

图 1-19 冷却系统图

1—冷却液入口 2—水泵叶轮 3—冷却液流过机油冷却器 4—冷却液流过气缸
5—冷却液从缸体流入缸盖 6—冷却液在气缸之间流动 7—冷却液流入节温器壳体
8—冷却液旁通路线 9—冷却液流回散热器 10—旁路打开
11—冷却液在缸盖中旁通 12—冷却液流回水泵入口

4. 故障排除步骤及方法

柴油发动机过热故障排除流程图如图 1-20 所示。

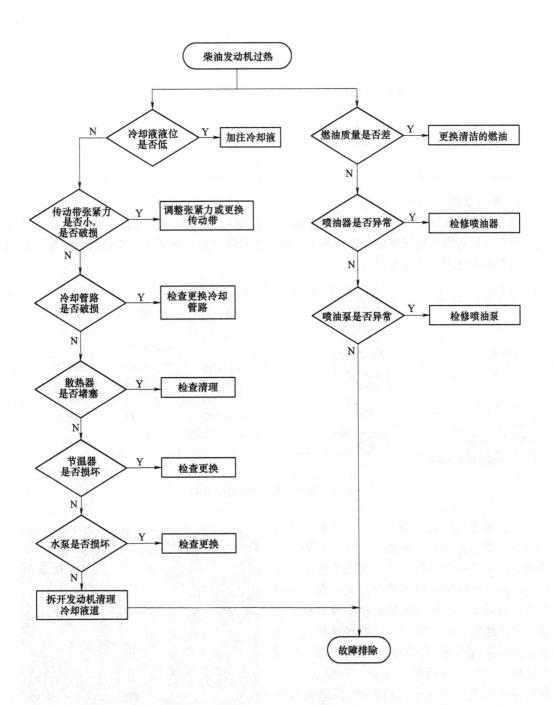

图 1-20　发动机过热故障排除流程图

1.7 柴油发动机油液分析

1. 车型信息

整车品牌	卡特彼勒	整车型号	301.7R
技术参数	前缀号：LJD 名称：小型履带式挖掘机 发动机功率：13.40kW 发动机品牌：帕金斯 测试油温：55℃±5℃		

2. 结构原理

（1）油样分析表 图1-21所示CAT油样定期检测分析表是根据抽取油的样品来填写的，填写完成后将分析表粘贴在取样瓶上，拿回去检测分析，分析表中准确的数据可以帮助分析以及避免过多样品导致混淆。

客户名称		机主号码		燃油类		
客户代码		取样日期		□柴油	□生物沼气	□天然气
机型		设备工作时数		部件/系统		
机器序列号		油样工时数		□发动机	□冷却系统	
工作单		油品更换是/否		□液压系统	□回转驱动	□变速器
油品制造商		更换滤芯是/否		□转向系统	□终传动前左侧	□变矩器
油品类型/级别		添加发动机油数量		□终传动后左侧	□终传动前右侧	□轮毂左侧
备注或近期维修记录				□终传动后右侧	□变速器前	□轮毂右侧
				□回转驱动左侧	□差速器后	

图1-21 CAT油样定期检测分析表

（2）油液取样器（图1-22） 在抽取油液的样品时要防止尘土、杂质、水气等污染，还要避免前次抽样时的残留油液混入取样中。操作时，先将油枪顶端的圆螺母拧松一圈，再将软管穿过螺母后拧紧固定油枪接头及软管。软管应伸出油枪接头下端20cm，以免油枪接头和油枪内部进油污染。将250mL油液清洁瓶拧到油枪接头上即可进行抽油作业。一般情况下，软管伸入深度约50mm。这样，可以避免吸进沉积物。将油枪手柄推到底，同时把油枪手柄往回拉，油瓶内就会形成真空，使油顺着软管

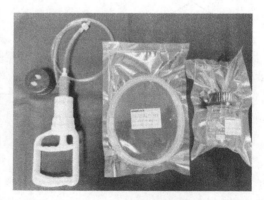

图1-22 油液取样器实物图

流入油瓶。250mL 清洁瓶反复抽拉 15 次左右可抽满 250mL 取样瓶。把油抽至油瓶上 200mL 标记处即可，不要使油瓶抽满油。从油枪接头上拧下油液清洁样品瓶，装上内盖，注意避免混入尘土、外界杂质，然后拧紧瓶盖，拧松圆螺母，把软管从螺母中抽出。无污染软管不能反复使用。收好取样器，取样结束。

3. 油液取样步骤流程及注意事项

油液取样步骤流程图如图 1-23 所示。

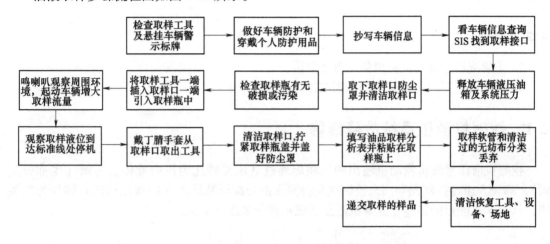

图 1-23　油液取样步骤流程图

在取样前必须做好车辆防护和个人防护，取样要保证清洁，取样瓶及管路不能有破损和污染，取样前要将系统彻底泄压才能插入取样工具，插入工具后方可起动，取样瓶里的样品要达到标准线，不能少也不能多，油样分析表上的信息必须填写准确和完整并粘贴在取样瓶上，以免影响分析，在取样完成后要及时盖上取样瓶和取样口的防尘罩，起动车辆时要环顾四周确认环境安全才能起动。

第2章 液压系统

➢学习目标：

1. 了解液压系统常见故障的现象和原因。
2. 掌握液压系统常见故障的诊断与排除方法。

2.1 挖掘机液压系统故障维修

挖掘机液压系统将发动机输出的机械能通过液压泵转化为压力能传至主阀（也称分配阀），驾驶人通过控制先导阀来控制主阀将液压油分配至液压缸（或液压马达）转换为机械能，从而实现能量的传递。挖掘机液压系统示意图如图2-1所示。

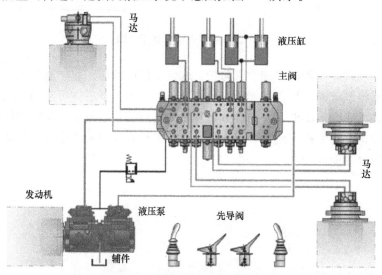

图2-1 挖掘机液压系统示意图

2.1.1 徐工挖掘机整机无动作故障维修

1. **车型信息**

整车品牌	徐工	整车型号	XE60
技术参数	车辆名称：履带式挖掘机 泵的排量：柱塞泵 P1、P2 最大排量 25×2mL/r 齿轮泵 P3 最大排量 16.2mL/r 先导泵 P4 最大排量 4.5mL/r 泵的额定压力：P1、P2、P3 泵额定压力 21.5MPa P4 先导泵额定压力 2.9MPa		

2. 故障现象及原因分析

故障现象	原因分析
XE60 型挖掘机整机无动作	液压油箱里的液压油严重不足
	先导溢流阀故障，导致先导油路无法建立压力
	先导安全控制杆开关、插头、线路故障
	液压先导切断电磁阀 Y2 插接件、线路故障
	主溢流阀故障，导致主油路无法建立压力
	先导油路堵塞，先导油无法驱动主阀工作
	主油路回油堵塞，导致主油路无法正常工作

3. 结构原理

（1）XE60 型挖掘机液压泵结构及原理　XE60 型挖掘机液压泵如图 2-2 所示，液压泵原理图如图 2-3 所示，实物与原理图对照如图 2-4 所示。

图 2-2　XE60 型挖掘机液压泵

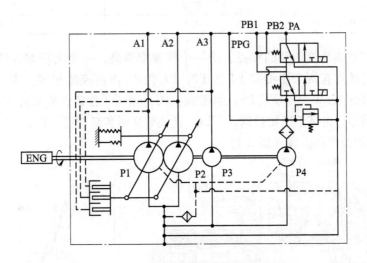

图 2-3　XE60 型挖掘机液压泵原理图

1）XE60 型挖掘机液压泵规格参数。在发动机额定转速为 2200r/min 下 XE60 型液压泵的性能参数见表 2-1。

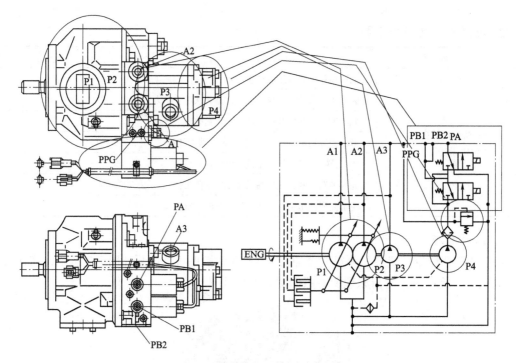

图 2-4 液压泵实物与原理图对照图

表 2-1 额定转速下 XE60 型液压泵的性能参数

泵类型	最大排量/(mL/r)	额定使用压力/MPa
柱塞泵 P1、P2	50	21.5
齿轮泵 P3	16.2	21.5
先导泵 P4	4.5	2.9

2）XE60 型挖掘机液压泵的特点。由一个柱塞变量泵、一个大功率齿轮泵和一个先导泵组成。柱塞变量泵有两个出油口 P1 和 P2，P1 和 P2 出油流量相同。大功率齿轮泵 P3，最大输出功率可达 15kW。先导泵 P4，自带溢流阀，保证了稳定的先导压力。双联电磁阀，内置先导开关阀和行走高低速切换阀，可以实现先导切断和高低速切换。

3）工作原理及性能曲线（图 2-5）。

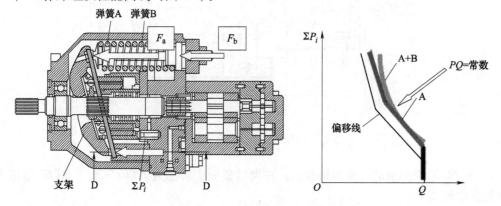

图 2-5 工作原理及性能曲线

没有负载的状态，支架在弹簧力 F_a 的作用下保持一定的倾斜角，流量最大。随着负载逐渐加大，推动调节液压缸的压力 ΣP_i 也逐渐加大，当 $\Sigma P_i = F_a$ 时，开始推动支架，倾斜角变小，流量变小。变化曲率为弹簧 A 的弹性系数。负载一直增加到支架开始压缩弹簧 B 时，流量变化曲率变为弹簧 A 和弹簧 B 的弹性系数之和。

由 PQ 图可以看出，流量变化曲率是一条折线，近似 "PQ = 常数" 这条曲线，达到近似恒功率。

（2）XE60 型挖掘机主控制阀结构及原理

1) 外形结构图（图 2-6）。

图 2-6 XE60 型挖掘机主控制阀

2) 性能参数及规格尺寸。XE60 型挖掘机主控制阀的主要参数、各口功能及各油口的尺寸如图 2-7 所示。

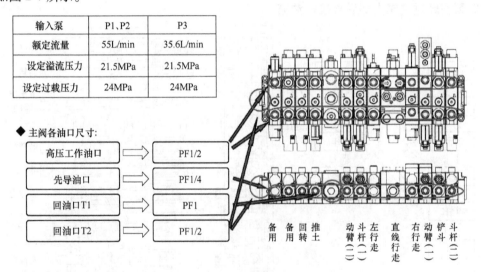

图 2-7 主阀参数、功能及各油口尺寸

3) XE60 型挖掘机主控阀的内部结构。主控阀内部结构如图 2-8 所示，主要由先导形式的阀芯控制整个油路的方向，通过过载溢流阀起到安全保护作用。

4) XE60 型挖掘机主控阀的特点。片式控制阀，结构紧凑，具有丰富的油路。动臂提升、斗杆外摆/内收合流，提供强有力的挖掘力；具有直线行走功能，保证整机任何情况下都能保持直线前进/后退；带有动臂保持阀，防止动臂下沉；具有斗杆再生功能，使斗杆在挖掘时更稳定；具有破碎器专用油口。

5) 主控阀液压工作原理。主控阀各液压油路走向及控制执行机构如图 2-9a 所示。从图中可以看出 P1 泵控制的执行机构有右行走、动臂 1、铲斗、斗杆 2；P2 泵控制的执行机构有左行走、斗杆 1、动臂 2；P3 泵控制的执行机构有推土、回转、备用。

从图 2-9b 所示油路在主控阀内部走向可以看出，当挖掘机不做任何动作时，P1 泵、P2

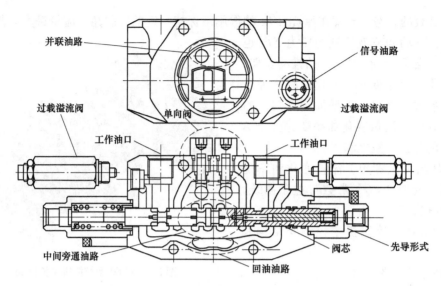

图 2-8 主控阀内部结构

泵、P3 泵在经过主阀内部后直接回油箱。

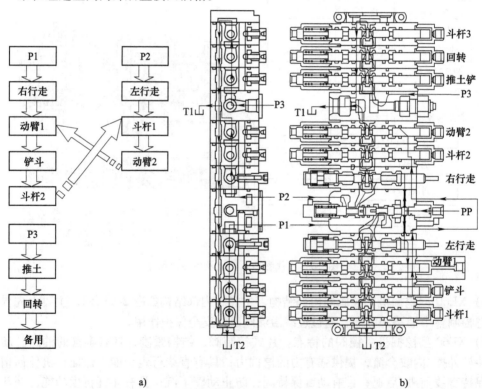

图 2-9 主控阀液压工作原理

(3) XE60 型挖掘机液压原理

1) 先导油路原理图。先导油路原理图如图 2-10 所示。先导泵 P4 出来的先导油经过先导切断电磁阀 Y2 通向各先导阀,在操作人员不做动作时,先导油始终堵在先导阀的 P 口,

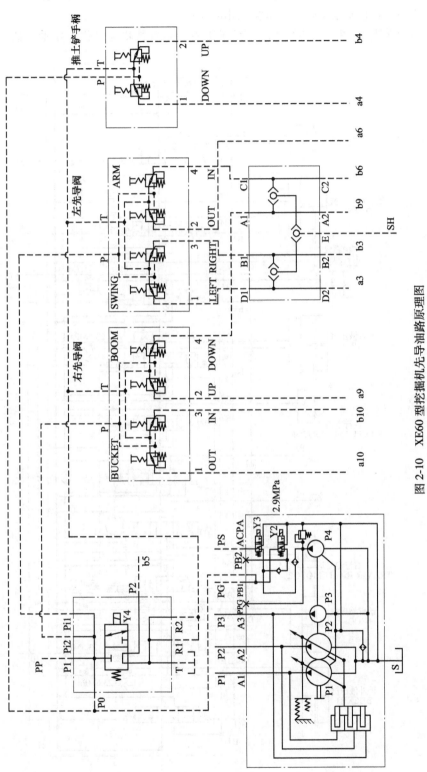

图 2-10　XE60 型挖掘机先导油路原理图

因而挖掘机无动作。当操作人员做相应动作时，对应先导阀芯打开，先导油流向对应的主阀芯对应端，控制主阀芯移动，从而实现相应动作。

2）主油路原理图。图2-11所示为XE60挖掘机在待机无动作时主油路的流向。动作时

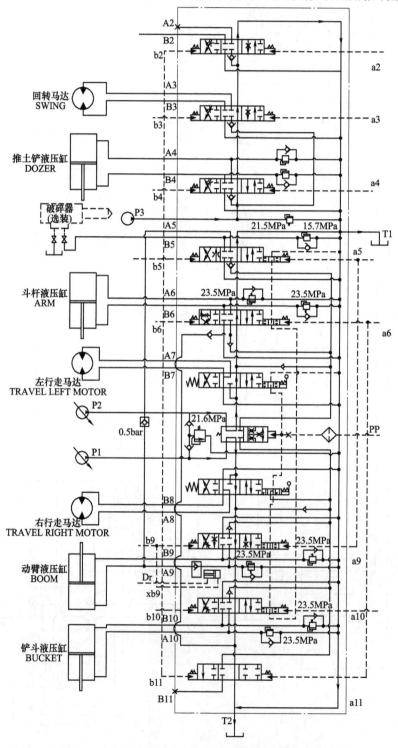

图2-11　XE60型挖掘机待机无动作时主油路的流向

需要先导油推动主阀芯移动来改变主油路的流向，液压油流向对应的执行元件中，从而实现对应的动作。

（4）电气原理图　与先导切断油路相关电气原理图如图2-12所示。从图中可以看出，熔断器1和安全手柄开关2出现故障都会导致切断电磁阀不得电，从而导致全车工作装置无动作。

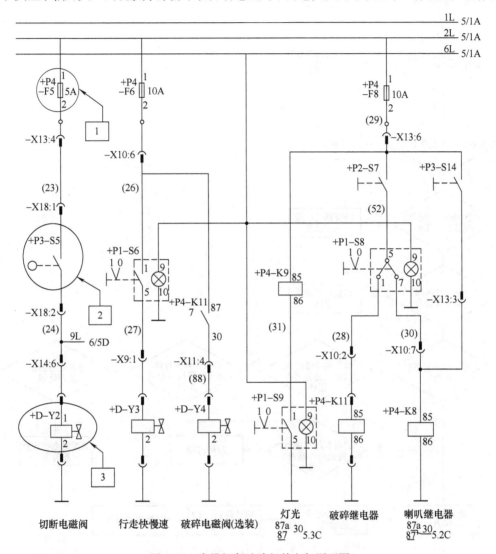

图2-12　先导切断油路相关电气原理图

4. 故障排除步骤及方法

（1）挖掘机整机无动作故障排除步骤及方法　XE60型挖掘机整机无动作故障排除流程图如图2-13所示。

（2）检查注意事项　确认故障现象是否为挖掘机整机无动作。

在进行维修之前要悬挂维修警告牌以及穿戴好个人防护用品。

在检查液压油位时要查询维修手册，根据系统显示将机具正常摆放停机泄压后方可检查液压油位。

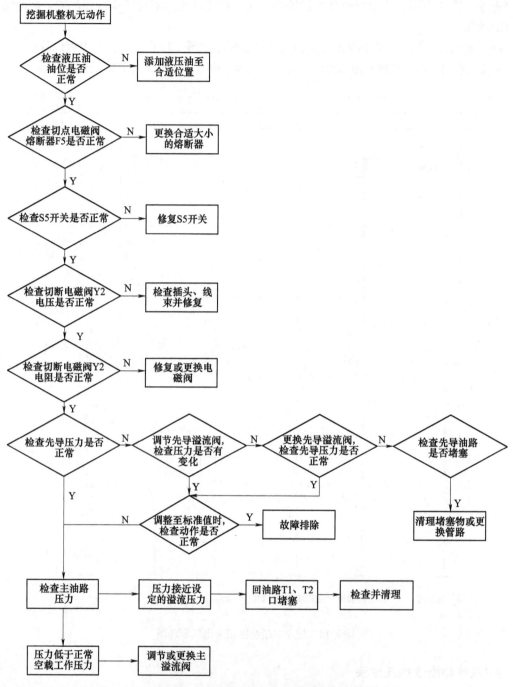

图 2-13 XE60 型挖掘机整机无动作故障排除流程图

检测电压时要对万用表进行校对，确保万用表正常。

对线束插接件进行检查时，插拔线束插接件时必须断开车辆蓄电池负极接线柱，并采用电工胶布将拆下的蓄电池负极接线柱包裹，最后还要用万用表测量确认车辆已断电。

测量电气元器件电阻时必须断开车辆电源后再进行测量。

在测量压力前要选用合适量程的液压表,确保防护眼镜及丁腈手套和耳塞已穿戴。安装压力表时,要及时取下并及时盖上测压口防尘盖以防污染。

对液压管路进行拆卸时要用溶液盒将液压油收集起来,避免洒落在地上。

2.1.2 卡特彼勒挖掘机整机无动作故障维修

1. 车型信息

整车品牌	卡特彼勒	整车型号	301.7D
技术参数	前缀号:LJD 发动机功率:13.40kW 先导压力:3MPa±0.2MPa	车辆名称:履带式挖掘机 发动机品牌:帕金斯 管路安全阀压力:26000kPa±296kPa	

2. 故障现象及原因分析

故障现象	原因分析
挖掘机整机无动作	液压油箱里的液压油严重不足
	液压泵上的压力切断阀故障
	先导调压阀故障,导致先导压力不足
	液压锁电磁阀 Y13 插接件线路故障
	主泵负载感应阀故障
	先导安全控制杆 S29 开关、插头、线路故障
	主控阀上的负载感应控制阀故障
	液压油管破裂
	先导控制油路故障
	主控阀补偿阀故障

3. 结构原理

(1) 主控阀 301.7D 液压挖掘机的阀芯大部分是用先导式液压控制的,只有少数几个如行走、推土铲等的阀芯是用机械控制的,主控阀结构如图 2-14 所示。

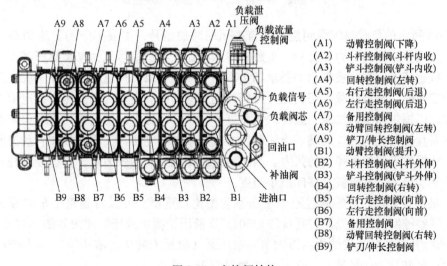

图 2-14 主控阀结构

主控阀工作原理：主控阀受PPC阀产生的PPC油压作用，控制从主泵至各液压缸、马达的液压油的流向及流量。同时，各液压缸、马达中的油需通过该阀返回油箱；主控阀在车上位于脚踏板下方，实物如图2-15所示。

（2）主泵（图2-16） 液压泵在原动机带动下旋转，吸进低压液体，将具有一定压力和流量的高压液体送给液压传动系统。液压泵将发动机的机械能转换为液体的压力能，为系统提供液压油。因此，液压泵是一种能量转换装置，是液压系统中的动力元件。主泵结构如图2-16所示。

图2-15 主控阀实物图

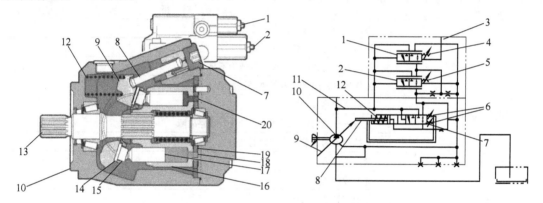

图2-16 主泵结构图

1—负载感应滑阀 2—切断压力滑阀 3—负载信号（LS） 4—负载感应弹簧 5—切断压力弹簧
6—转矩控制弹簧 7—转矩控制滑阀 8—旋转斜盘控制柱塞 9—旋转斜盘 10—主泵
11—油道 12—偏置弹簧 13—轴 14—滑块 15—滑靴 16—柱塞缸
17—活塞 18—进口 19—配流盘 20—出口

图2-16所示的负载感应滑阀接收来自高压回路的信号，主泵感应到液压回路的最高负载，并相应调整泵输出压力和流量。负载感应滑阀比较负载信号压力与操纵杆和供应压力的要求，负载感应滑阀根据接收到的要求和负载信号来改变泵的排量。当液压系统达到最大系统压力设定值时，泵将卸载。切断压力滑阀控制泵的卸载。当达到最大压力设定值时，泵将减小行程，以提供最少的油流。旋转斜盘角度小，泵的行程少。切断压力滑阀移向右侧，允许油流向斜盘控制柱塞的缸盖端。当切断压力滑阀移向右侧时，油压施加在斜盘控制柱塞的缸盖端，此操作克服偏置弹簧的张力。当压力克服偏置弹簧的张力时，斜盘控制柱塞移向左侧。这一移动会导致旋转斜盘移向最小角度。

（3）液压原理图 在维修过程中液压原理图比较重要，可以看到整个车的液压控制逻辑经过了哪些控制部件，以便进行维修。301.7D液压挖掘机液压原理图如图2-17所示。

行走动力传输路线：柴油机→万向节→液压泵（机械能转化为液压能）→主控阀→行走马达（液压能转化为机械能）→驱动轮→轨链履带→实现行走。

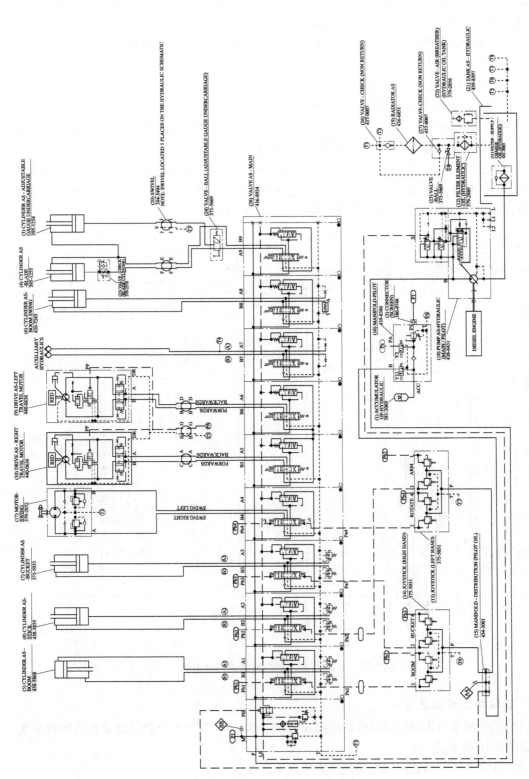

图 2-17 301.7D 液压挖掘机液压原理图

回转运动传输路线：柴油机→万向节→液压泵（机械能转化为液压能）→主控阀→回转马达（液压能转化为机械能）→减速器→回转支承→实现回转。

动臂运动传输路线：柴油机→万向节→液压泵（机械能转化为液压能）→主控阀→动臂液压缸（液压能转化为机械能）→实现动臂运动。

斗杆运动传输路线：柴油机→万向节→液压泵（机械能转化为液压能）→主控阀→斗杆液压缸（液压能转化为机械能）→实现斗杆运动。

铲斗运动传输路线：柴油机→万向节→液压泵（机械能转化为液压能）→主控阀→铲斗液压缸（液压能转化为机械能）→实现铲斗运动。

（4）液压先导控制电路：电流从蓄电池出来经 F2 熔断器到达 S1 开关，当 S1 开关在 ON 档时电流从 F4 熔断器经过 X3 插接件到达 X4 插接件后通过 S29 开关控制，闭合 S29 开关，电流到达 Y13 电磁阀。电磁阀控制电路如图 2-18 所示。

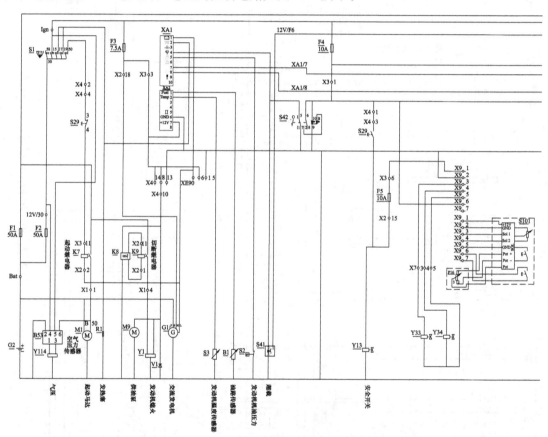

图 2-18　301.7D 型挖掘机电磁阀控制电路

4. 故障排除步骤及方法

（1）挖掘机整机无动作故障排除步骤及方法　301.7D 型挖掘机整机无动作故障排除流程图如图 2-19 所示。

（2）注意事项　确认故障现象是否为整机无动作。

在进行维修之前要悬挂维修警告牌，穿戴好个人防护用品。

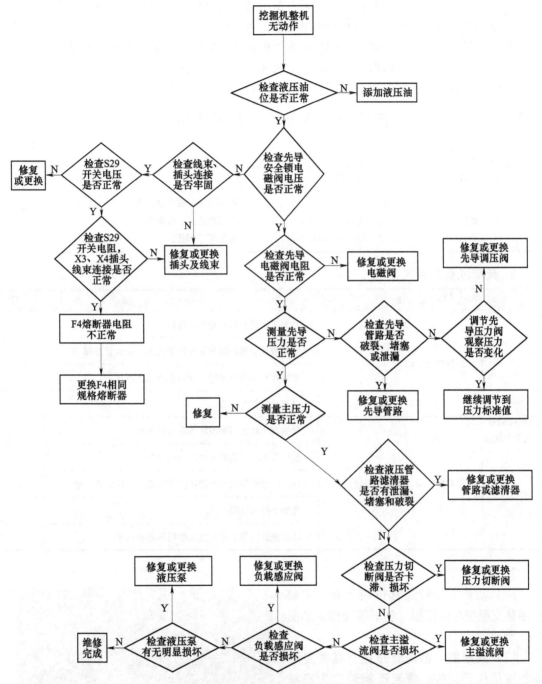

图 2-19 301.7D 型挖掘机整机无动作故障排除流程图

在检查液压油位时要查询 SIS 系统,根据系统显示将机具正常摆放,停机泄压后方可检查液压油位。

检测电压时要对万用表进行校对,确保万用表正常。

对线束插接件进行检查时,插拔线束插接件时必须断开车辆蓄电池负极接线柱,并采用电工胶布将拆下的蓄电池负极接线柱包裹,最后还要用万用表测量确认车辆已断电。

测量电气元器件电阻时必须断开车辆电源后再进行测量。

在测量压力前要选用合适量程的液压表,确保防护眼镜、丁腈手套和耳塞已穿戴。

安装压力表时,要及时取下并及时盖上测压口防尘盖以防污染。

对液压管路进行拆卸时要用溶液盒将液压油收集起来,避免洒落在地上。

2.1.3 卡特彼勒挖掘机动臂举升无力故障维修

1. 车型信息

整车品牌	卡特彼勒	整车型号	301.7D
技术参数	前缀号:LJD 发动机功率:13.40kW 先导压力:3MPa±0.2MPa	车辆名称:履带式挖掘机 发动机品牌:帕金斯 管路安全阀压力:26000kPa±296kPa	

2. 故障现象及原因分析

故障现象		原因分析
挖掘机动臂举升无力故障	动臂完全不动	动臂控制管路弯折堵塞或泄漏
		动臂液压缸密封圈损坏导致密封不严有大量泄漏
		动臂管路安全阀损坏,导致系统压力不足
		动臂换向阀芯卡滞
	动臂能够动,但是动作缓慢	动臂液压缸密封圈损坏导致密封不严
		液压泵到油箱管路密封不良进空气
		液压油过滤器或散热器粗滤器堵塞,液压缸背压增大
		先导手控阀故障
		动臂液缸内部密封不良或磨损导致有内泄

3. 结构原理

(1)动臂 动臂通常也叫大臂,主要作用是支配挖斗的挖掘、装车等动作,如图2-20所示。

(2)液压缸 液压缸是做直线往复运动的液压执行元件,将液压能转变为机械能。液压缸输出力与活塞的有效面积及两边的压差成正比。液压缸在结构上比较简单,因为没有传动间隙,所以运动平稳。液压缸结构如图2-21所示。

图2-20 动臂

(3)301.7D型挖掘机动臂液压原理图 如图2-22所示。

第2章 液压系统

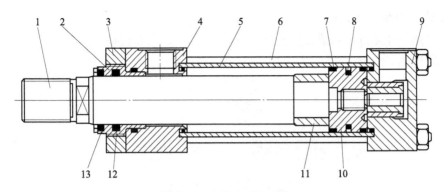

图 2-21 动臂液压缸结构

1—活塞杆 2—导向套 3—法兰 4—前端盖 5—缸筒 6—拉杆 7—导向环
8—活塞密封件 9—后端盖 10—活塞 11—缓冲装置 12—活塞杆密封件 13—防尘圈

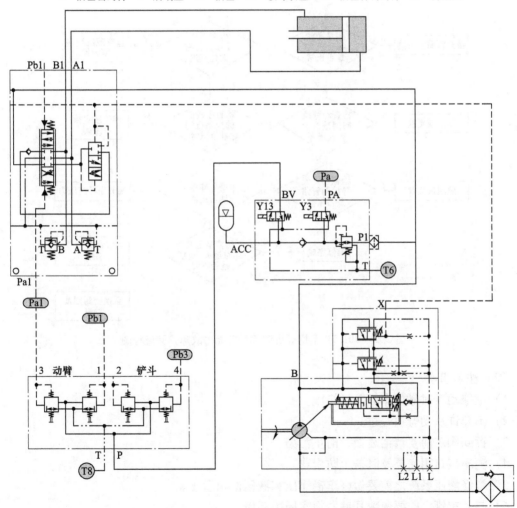

图 2-22 301.7D 型挖掘机动臂液压原理图

4. 故障排除步骤及方法

（1）动臂举升无力故障排除步骤及方法　301.7D 型挖掘机动臂举升无力故障排除流程图如图 2-23 所示。

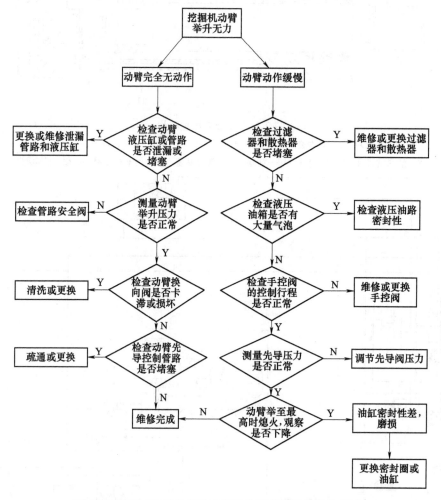

图 2-23　301.7D 型挖掘机动臂举升无力故障排除流程图

（2）注意事项

1）维修动臂时做好车辆防护措施。

2）不允许从动臂下经过。

3）拆卸阀芯前要清洁表面，防止污染。

4）测压接口用完要及时盖上防尘罩。

5）维修液压系统之前要做好车辆泄压和液压油箱泄压。

6）起动车辆之前要佩戴耳塞并观察周边环境。

7）维修过程中如果油液洒落在地面，要立刻清洁后再进行维修。

8）在接触油液时要戴丁腈手套，但在拆卸作业时不能佩戴丁腈手套。

9）不允许佩戴沾有油液的手套进入驾驶室。

2.1.4 徐工挖掘机动臂举升无力故障维修

1. 车型信息

整车品牌	徐工	整车型号	XE60
技术参数	车辆名称：履带式挖掘机 泵的排量：柱塞泵 P1、P2 最大排量为 25×2mL/r 齿轮泵 P3 最大排量 16.2mL/r 先导泵 P4 最大排量 4.5mL/r 泵的额定压力：P1、P2、P3 泵额定压力 21.5MPa P4 先导泵额定压力 2.9MPa		

2. 故障现象及原因分析

故障现象	原因分析
挖掘机动臂举升无力故障	液压油油位低，供油不足
	动臂先导溢流阀故障导致先导油路压力低，无法正常推动主阀芯移动
	动臂先导油路堵塞，无法正常推动主阀芯移动
	动臂先导阀阀芯磨损严重，无法正常推动主阀芯移动
	动臂主油路安全补油阀故障，无法建立正常油压
	动臂主阀芯卡滞，无法正常移动
	液压泵到油箱管路密封不良进空气
	液压油过滤器或散热器粗滤器堵塞，液压缸背压增大
	动臂液压缸内部密封不良或磨损导致内泄

3. 结构原理

（1）先导阀结构　先导阀控制先导油压，先导油压控制控制阀阀柱。机器上装有两种型号的标准先导阀，都有四个油口，一种用于工作装置/回转功能控制，另一种用于行走功能控制。手控阀液压符号、简图、油口图如图 2-24~图 2-26 所示，各油口对应动作见表 2-2。

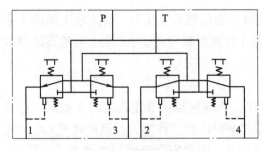

图 2-24　先导阀液压符号

图 2-25　先导阀简图

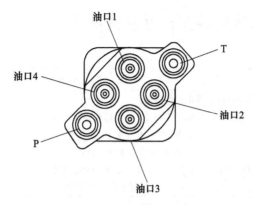

图 2-26 先导阀油口图

工作装置/回转和行走先导阀内的减压阀结构相同,只是在推杆推动凸轮上有些不同。

表 2-2 各油口对应动作

	油口编号	ISO 控制模式
右	1	铲斗外翻
	2	动臂下降
	3	铲斗内收
	4	动臂提升
左	1	右回转
	2	斗杆伸出
	3	左回转
	4	斗杆收回

（2）先导阀工作原理

1）中间位置。当先导手柄处于中间位置时,P 口被阀杆堵死,油无法从 P 口流向出油口的任一油口,如图 2-27 所示。

2）工作位置。当先导手柄处于工作位置时,阀杆在推杆的推动下,使阀杆的直径小且中空的部分与 P 口相连,此时 P 口与油口 1 相通,如图 2-28 所示。

（3）安全补油阀结构和原理

1）结构。安全补油阀是支持负荷时的安全装置,当机械不工作时,防止液压部件在受到意外冲击时带来损坏,并防止液缸或马达因自重工作而引起气穴现象。安全补油阀结构如图 2-29 所示,职能符号如图 2-30 所示。

2）工作原理。

①溢流功能。如图 2-31 中箭头所指的油路所示,当液压油从节流孔流到 B 腔时,在 B 腔不断积聚,形成向右的推力 F_1 推动导阀与调压弹簧形成相互作用力,但此时 $F_1<F_2$,无法推动导阀移动。此时 A 腔和 B 腔的油没有形成压差,因此安全补油阀主阀芯无法移动,安全补油阀处于关闭状态。

第2章 液压系统

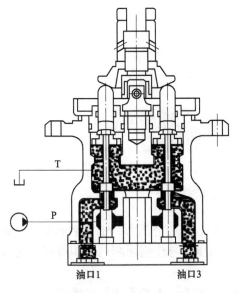

图 2-27 中间位置

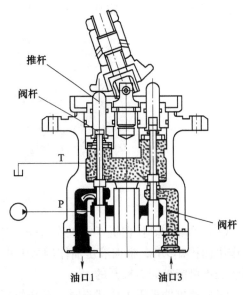

图 2-28 工作位置

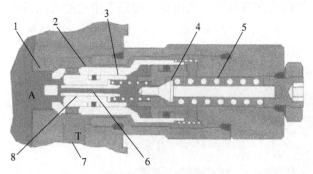

图 2-29 安全补油阀的结构
1—主阀 2—阀套 3—主阀芯 4—导阀 5—调压弹簧
6—节流孔 7—回油口 8—滑阀

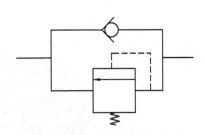

图 2-30 安全补油阀的职能符号

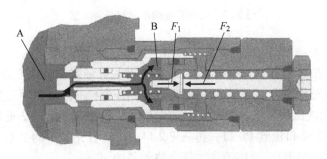

图 2-31 安全补油阀关闭状态

当 $F_1 > F_2$ 时，导阀被推开，液压油从导阀开口处沿图 2-32 所示箭头方向流回 T 口，此时 A、B 两腔会产生压差，从而形成向右的推力，使得主阀芯向右移动，从而使 A 腔的高压

41

油直接流入 T 口回油，安全补油阀处于开启状态，即溢流状态。

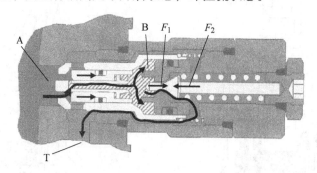

图 2-32　安全补油阀开启状态

②补油功能。挖掘机正常工作时安全补油阀不开启，A 腔的压力等于 B 腔的压力，B 腔的作用面积 $A_2 > A_1$，根据液压油作用力大小等于液压油压力与作用面积的乘积可知，此时的阀套是不可能被向右推开的。

当挖掘机处于不工作状态时，液压缸或马达受外力冲击，A 腔形成气穴现象，从而形成负压，此时回油路 T 的压力大于 A 腔的压力，受力情况如图 2-33 所示。由于阀套两端存在面积差，因而产生向右受力差，回油压力将阀套向右推动，从而使回油路 T 中的油可以回补至 A 腔，避免气穴现象的发生。

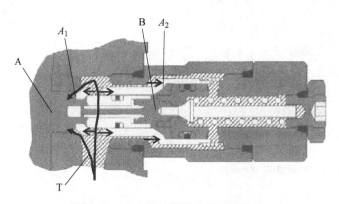

图 2-33　安全补油阀单向阀开启状态

4. 动臂上升液压原理图

动臂上升液压原理图可以分成两部分：动臂上升先导油路和动臂上升主油路。

（1）动臂上升先导油路　XE60 型挖掘机动臂上升先导油路液压原理如图 2-34 所示。先导泵 P4 将油箱中的液压油泵出，经过泵上的先导切断电磁阀 Y2，Y2 此时得电处于右位工作状态，液压油从 PB2 口流到 P0 口，再从 Pi2 口流出到右先导手柄 P 口，经过先导阀流至动臂（BOOM）上升（UP），最终流向主阀上主阀芯的 a9 端口。

（2）动臂上升主油路　从图 2-34 所示的 XE60 型挖掘机动臂上升先导油路接通主油路中的 a9 油路，和图 2-35 所示的 XE60 型挖掘机动臂上升主油路可以看出，a9 和 a5 是相连通的，做动臂上升动作时 a9 和 a5 油路都得油，相应的两个主阀芯右位接通。

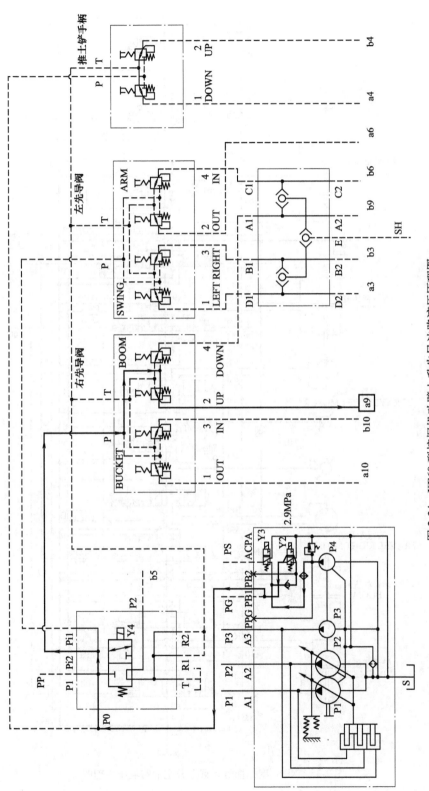

图 2-34 XE60 型挖掘机动臂上升先导油路液压原理图

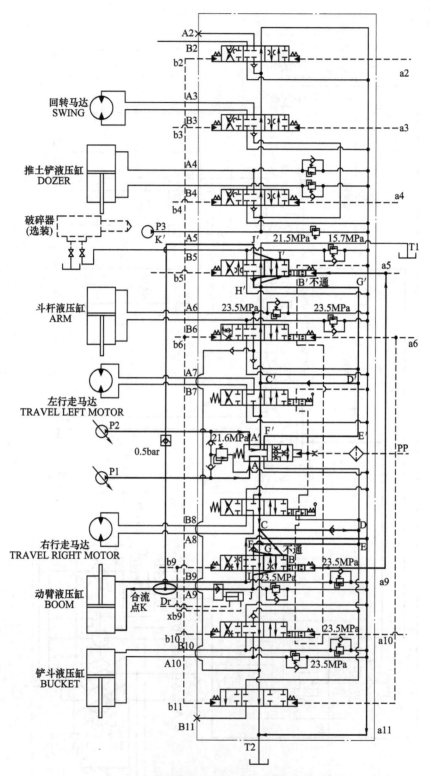

图 2-35　XE60 型挖掘机动臂上升主油路液压原理图

油路1：P1泵泵出的液压油流经A→B，B口不通，往回找第一个节点C，沿着C→D→E→F→G→H→I→J→合流点K→动臂无杆腔。

油路2：P2泵泵出的液压油流经A′→B′，B′口不通，往回找第一个节点C′，沿着C′→D′→E′→F′，F′口不通，往回找第一个节点D′，沿着D′→G′→H′→I′→J′→K′→合流点K→动臂无杆腔。

动臂合流：P1泵和P2泵泵出的油路1和油路2在K点实现合流。

5. 故障排除步骤及方法

（1）动臂举升无力故障排除步骤及方法　XE60型挖掘机动臂举升无力故障排除流程图如图2-36所示。

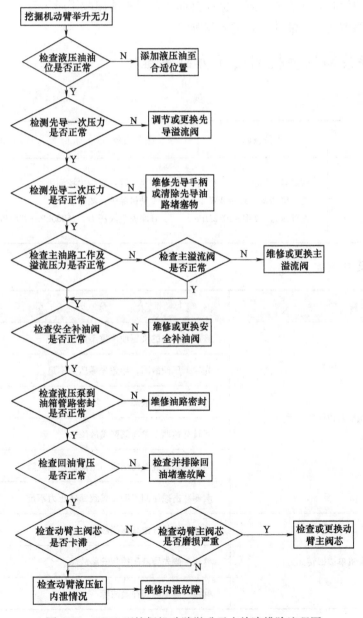

图2-36　XE60型挖掘机动臂举升无力故障排除流程图

（2）维修检查注意事项

1）维修动臂时做好车辆防护措施。
2）不允许从动臂下经过。
3）拆卸阀芯前要清洁表面，防止污染。
4）测压接口用完要及时盖上防尘罩。
5）维修液压系统之前要做好车辆泄压和液压油箱泄压。
6）起动车辆之前要佩戴耳塞并观察周边环境。
7）维修过程中如果油液洒落在地面，要立刻清洁后再进行维修。
8）在接触油液时要戴丁腈手套，但在拆卸作业时不能佩戴丁腈手套。
9）不允许佩戴沾有油液的手套进入驾驶室。

2.1.5 卡特彼勒挖掘机回转无力故障维修

1. 车型信息

整车品牌	卡特彼勒	整车型号	301.70
技术参数	前缀号：LJD 发动机功率：13.40kW 先导压力：3MPa±0.2MPa	车辆名称：履带式挖掘机 发动机品牌：帕金斯 管路安全阀压力：26000kPa±296kPa	

2. 故障现象及原因分析

故障现象		原因分析
挖掘机 回转无力	挖掘机两边回转都无力	液压油箱里的液压油严重不足
		先导调压阀故障，导致先导压力不足
		先导控制油路故障
		回转马达两个单向阀弹簧故障
		马达旋转总成里的活塞、斜盘或柱塞故障
		两侧冲击减压阀卡滞，导致回转压力不足
	挖掘机单边回转无力	单独一侧的冲击减压阀故障
		单独一侧先导液压控制管路故障
		单独一侧单向阀弹簧故障

3. 结构原理

（1）回转马达　回转马达实物及位置如图 2-37 所示。

马达结构如图 2-38 所示，该回转马达属于轴向柱塞马达，通过对往复运动的柱塞上施加高压的液压油所产生的反作用力产生转矩。然而在这种结构中，缸体和驱动轴之间成一定角度，反作用力加在驱动轴法兰上。

图 2-37　回转马达实物及位置
1—端口 A　2—回转马达　3、6—冲击减压阀
4—补偿端口　5—端口 B

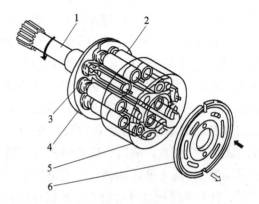

图 2-38　马达结构
1—输出轴　2—活塞　3—滑靴　4—旋转斜盘
5—柱塞缸　6—配流盘

（2）冲击减压阀（图 2-39）　冲击减压阀安装在回转马达的缸盖上。当回转马达起动和停止时，这些阀用于减少回转马达上的冲击负载。此动作可防止上部结构颠簸移动。冲击减压阀起到安全阀的作用。在右回转操作开始时，高压油进入端口 A 并流向油道。上部结构的回转阻力导致压力增加。此压力增加将开启冲击减压阀 4 的滑阀。压力增加传递到油道 5。压力峰值传递到油道 5 后，冲击减压阀 4 闭合。所有泵油经油道 6 流向柱塞缸，以便旋

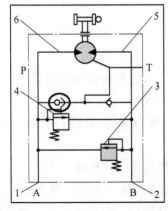
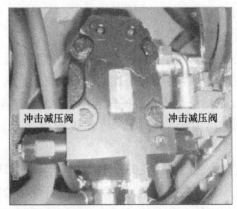

图 2-39　冲击减压阀
1—端口 A　2—端口 B　3、4—冲击减压阀　5、6—油道

转马达。当右回转操作停止时,泵供油将被阻止流向回转马达。上部结构将继续旋转。此动作将导致回转马达起到泵的作用。油道 5 中的油将加压。油道 6 中的油将处于真空状况下。油道 5 中的油压增加将随之移动冲击减压阀 3 的滑阀。压力增加传递到油道 6。此动作将对回转马达进行液压制动,同时防止油道 6 中出现气穴状况。

3) 原理图分析。如图 2-40 所示,向右回转操作期间,输油通过端口 A 进入回转马达。供油流过油道 2,然后流过配流盘。随后,供油进入柱塞缸。这些油加压回转马达中的活塞。滑靴受到活塞的压力,紧贴旋转斜盘的上表面。滑靴和活塞按逆时针方向沿旋转斜盘的斜面滑动。在滑动力的作用下,缸筒沿逆时针方向旋转。随着每个活塞到达底部中间位置 A,油流过配流盘。随后,这些油流过回转马达的油道 9,流入液压油箱。缸筒继续逆时针旋转,活塞和滑靴也继续沿着旋转斜盘的斜面向上移动。由于缸筒通过花键联接到输出轴,因此输出轴的旋转方向与缸筒相同。对于左回转操作,主泵供油被输送到端口 B。供油口和回油口相反。缸筒逆时针旋转,回转马达的箱体排油经过回转马达的补偿端口 8 流回液压油箱。

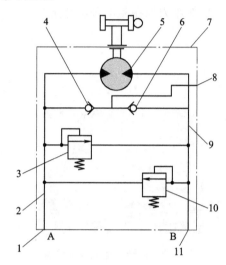

图 2-40 回转原理图
1—端口 A　2、9—油道　3、10—冲击减压阀
4、6—单向阀　5—马达旋转总成
7—回转马达　8—补偿端口　11—端口 B

4. 故障排除步骤及方法

(1) 301.7D 型挖掘机回转无力故障排除步骤及方法　301.7D 型挖掘机回转无力故障排除流程图如图 2-41 所示。

(2) 注意事项

1) 确认故障现象是否为回转无力。

2) 在进行维修之前要悬挂维修警告牌,穿戴好个人防护用品。

3) 在检查液压油油位时要查询 SIS 系统,根据系统显示将机具正常摆放,停机泄压后方可检查液压油油位。进行机械拆装作业要断开整车电源。

4) 在测量压力前要选用合适量程的液压表,确保防护眼镜、丁腈手套和耳塞已穿戴。

5) 安装压力表时,要及时取下及时盖上测压口防尘盖以防污染。

6) 对液压管路进行拆卸时要用溶液盒将液压油收集起来,避免洒落在地上。

7) 在拆卸弹簧和单向阀时可以用磁性拾捡器帮助取出。在调节压力后要将调整螺母拧紧到规定力矩。

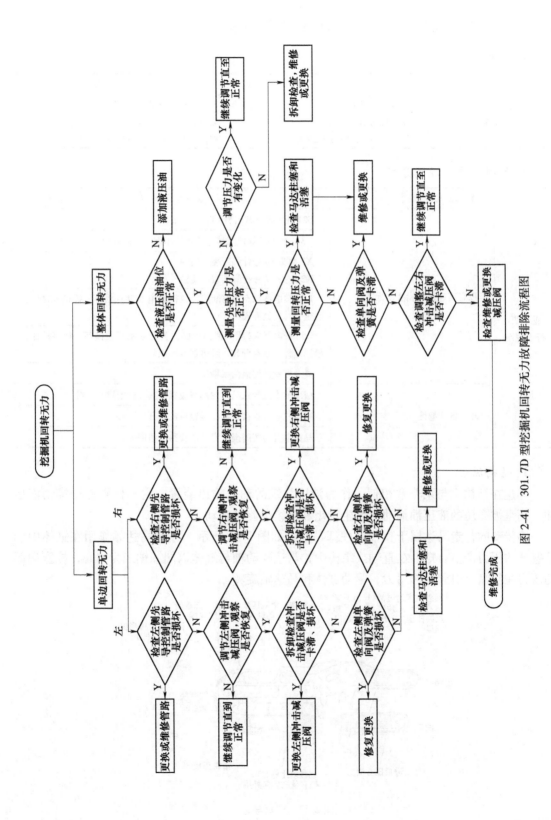

图 2-41 301.7D 型挖掘机回转无力故障排除流程图

2.1.6 卡特彼勒挖掘机行走缓慢故障维修

1. 车型信息

整车品牌	卡特彼勒	整车型号	301.7D
技术参数	前缀号：LJD 发动机功率：13.40kW 先导压力：3MPa±0.2MPa	车辆名称：履带式挖掘机 发动机品牌：帕金斯 管路安全阀压力：26000kPa±296kPa	

2. 故障现象及原因分析

故障现象		原因分析
挖掘机 行走缓慢	没有高速，只能低速行走	S21开关损坏或者针脚断裂，接触不好
		Y3电磁阀损坏或插接器连接不牢靠、线路断路
		X3插头10号针脚断裂、腐蚀
		X2插头17号针脚断裂、腐蚀
		K58继电器触点回路断路，包括继电器触点损坏、插接件插针松脱退针、线路断裂
		K58继电器K2线圈回路断路，包括起动开关损坏、插接件插针松脱退针、线路断裂、继电器线圈损坏
		高速控制油路泄漏或堵塞
	高、低速都慢	液压油太脏导致马达内部节流阀和其他阀堵塞或卡滞
		行走控制杆连接松动，导致控制阀开度不够
		马达本身活塞磨损或者进油管路有泄漏处

3. 结构原理

马达在结构上与泵非常相似。作为液压系统的动力输出装置，它不像泵那样推动液压油，而是被高压的液压油推动并产生转矩和连续的旋转运动。

终传动的行走马达属于直轴式柱塞马达。如图2-42所示，柱塞马达靠作用在缸体中的柱塞部的压力产生转矩。在直轴式结构中，马达驱动轴与缸体以同一轴线为中心，柱塞端部的压力在斜盘上引起反作用力，驱动缸体和马达轴旋转。

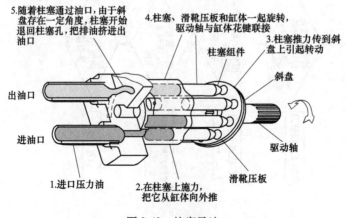

图2-42 柱塞马达

当电磁阀通电时,先导压力将供应至先导端口。换向阀向左移动,供油经换向阀流向旋转斜盘控制柱塞,旋转斜盘控制柱塞伸出,旋转斜盘处于最小角度,行驶马达处于高速操作。当电磁阀断电时,先导压力将不供应至先导端口。弹簧的力迫使阀向右移动,旋转斜盘控制柱塞中的油流向回油液压回路,旋转斜盘控制柱塞缩回,旋转斜盘处于最大角度,行驶马达处于低速操作。控制原理如图 2-43 所示。

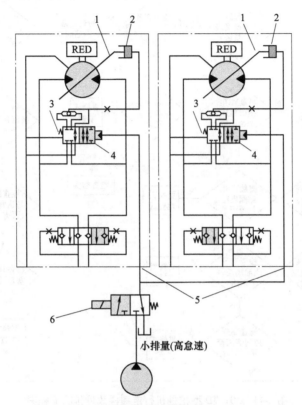

图 2-43　柱塞马达控制原理
1—旋转斜盘　2—旋转斜盘控制柱塞　3—弹簧　4—换向阀(排量控制)
5—端口(来自排量切换阀的先导油)　6—电磁阀(排量切换)

4. 故障排除步骤及方法

(1) 301.7D 型挖掘机行走缓慢故障排除步骤及方法　301.7D 型挖掘机行走缓慢故障排除流程图如图 2-44 所示。

(2) 注意事项

1) 确认故障现象是否为行走缓慢故障。

2) 在进行维修之前要悬挂维修警告牌,穿戴好个人防护用品。

3) 检查液压油位时要查询 SIS 系统,系统显示将机具正常摆放停机泄压后检查液压油油位。

4) 进行机械拆装作业时要断开整车电源;在测量之前要对万用表进行自检。

5) 对液压管路进行拆卸时要用溶液盒将液压油收集起来,避免洒落在地上。

6) 在测量压力前要选用合适量程的液压表,确保防护眼镜、丁腈手套和耳塞已穿戴。

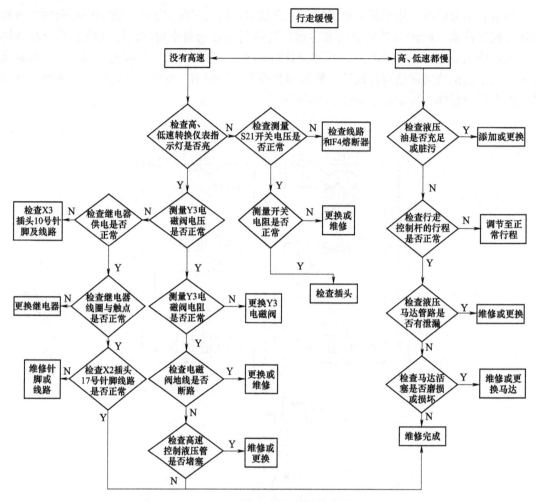

图 2-44 301.7D 型挖掘机行走缓慢故障排除流程图

2.1.7 徐工挖掘机回转无力故障维修

1. 车型信息

整车品牌	徐工	整车型号	XE60
技术参数	车辆名称：履带式挖掘机 泵的排量：柱塞泵 P1、P2 最大排量 25×2mL/r 　　　　　齿轮泵 P3 最大排量 16.2mL/rev 　　　　　先导泵 P4 最大排量 4.5mL/rev 泵的额定压力：P1、P2、P3 泵额定压力 21.5MPa 　　　　　P4 先导泵额定压力 2.9MPa		

2. 故障现象及原因分析

故 障 现 象	原 因 分 析
挖掘机回转 无力故障	液压油油位低，供油不足
	回转先导溢流阀故障导致先导油路压力低，无法正常推动主阀芯移动
	回转先导油路堵塞，无法正常推动主阀芯移动
	回转先导阀阀芯磨损严重，无法正常推动主阀芯移动
	回转马达安全补油阀故障，无法建立正常油压
	回转主阀芯卡滞，无法正常移动
	液压泵到油箱管路密封不良进空气
	液压油过滤器或散热器粗滤器堵塞，液压缸背压增大

3. 结构原理

（1）挖掘机回转系统　回转系统如图 2-45 所示，图中给出了回转马达的位置、液压油的来源及解除制动油路的来源。

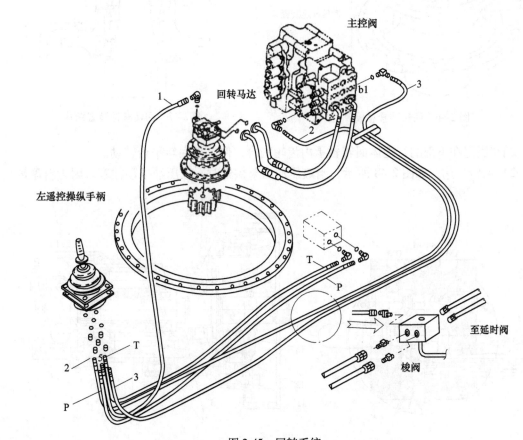

图 2-45　回转系统
1—解除制动油路　2—左回转先导油路　3—右回转先导油路
P—先导供油路　T—先导回油路

（2）回转装置 下面以川崎 M5X130 回转装置为例来进行讲解。回转装置主要由阀单元、回转马达、回转减速装置组成，如图 2-46 所示。

1）回转减速装置。回转减速装置是两级减速行星齿轮式，齿圈在壳体内表面形成，所以是一个整体。因壳体被螺栓固定在上部回转平台上，所以齿圈不能转动。回转马达轴转动一级太阳轮，然后转矩通过一级行星齿轮和行星架传给二级太阳轮，二级太阳轮通过二级行星齿轮和行星架转动轴。图 2-47 所示为回转减速装置结构。

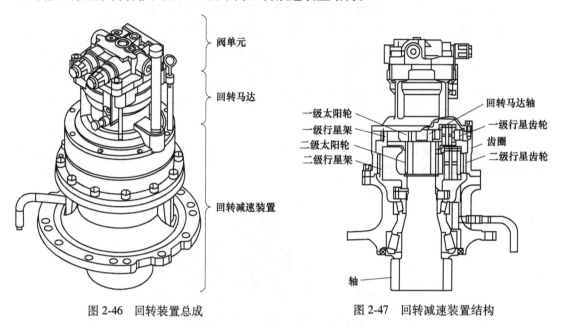

图 2-46 回转装置总成　　　　图 2-47 回转减速装置结构

轴与固定在下部的行走体回转轴承内齿轮啮合，使上部回转平台转动。

2）回转马达。如图 2-48 所示，当液压油由泵供给时，液压油推动柱塞。因为斜盘是倾

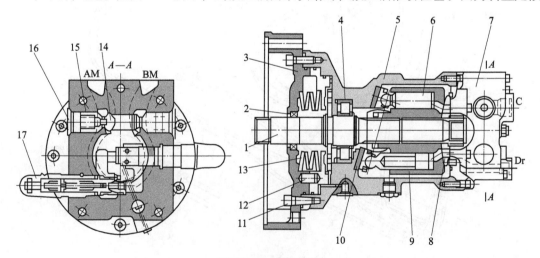

图 2-48 回转马达结构
1—输出轴　2—主轴油封　3—前盖　4—轴承　5—壳体　6—柱塞　7—后盖　8—配油盘　9—缸体
10—滑靴　11—螺栓　12—定位销　13—制动弹簧　14—阀芯　15、17—溢流阀　16—螺塞

斜的,柱塞顶上的滑靴沿着斜盘滑动,使转子和轴转动。轴的顶端与回转减速装置内的一级太阳轮通过花键联接,以使轴的转动传给回转减速装置。

3) 马达控制阀单元。马达控制阀单元由补油阀和溢流阀组成。补油阀防止油路内形成空穴。溢流阀防止油路内出现冲击压力和过载。控制阀油路连接如图2-49所示。

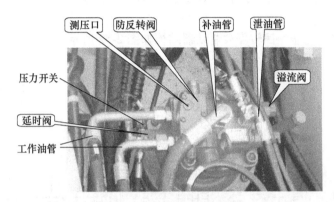

图2-49 控制阀油路连接

①补油阀。在回转停止期间,回转马达被上部回转平台的惯性力推动。马达的转动由惯性力推动时比由泵输出的液压油推动时快,所以在油路内产生空穴。为了防止空穴,当回转油路内的压力比回油路(油口C)内的压力小得多时,提升阀打开,液压油从液压油箱排入油路以消除油路内的缺油状态,如图2-50所示。

②溢流阀。回转作业开始或停止时,回转油路里的油压升高。溢流阀可以防止油路压力升高到设定压力以上,如图2-51所示。

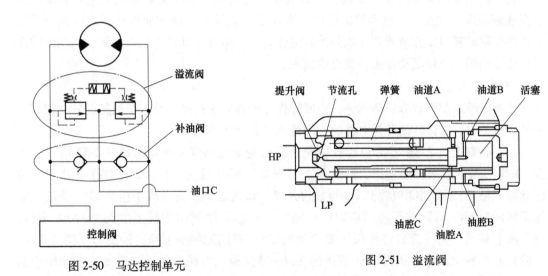

图2-50 马达控制单元　　图2-51 溢流阀

a. 低压溢流操作(减振功能)。油口HP(回转油路)的压力通过提升阀的节流孔进入油腔C。油腔C的液压油进而经油道A和B分别进入油腔A和B。油腔B的受压面积大于油腔A,所以活塞向左移动。只要活塞持续移动,提升阀的前后就会出现压力差。压力差超过弹簧力时，提升阀离位，使液压油流入油口 LP。当活塞全行程移动时，提升阀前后压力差消失，使提升阀回位。

b. 高压溢流操作（防止过载）。活塞全行程移动以后，弹簧被压缩以使油路内的压力增加到设定压力。如果油口 HP 内的压力增加到弹簧的设定压力以上，提升阀离位，使液压油从油口 HP 流入油口 LP。当油口 HP 的压力减小到设定压力时，提升阀因弹簧的弹力回位。

（3）回转停放制动器　回转停放制动器结构如图 2-52 所示。

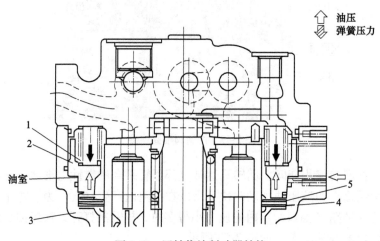

图 2-52　回转停放制动器结构
1—制动弹簧　2—制动活塞　3—回转马达壳体　4—制动盘　5—钢盘

回转停放制动器是湿式多片制动器。该制动器的解除依靠制动解除压力进入制动活塞室（负压制动型）而生效。制动解除压力只有在工作装置或回转作业进行时才由先导泵输入。在进行除回转或工作装置作业以外的其他作业时，或在发动机未工作期间，制动解除压力回到液压油箱，所以制动器由弹簧自动施闸。

4. 回转液压原理图

回转液压原理图可以分成两部分，即回转先导油路和主油路，每一个油路还分左回转和右回转。由于左、右回转油路是对称的，因此本章只介绍右回转。

（1）右回转先导油路　XE60 型挖掘机右回转先导油路液压原理图如图 2-53 所示。先导泵 P4 将油箱中的液压油泵出，经过泵上的先导切断电磁阀 Y2，Y2 此时得电处于右位工作状态，液压油从 PB2 口流到 P0 口，再从 Pi1 口流出到左先导阀手柄 P 口，经过先导阀流至回转（SWING）右回转（RIGHT）油路，一部分油流向主阀上主阀芯的 b3 端口，控制主阀芯移动，另一部分经梭阀从 E 口流到 SH，控制先导油解除回转制动（图 2-54）。

（2）右回转主油路　从图 2-53 所示的 XE60 型挖掘机右回转先导油路接通主油路中的 b3 油路，从图 2-55 所示的 XE60 型挖掘机右回转主油路液压原理图可以看出，做右回转动作时 b3 油路得油，相应的主阀芯右位接通。

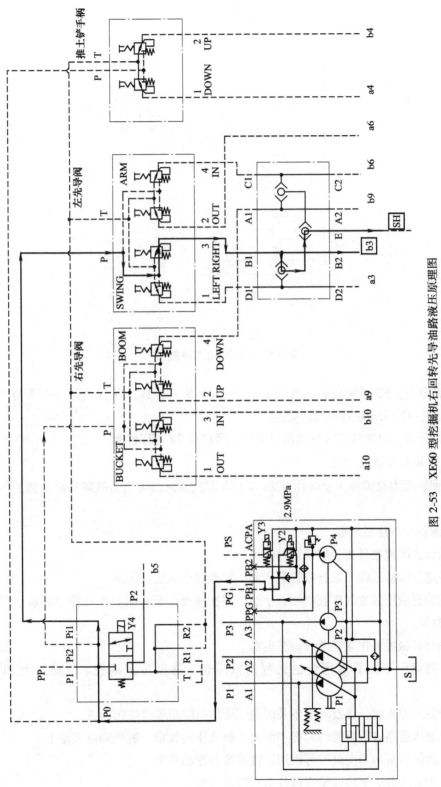

图 2-53 XE60 型挖掘机右回转先导油路液压原理图

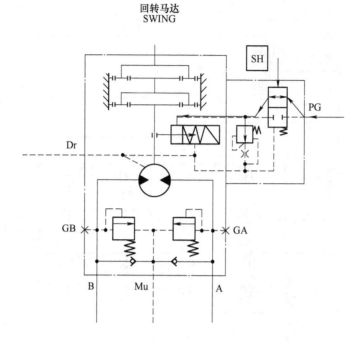

图 2-54 回转马达解除制动

进油路分析：P3 泵泵出的液压油流经 A→B，B 口不通，往回找第一个节点 C，沿着 C→D→E→F→G→H→I→J→回转马达。

回油路分析：回油从回转马达出口出来，最终从 T2 流回油箱。

5. 故障排除步骤及方法

(1) 回转无力故障排除步骤及方法　XE60 型挖掘机回转无力故障排除流程图如图 2-56 所示。

(2) 维修检查注意事项

1) 确认故障现象是否为整机回转无力。

2) 在进行维修之前要悬挂维修警告牌，穿戴好个人防护用品。

3) 在检查液压油位时要查询维修手册，根据维修手册将机具正确摆放停机泄压后方可检查液压油位。

4) 进行机械拆装作业要断开整车电源。

5) 在测量压力前要选用合适量程的液压表，确保防护眼镜、丁腈手套和耳塞已穿戴。

6) 安装压力表时，要及时取下及时盖上测压口防尘盖以防污染。

7) 对液压管路进行拆卸时，要用溶液盒将液压油收集，避免洒落在地上。

8) 在拆卸弹簧和单向阀时可以用磁性拾捡器帮助取出。

9) 在调节压力后要将调整螺母拧紧到规定力矩。

第2章 液压系统

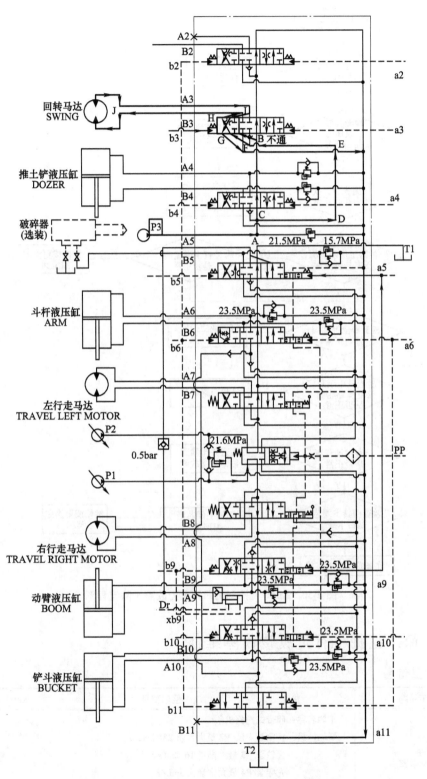

图 2-55 XE60型挖掘机右回转主油路液压原理图

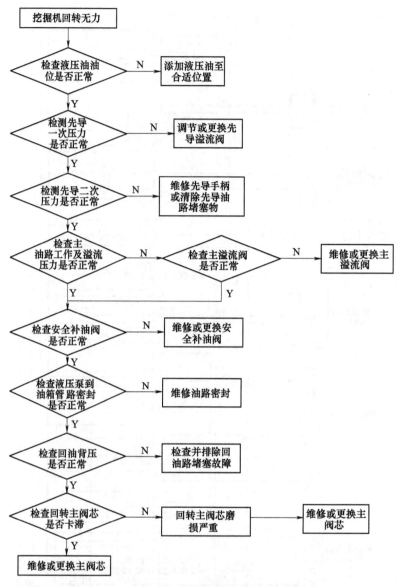

图 2-56　XE60 型挖掘机回转无力故障排除流程图

2.1.8　徐工挖掘机行走缓慢故障维修

1. 车型信息

整车品牌	徐工	整车型号	XE60
技术参数	车辆名称：履带式挖掘机 泵的排量：柱塞泵 P1、P2 最大排量 25×2mL/r 齿轮泵 P3 最大排量 16.2mL/r 先导泵 P4 最大排量 4.5mL/r 泵的额定压力：P1、P2、P3 泵额定压力 21.5MPa P4 先导泵额定压力 2.9MPa		

2. 故障现象及原因分析

故障现象	原因分析
挖掘机行走缓慢故障	液压油油位低，供油不足
	液压油路堵塞，行走无法正常得油，如回油滤芯堵塞
	行走先导溢流阀故障导致先导油路压力低，无法正常推动主阀芯移动
	行走先导油路堵塞，无法正常推动主阀芯移动
	行走先导阀阀芯磨损严重，无法正常推动主阀芯移动
	行走马达安全补油阀故障，无法建立正常油压
	行走主阀芯卡滞，无法正常移动
	液压泵到油箱管路密封不良进空气
	液压油过渡器或散热器粗滤器堵塞，液压缸背压增大

3. 结构原理

（1）行走先导阀结构及其工作原理

1）行走先导阀结构。行走先导阀的剖切结构和油口结构如图 2-57 和图 2-58 所示，液压符号及对应动作如图 2-59 所示。

图 2-57 行走先导阀剖切结构

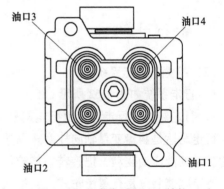

图 2-58 行走先导阀油口结构

1	右后退
2	右前进
3	左前进
4	左后退

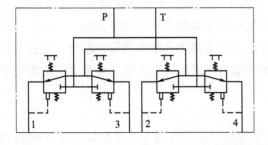

图 2-59 行走先导阀液压符号及对应动作

2) 行走先导阀工作过程。

①中间位置。当先导手柄处于中间位置时，P口被阀杆堵死，油无法从P口流向出油口1、2、3、4的任一油口，如图2-60所示。

②工作位置。当先导手柄处于工作位置时，阀杆在推杆的推动下，使阀杆的直径小且中空的部分与P口相连，此时P口与油口1相通，如图2-61所示。

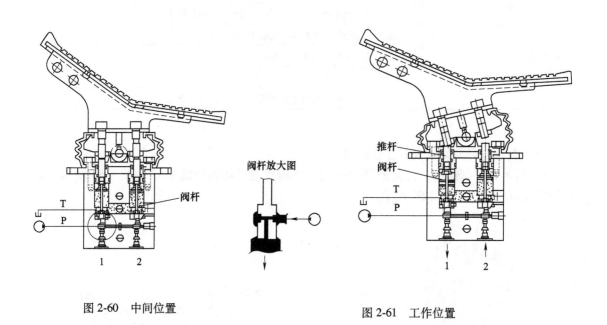

图2-60　中间位置　　　　　　　　　图2-61　工作位置

(2) 挖掘机行走系统

1) 行走系统如图2-62所示。

2) 行走装置。行走装置由行走马达、行走减速装置和行走制动阀组成，如图2-63所示。行走马达是斜盘变量轴向柱塞式马达，装有停放制动器（湿式负压多盘制动器）。行走马达被泵的液压油驱动，把旋转力传给行走减速装置。

行走减速装置是行星齿轮式，它把从行走马达传来的旋转动力转换成低速大转矩动力，以使驱动轮和履带转动。行走制动阀保护行走电路不过载并防止出现空穴。

行走控制装置结构如图2-64所示。左右行走马达均为变量马达，即行走马达斜盘倾角可变，马达排量可变，但其排量只可以处于最小排量和最大排量两种状态。当行走马达处于最小排量状态时，马达处于高速行走状态；当行走马达处于最大排量状态时，马达处于低速行走状态。高低速切换通过高低速阀芯控制高低速控制活塞来改变斜盘角度，从而控制最大流量和最小流量，实现高低速切换。

4. 行走液压原理图

XE60型挖掘机行走液压系统主阀芯由手动控制方式控制，本节介绍行走解除制动、溢流与补油、行走高低速切换、直线向前行走液压原理。

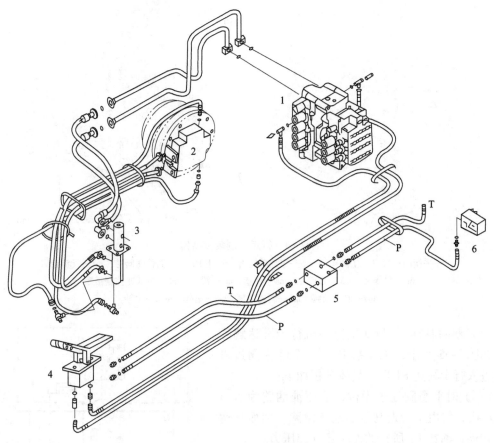

图 2-62 行走系统

1—主控阀 2—右行走马达 3—行走接头 4—行走踏板 5—油道块 6—供油电磁阀阀体

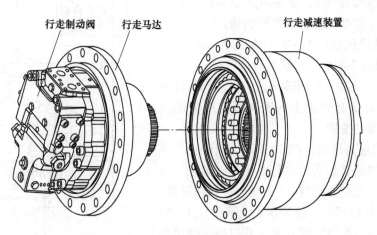

图 2-63 行走装置组成

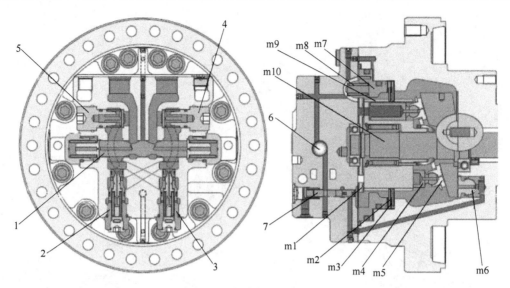

图 2-64 行走控制装置结构

1—平衡阀 2、3—过载阀 4、5—进油单向阀 6—梭阀 7—高低速阀芯 m1—配流盘
m2—摩擦片 m3—分离片 m4—柱塞 m5—滑靴 m6—高低速控制活塞
m7—制动活塞 m8—制动弹簧 m9—缸体 m10—主轴

(1) 解除制动　XE60 型挖掘机行走马达解除制动如图 2-65 所示，工作泵 P1 或 P2 经主阀过来的油进入行走马达 P1 口，具体分析如下：

1) 此时平衡阀处于中位，液压油油路为 A→B→D→E，但由于行走马达制动未解除，因而马达无法转动，油在 P1 所在的油路建立起压力。

2) 液压油在 C 处流向 F，推动平衡阀向右移动从而左位接通，油从 A→G→H′→I′→J′→K′（两位三通换向阀左位接通），液压油从 J′→L′→M′→N′进入液压缸小腔推动液压缸解除制动。

3) 此时的液压油从 A→B→I 和从 A→G→H→I 在 I 合流后流过 I→D→E，推动马达转动。

(2) 溢流与补油　与回转马达的溢流阀与补油阀功能类似，都是起到防止高压和吸空现象的发生，但是机理有些差别。

假设 P1 口进高压油，P2 口出油。当停止行走时，主阀高压油路被切断，但是由于存在惯性，马达会继续运转。此时，出口 P2 的压力会急剧升高，出口处溢流阀 b 会打开，让高压油流入 P1 口，使马达稳定。同时，在溢流阀 b 尚未开启的一瞬间进入 P1 的压力会迅速下降，欲出现吸空现象。此时

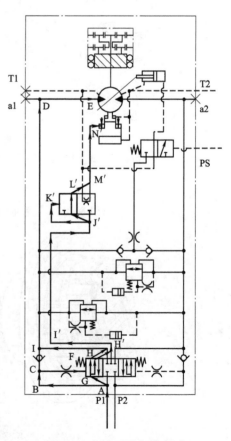

图 2-65 行走马达解除制动

补油阀 CA 打开，从回油路补充油到 P1 口，防止吸空现象的出现，以免马达受损，如图 2-66 所示。

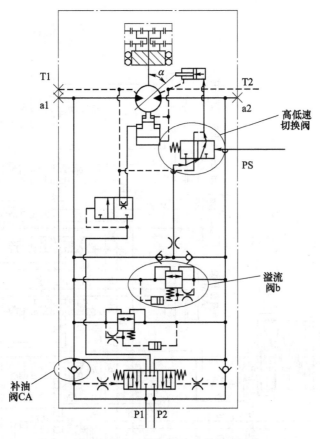

图 2-66　行走溢流与补油及高低速切换

（3）行走高低速切换　当 PS 口有先导油供应时，双速切换阀开启，高压油通过阀芯进入斜盘柱塞，推动斜盘倾角变小，马达排量变小，转速加快。因为排量变小，相应的转矩也会变小，如图 2-66 所示。

（4）直线向前行走　XE60 型挖掘机直线向前行走液压原理图如图 2-67 所示。

5. 故障排除步骤及方法

（1）行走缓慢故障排除步骤及方法　XE60 型挖掘机行走缓慢故障排除流程图如图 2-68 所示。

（2）维修检查注意事项

1）确认故障现象是否为整机行走缓慢。

2）在进行维修之前要悬挂维修警告牌，穿戴好个人防护用品。

3）在检查液压油位时要查询维修手册，根据维修手册将机具正确摆放，停机泄压后方可检查液压油位。

4）进行机械拆装作业要断开整车电源。

5）在测量压力前要选用合适量程的液压表，确保防护眼镜、丁腈手套和耳塞已穿戴。

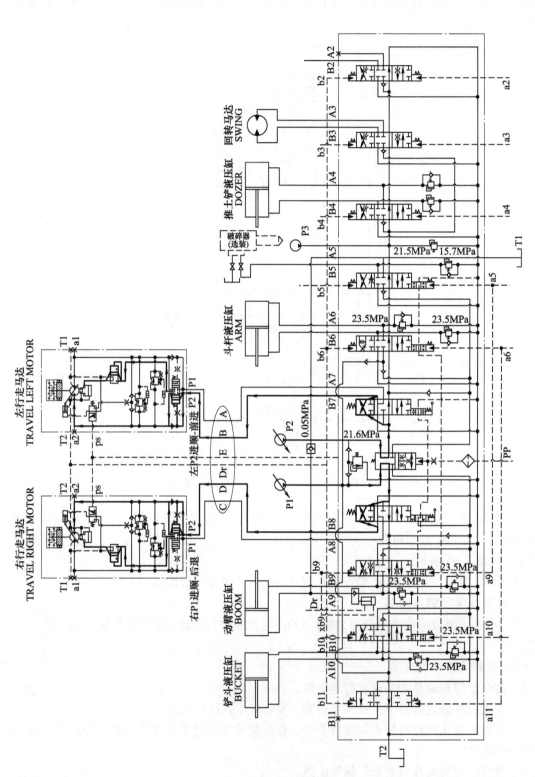

图 2-67 XE60 型挖掘机直线行走前行液压原理图

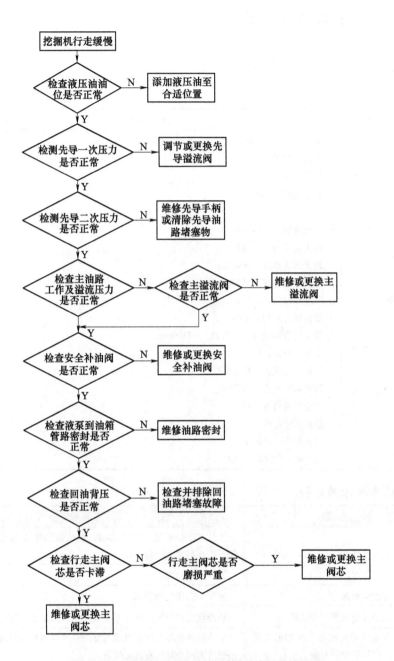

图 2-68　XE60 型挖掘机行走缓慢故障排除流程图

6）安装压力表时，要及时取下及时盖上测压口防尘盖以防污染。
7）对液压管路进行拆卸时要用溶液盒将液压油收集，避免洒落在地上。
8）在拆卸弹簧和单向阀时可以用磁性拾捡器帮助取出。
9）在调节压力后要将调整螺母拧紧到规定力矩。

2.2 装载机液压系统故障维修

2.2.1 装载机整机无动作故障维修

1. 车型信息

整车品牌	徐工	整车型号	ZL50G
技术参数	整机尺寸（长×宽×高）：8110mm×3000mm×3485mm 轴距：3300mm 轮距：2200mm 额定载荷：5000kg 斗容：3m³ 最大牵引力：145kN 最大掘起力：170kN 最大卸载高度：3090mm 最大卸载距离：1130mm 三项和时间：≤11s 动臂提升时间：≤6s 最小转弯半径（铲斗外侧）：7300mm 车体转向角：35° 工作系统压力：17.5MPa 转向系统压力：15MPa 后桥摆动角度：12° 整机质量：17.5t 离地间隙：450mm 发动机：WD615G.220		

2. 故障现象及原因分析

故障现象		原因分析
装载机整机无动作（工作装置、铲斗、动臂）	工作泵故障	工作泵吸油粗滤器严重堵塞，造成液压油无法进入工作液压系统，工作装置无任何动作
		工作泵轴扭断
	分配阀故障	分配阀的安全阀损坏
	先导液压系统出现故障	选择阀出现故障，导致先导泵的油液无法进入先导操纵阀
	变矩器弹性板与变矩器或与发动机联接的螺栓扭断	变矩器弹性板与变矩器或与发动机联接的螺栓全部扭断，此故障出现的同时会导致整机无转向

3. 液压原理（图2-69）

（1）分配阀（图2-70） 分配阀也称为多路换向阀，主要由转斗换向阀、动臂换向阀、安全阀三部分组成。两换向阀之间采用串并联油路连接，通过改变油液的流动方向来控制液压缸的运动方向。内置的安全阀调定系统的最高工作压力。

（2）选择阀（图2-71） 正常工作时，先导泵来油从P1口进入，经阀杆内腔从P2口流向先导阀。此时，去提升缸（动臂缸）大腔的通路被管路中的单向阀切断，故PR口不通。

第2章 液压系统

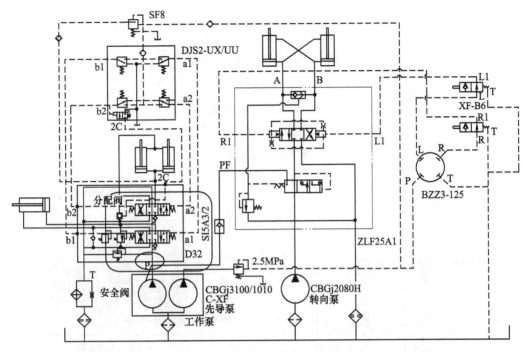

图 2-69 ZL50G 型装载机液压原理图

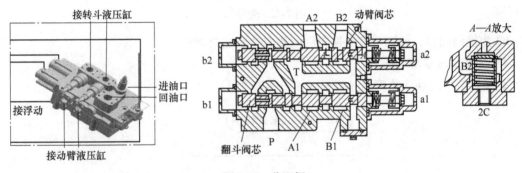

图 2-70 分配阀

当发动机熄火时，P1 处没有压力，阀芯恢复到孔 R 与进油口 PR 相通的位置。此时如果动臂为举起状态，则大腔的油压推开管路中的单向阀，从 PR 口经减压阀口 R，通过 P2 口传递到先导阀的进油腔（此刻管路中另一单向阀截断了去先导泵的通路，P1 口是不通的）。若先导阀滑阀处于中位，则 P2 口油路被先导阀截断；当先导阀滑阀处于下降位置时，则 PR 口的液压油与 P2 口接通，去推动多路换向阀的相应阀芯，从而实现动臂下降或铲斗前翻（这就是为什么停车后需要前后左右晃动先导阀的原因，主要是让动臂下降或铲斗前倾）。在此过程中，阀芯也能控制 P2 口到先导阀的压力在 2.5MPa 左右，如果出油孔 P2 口的压力过高，阀芯就向左移动，减少通过孔 R 的流量，降低出油孔 P2 口的压力。

（3）先导阀（图 2-72） 该阀是先导液压系统中一个很重要的控制元件，具有转斗操纵杆和动臂操纵杆两联。其中转斗操纵杆有前倾、中立和后倾三个位置，动臂操纵杆有提升、中立、下降和浮动四个位置。

在提升、浮动和后倾位置设有电磁铁定位。P 口为进油口，T 口为回油口，a1、b1、

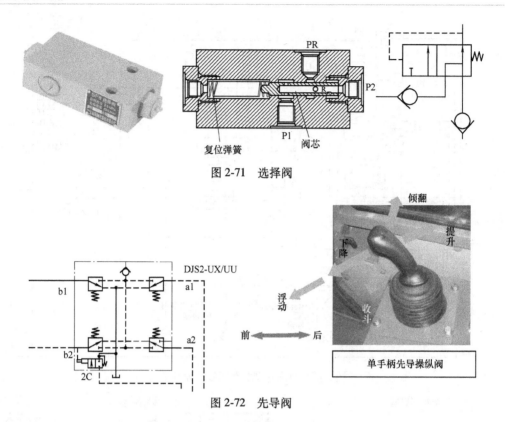

图 2-71 选择阀

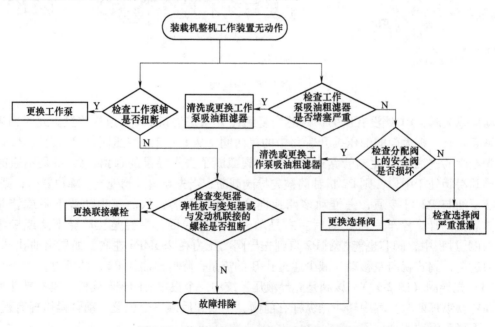

图 2-72 先导阀

a2、b2 为控制油口,分别与多路换向阀的相应控制油口相连。

4. 故障排除步骤及方法

装载机整机无动作故障排除流程图如图 2-73 所示。

图 2-73 装载机整机无动作故障排除流程图

2.2.2 装载机掉动臂故障维修

1. 车型信息

整车品牌	徐工	整车型号	ZL50G

2. 故障现象及原因分析

故障现象	原因分析	
装载机掉动臂故障	多路阀故障	多路阀动臂滑阀阀杆不在中位，油路不能封闭
		多路阀动臂滑阀密封件损坏内漏
		多路阀滑阀孔与滑阀杆之间间隙过大
	动臂液压缸故障	动臂液压缸密封件损坏或活塞松动、液压缸拉伤
	压力选择阀故障	压力选择阀内漏，使动臂液压缸大腔的油液通过压力选择阀泄漏回油箱
	单向阀故障	先导泵到压力选择阀之间的单向阀损坏或阀芯卡滞
	先导阀故障	先导阀动臂联下降，阀芯卡滞不能完全关闭，导致动臂液压缸大腔的油通过多路阀油口流回油箱

3. 结构原理

ZL50G 装载机液压原理图如图 2-74 所示。

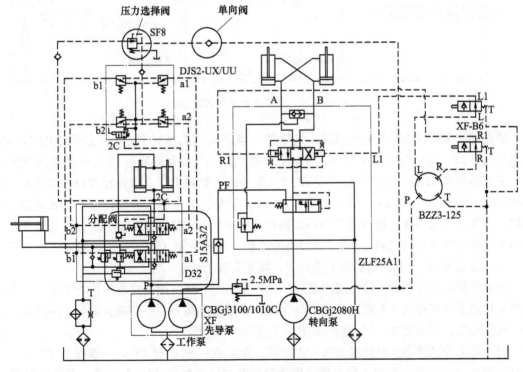

图 2-74 ZL50G 装载机液压原理图

动臂处于提升状态控制路线概述：先导泵→单向阀→选择阀 P1 口→选择阀 P2 口→安

全电磁阀 P 口→安全电磁阀 A 口→先导阀动臂联 P 口→先导阀动臂联 a2 口→多路换向阀 a2 口、多路换向阀 b2 口→先导阀动臂联 b2 口→先导阀动臂联 T 口（该先导油路的作用是使多路换向阀口与 A2 口接通，B2 口与 T 口接通），如图 2-75 所示。于是，工作泵出油与转向泵经流量放大阀和卸荷阀来油合流→多路换向阀 P 口→多路换向阀 A2 口→提升液压缸大腔、提升液压缸小腔→多路换向阀 B2→多路换向阀 T→回油过滤器→液压油箱（图中箭头表示当该油路接通时的油液流动方向）。此时动臂为提升动作。

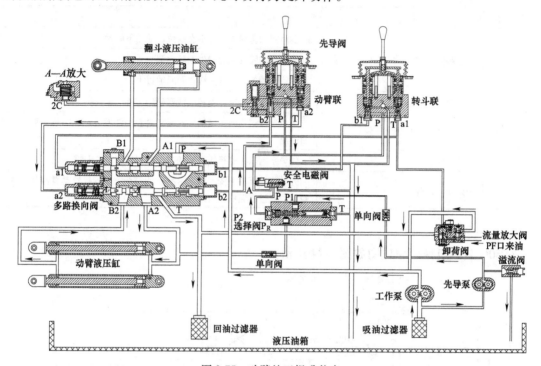

图 2-75 动臂处于提升状态

动臂处于下降状态控制路线概述：先导泵→单向阀→选择阀 P1 口→选择阀 P2 口→安全电磁阀 P 口→安全电磁阀 A 口→先导阀动臂联 P 口→先导阀动臂联 b2 口→多路换向阀 b2 口、多路换向阀 a2 口→先导阀动臂联 a2 口→先导阀动臂联 T 口（该先导油路的作用是使多路换向阀 P 口与 B2 口接通，A2 口与 T 口接通）。于是，工作泵出油与转向泵经流量放大阀和卸荷阀来油合流→多路换向阀 P 口→多路换向阀 B2 口→提升液压缸小腔、提升液压缸大腔→多路换向阀 A2 口→多路换向阀 T→回油过滤器→液压油箱（图中箭头表示当该油路接通时的油液流动方向）。此时动臂为下降动作，如图 2-76 所示。

动臂与铲斗为中位状态控制线路概述：先导泵来油→溢流阀→液压油箱。于是，工作泵出油与转向泵经流量放大阀和卸荷阀来油合流→多路换向阀 P 口→多路换向阀 T→回油过滤器→液压油箱。此时动臂与铲斗均无动作，如图 2-77 所示。

动臂处于浮动状态控制路线概述：先导泵→单向阀→选择阀 P1 口→选择阀 P2 口→安全电磁阀 P 口→安全电磁阀 A 口→先导阀动臂联 P 口→先导阀动臂联 b2 口→多路换向阀 b2 口、多路换向阀 a2 口→先导阀动臂联 a2 口→先导阀动臂联 T 口（该先导油路的作用是使多路换向阀 P 口与 B2 口接通，A2 口与 T 口接通；而先导阀的 2C 口与 T 口是接通的，从而多

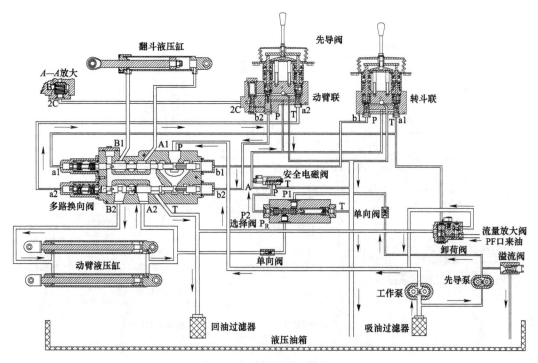

图 2-76 动臂处于下降状态

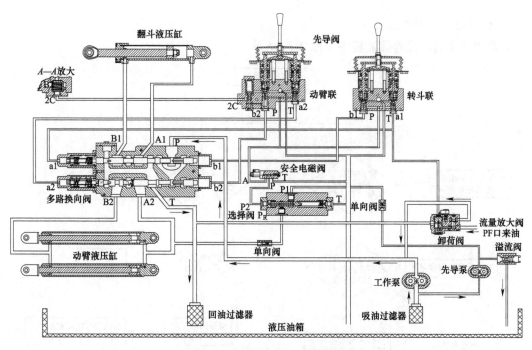

图 2-77 动臂与铲斗为中位状态

路换向阀的 P 口、B2 口与先导阀的 2C 口、T 口接通，B2 口与提升液压缸的小腔相连，A2 口与提升液压缸的大腔相连，从而实现了提升缸大腔与小腔的相通）。此时，提升液压缸处于自由浮动状态，如图 2-78 所示。

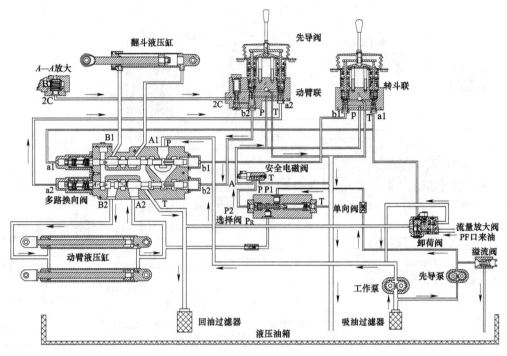

图 2-78 动臂处于浮动状态

4. 故障排除步骤及方法

装载机掉动臂故障排除流程图如图 2-79 所示。

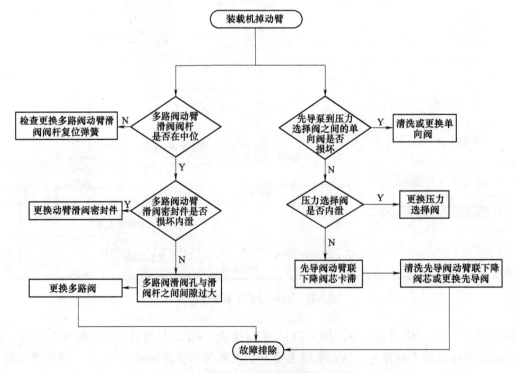

图 2-79 装载机掉动臂故障排除流程图

2.3 起重机液压系统故障维修

2.3.1 起重机右前垂直支腿无法伸出故障维修

1. 车型信息

整车品牌	徐工	整车型号	QY25K
技术参数	1. 支腿操纵多路阀 额定压力：25MPa；额定流量：100L/min；主溢流阀设定压力：210MPa 2. 多联齿轮泵 公称压力：280MPa；排量：0~71mL/r；额定转速：1900r/min；最高转速：2000r/min 3. 液压双向锁 作业环境温度：0~60℃；极高污染物浓度：250μg/m³ SO_2 4. 垂直支腿液压缸 工作压力：210MPa；闭锁压力：200MPa；行程：520mm；内泄漏量：0.2mL/min；最低起动压力：0.84MPa			

2. 故障现象及原因分析

故障现象		原因分析
右前垂直支腿无法伸出	操纵支腿控制手柄，控制右前垂直支腿伸缩，右前垂直支腿无法伸出，也无法缩回	多路阀内主溢流阀内部部件损伤造成内泄
		支腿操纵阀内损伤，阀体与阀杆之间内漏过大。多路操纵阀的阀杆定位螺栓松动，造成阀杆与阀体之间的位置变化，使液压油不能顺畅地进入支腿液压缸
		液压双向锁内的控制活塞推杆损坏或卡死，在伸出支腿时，打不开单向阀，支腿液压缸有杆腔的液压油不能流回油箱，支腿就不能伸出
		液压缸损坏，液压缸内的密封件损坏或密封沟槽过深，活塞或缸筒划伤，缸筒变形造成液压缸内的两个油腔互通，形成内漏

3. 结构原理

(1) 元件结构及原理

1) 支腿操纵多路阀。

①结构功用。如图2-80所示，支腿操纵多路阀主要由支腿液压系统主溢流阀、水平支腿液压缸过载溢流阀、第五支腿过载溢流阀、支腿伸缩控制换向阀、5个普通单向阀、5个支腿选择换向阀组成。它是下车液压回路的控制部件，通过支腿换向阀的操作，来完成水平液压缸、垂直液压缸的伸出和缩回动作，从而将活动支腿伸出或缩回，将整车支起或落下。国内多数汽车起重机采用的支腿换向阀多为四联换向阀，带第五支腿的采用五联换向阀。支腿操纵多路阀内设有支腿液压系统溢流阀、水平支腿液压缸过载溢流阀，可实现各活动支腿同时或单独伸缩。在下车液压系统不工作时，液压油通过阀内通道供上车回转机构工作。

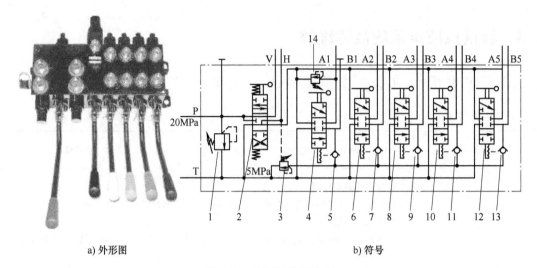

图 2-80 支腿操纵多路阀

1—支腿液压系统主溢流阀 2—支腿伸缩控制换向阀 3—水平支腿液压缸过载溢流阀
4、6、8、10、12—支腿选择换向阀 5、7、9、11、13—普通单向阀 14—第五支腿过载溢流阀

②工作原理。图 2-81 所示为先导式溢流阀的结构示意图,在图中液压油从 P 口进入,通过阻尼孔 3 后作用在导阀 4 上,当进油口压力较低,导阀上的液压作用力不足以克服导阀右边的弹簧 5 的作用力时,导阀关闭,没有油液流过阻尼孔,所以主阀芯 2 两端压力相等,在较软的主阀弹簧 1 作用下主阀芯 2 处于最下端位置,溢流阀阀口 P 和 T 隔断,没有溢流。当进油口压力升高到作用在导阀上的液压力大于导阀弹簧作用力时,导阀打开,液压油就可通过阻尼孔,经导阀流回油箱,由于阻尼孔的作用,主阀芯上端的液压力 P_1 小于下端压力 P_2,当这个压力差作用在面积为 AB 的主阀芯上的力等于或超过主阀弹簧力 F_1、轴向稳态液动力 F_2、摩擦力 F_f 和主阀芯自重 G 时,主阀芯开启,油液从 P 口流入,经主阀阀口由 T 流回油箱,实现溢流。

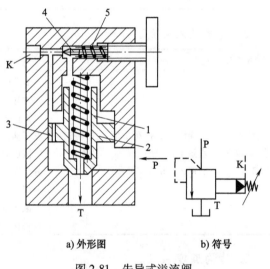

图 2-81 先导式溢流阀
1—主阀弹簧 2—主阀芯 3—阻尼孔
4—导阀 5—导阀弹簧

先导式溢流阀有一个远程控制口 K,如果将 K 口用油管接到另一个远程调压阀(远程调压阀的结构和溢流阀的先导控制部分一样),调节远程调压阀的弹簧力,即可调节溢流阀主阀芯上端的液压力,从而对溢流阀的溢流压力实现远程调压。但是,远程调压阀所能调节的最高压力不得超过溢流阀本身导阀的调整压力。当远程控制口 K 通过二位二通阀接通油箱时,主阀芯上端的压力接近于零,主阀芯上移到最高位置,阀口开得很大。由于主阀弹簧较软,这时溢流阀 P 口处压力很低,系统的油液在低压下通过溢流阀流回油箱,实现卸荷。

图 2-82 所示是一种管式普通单向阀。普通单向阀的作用是使油液只能沿一个方向流动，不能反向倒流。液压油从阀体左端的通口 P1 流入时，克服弹簧 3 作用在阀芯 2 上的力，使阀芯向右移动，打开阀口，并通过阀芯 2 上的径向孔 a、轴向孔 b 从阀体右端的通口流出。但是液压油从阀体右端的通口 P2 流入时，它和弹簧力一起使阀芯锥面压紧在阀座上，使阀口关闭，油液无法通过。

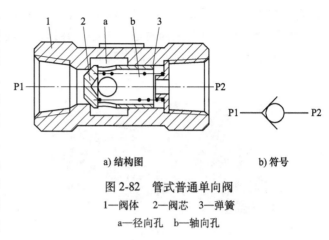

a) 结构图 b) 符号

图 2-82 管式普通单向阀
1—阀体　2—阀芯　3—弹簧
a—径向孔　b—轴向孔

图 2-83 所示为自动复位式手动换向阀。手柄 1 不操作时，在弹簧的作用下，阀芯 2 处于中位，此时 P、O、A、B 油口均不通；手柄 1 往左拉，阀芯 2 右移，此时 P、B 油口相通，A、O 油口相通；手柄 1 往右推，阀芯 2 左移，此时 P、A 油口相通，B、O 油口相通；放开手柄 1，阀芯 2 在弹簧 3 的作用下自动复中位。该阀适用于动作频繁、工作持续时间短的场合，操作比较安全，常用于工程机械的液压传动系统中。如果将该阀阀芯弹簧 3 的部位改为可自动定位的结构形式，即成为可在三个位置定位的手动换向阀，其符号如图 2-84 所示。

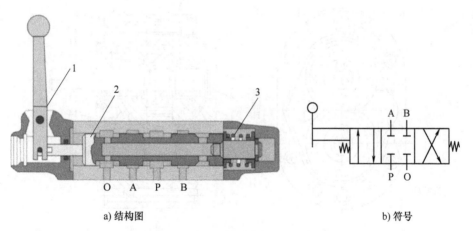

a) 结构图 b) 符号

图 2-83 自动复位式手动换向阀
1—手柄　2—阀芯　3—弹簧

2）多联齿轮泵。

①结构功用。国内汽车起重机使用的液压泵一般是多联齿轮泵，如图 2-85 所示。它由四个齿轮泵组合在一起，作用是将发动机的机械能转变成液体压力能，为液压系统提供动力。高压燃油泵从变速器取力器取力，通过传动轴连接接入实现动力输

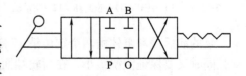

图 2-84 自动复位式手动换向阀符号

入，高压燃油泵从油器吸进低压油，输出高压油，其中一联齿轮泵供下车多路阀控制支腿操纵和上车回转，其他齿轮泵同时通过中心回转体，把高压油输送至上车，供上车变幅、伸缩、起升和先导控制，实现上车四大功能。

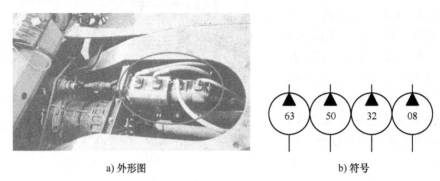

a) 外形图　　　　　　　　　　b) 符号

图 2-85　多联齿轮泵

CB—B 齿轮泵的结构如图 2-86 所示。它是分离三片式结构，三片是指泵盖 4、8 和泵体 7，泵体 7 内装有一对齿数相同、宽度和泵体接近而又互相啮合的齿轮 6，这对齿轮与两端盖和泵体形成一个密封腔，并由齿轮的齿顶和啮合线把密封腔划分为两部分，即吸油腔和压油腔。两齿轮分别用键固定在由滚针轴承支承的主动轴 12 和从动轴 15 上，主动轴由电动机带动旋转。

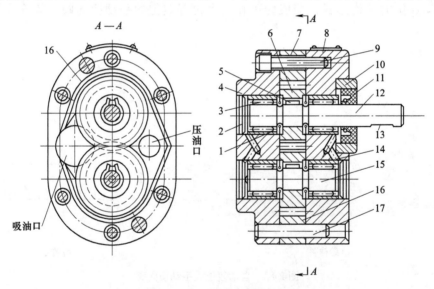

图 2-86　CB—B 齿轮泵的结构

1—轴承外环　2—堵头　3—滚子　4—后泵盖　5—键　6—齿轮　7—泵体　8—前泵盖
9—螺钉　10—压环　11—密封环　12—主动轴　13—键　14—泄油孔　15—从动轴　16—泄油槽　17—定位销

泵的前后盖和泵体由两个定位销 17 定位，用 6 只螺钉紧固，为了保证齿轮能灵活地转动，同时又要保证泄漏最小，在齿轮端面和泵盖之间应有适当间隙（轴向间隙），对小流量泵轴向间隙为 0.025~0.04mm，大流量泵为 0.04~0.06mm。齿顶和泵体内表面间的间隙（顶隙），由于密封带长，同时齿顶线速度形成的剪切流动又和油液泄漏方向相反，故对泄漏的影响较小。这里要考虑的问题是：当齿轮受到不平衡的背向力后，应避免齿顶和泵体内壁相碰，所以顶隙可稍大，一般取 0.13~0.16mm。

为了防止液压油从泵体和泵盖间泄漏到泵外，并减小压紧螺钉的拉力，在泵体两侧的端面上开有油封卸荷槽 16，使渗入泵体和泵盖间的液压油引入吸油腔。在泵盖和从动轴上的小孔，其作用是将泄漏到轴承端部的液压油也引到泵的吸油腔去，防止油液外溢，同时也润滑了滚针轴承。

② 工作原理。CB—B 齿轮泵的工作原理如图 2-87 所示，当泵的主动齿轮按图示箭头方向旋转时，齿轮泵右侧（吸油腔）齿轮脱开啮合，齿轮的轮齿退出齿间，使密封容积增大，形成局部真空，油箱中的油液在外界大气压的作用下，经吸油管路、吸油腔进入齿间。随着齿轮的旋转，吸入齿间的油液被带到另一侧，进入压油腔。这时轮齿进入啮合，使密封容积逐渐减小，齿轮间部分的油液被挤出，形成了齿轮泵的压油过程。齿轮啮合时齿向接触线把吸油腔和压油腔分开，起配油作用。当齿轮泵的主动齿轮由电动机带动不断旋转时，轮齿脱开啮合的一侧，由于

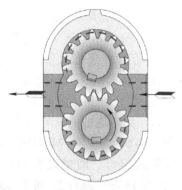

图 2-87　CB—B 齿轮泵的工作原理

密封容积变大则不断从油箱中吸油，轮齿进入啮合的一侧，由于密封容积减小则不断地排油。

3）双向液压锁。

① 结构功用。如图 2-88 所示，双向液压锁主要由端盖、阀体、单向阀阀芯、单向阀阀座、先导阀芯、密封件、弹簧组成。双向液压锁用于汽车起重机和高空作业车液压系统中。当支腿放下后，液压锁能防止因油液渗漏而造成的支腿自行收缩；在油管发生破裂等意外情况下，可防止支腿失去作用而造成事故；在液压汽车起重机或高空作业车行驶或停止时，可防止支腿受自重的影响而下落。

② 工作原理。当液压油从阀体 A1 口流入时，克服弹簧作用在左侧单向阀阀芯上的力，使阀

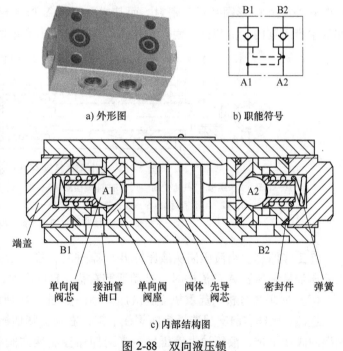

图 2-88　双向液压锁

芯向左移动，打开阀口，液压油从 B1 口流出，同时在液压油作用下，先导阀芯右移，推动右侧单向阀阀芯打开阀口，使 A2 口和 B2 口接通，液压油就可在两个方向自由通流。同理，当液压油从阀体 A2 口流入时，克服弹簧作用在右侧单向阀阀芯上的力，使阀芯向右移动，打开阀口，液压油从 B2 口流出，同时在液压油作用下，先导阀芯左移，推动左侧单向阀阀芯，打开阀口，使 A1 口和 B1 口接通，液压油就可在两个方向自由通流。

4）垂直支腿液压缸。

①结构功用。液压缸的作用是将液体的压力能转换为机械能，驱动负载做直线往复运动。起重机专用底盘的垂直支腿采用了图2-89所示液压缸，该液压缸为双作用单活塞杆液压缸。

图2-90所示的是一个较常用的双作用单活塞杆液压缸。它是由缸底20、缸筒10、缸盖兼导向套9、活塞11和活塞杆18组成。缸筒一端与缸底焊接，另一端缸盖（导向套）与缸筒用卡键6、套5和弹簧挡圈4固定，以便拆装检修，两端设有油口A和B。活塞11与活塞杆18利用卡键15、

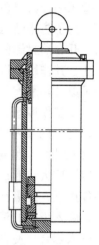

a) 外形图　　　　　b) 内部结构图

图2-89　起重机垂直支腿液压缸

卡键帽16和弹簧挡圈17连在一起。活塞与缸孔的密封采用的是一对Y形聚氨酯密封圈12，由于活塞与缸孔有一定间隙，采用由尼龙1010制成的耐磨环（又叫支承环）13定心导向。活塞杆18和活塞11的内孔由密封圈14密封。较长的导向套9则可保证活塞杆不偏离中心，导向套外径由O形圈密封7密封，而其内孔则由Y形密封圈8和防尘圈3分别防止油外漏和灰尘带入缸内。缸与杆端销孔与外界连接，销孔内有尼龙衬套抗磨。

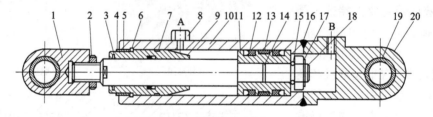

图2-90　双作用单活塞杆液压缸

1—耳环　2—螺母　3—防尘圈　4、17—弹簧挡圈　5—套　6、15—卡键　7、14—O形密封圈
8、12—Y形密封圈　9—缸盖兼导向套　10—缸筒　11—活塞　13—耐磨环
16—卡键帽　18—活塞杆　19—衬套　20—缸底

②工作原理。当液压油从液压缸B口流进时，推动活塞左移，A口出油，活塞杆伸出；当液压油从液压缸A口流进时，推动活塞右移，B口出油，活塞杆缩回。

（2）原理图分析　起重机支腿液压原理图如图2-91所示。

进油：操作右前支腿选择换向阀往下推，右前支腿切换至垂直支腿，再操作支腿伸缩控制换向阀往下推，液压油由液压泵→支腿伸缩控制换向阀的P口和B口→右前支腿选择换向阀P口和A口→双向液压锁A2口和B2口→右前垂直支腿液压缸无杆腔。

回油：液压油由右前垂直支腿液压缸有杆腔→双向液压锁B1口和A1口→支腿伸缩控制换向阀的A口和T口→过滤器→油箱。

4. 故障排除步骤及方法

起重机右前垂直支腿无法伸出故障排除流程图如图2-92所示。

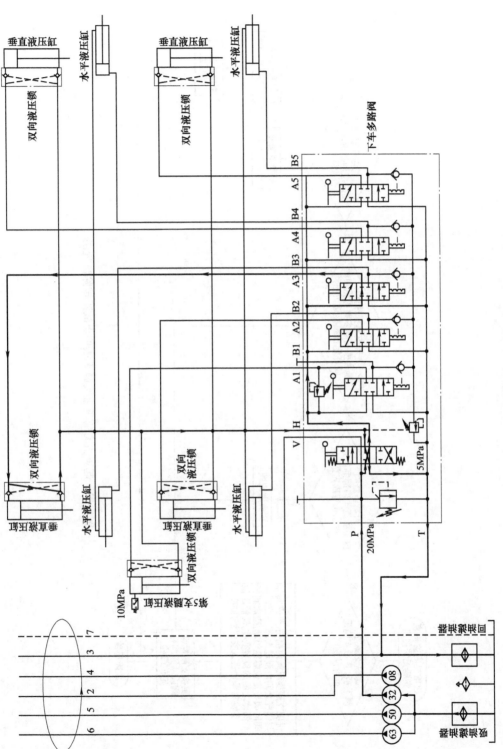

图 2-91 起重机支腿液压原理图

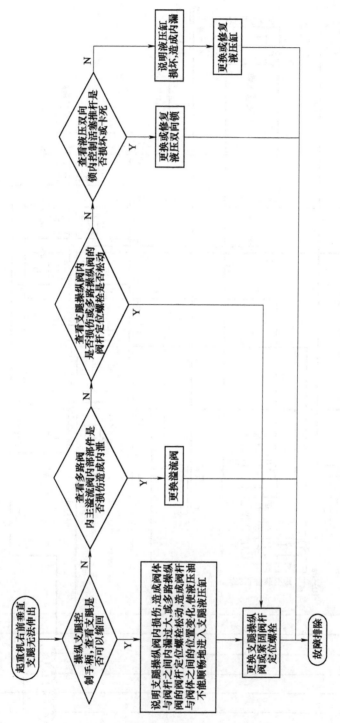

图 2-92　起重机右前垂直支腿无法伸出故障排除流程图

2.3.2 起重机回转无动作故障维修

1. 车型信息

整车品牌	徐工	整车型号	QY25K
技术参数	1. 回转缓冲阀 公称压力：25MPa；公称流量：100L/min；补油单向阀开启压力：10kPa 2. 回转马达 工作压力范围：25~35MPa		

2. 故障现象及原因分析

故障现象		原因分析
回转无动作	操纵回转控制手柄，控制回转机构左右回转，均无动作，且无压力或压力低	回转缓冲阀上的自由滑转电磁阀故障
		支腿操纵多路阀上主溢流阀压力低
		回转缓冲阀上溢流阀故障
		回转泵中的滤油器堵死
		回转泵内泄严重
		回转马达内泄严重
	操纵回转控制手柄，控制回转机构左右回转，均无动作，且憋压	回转制动解除电磁阀故障
		回转制动器油路进气
		回转制动器故障

3. 结构原理

（1）元件结构及原理

1) 回转缓冲阀。如图2-93所示，回转缓冲阀主要由换向阀A、过载溢流阀B、单向阀C和D、自由滑转电磁阀E、中间压力调定阀F、背压阀G组成。它用于控制液压马达的旋转动作，是由各种阀构成的复合阀。

①换向阀A：用于控制液压油流向。

②过载溢流阀B：既是过载溢流阀，又是制动阀。其作用在于限制锁住转台时的最高制动油压值。最高制动油压由最大压力调定液控阀及中间压力调定阀的压力调定值所决定。

③单向阀C、D：液压马达被外力驱动时，单向阀可构成供油回路，当液压马达的任一油孔要出现负压时，另一油孔就经上述单向阀为其供油。

④自由滑转电磁阀E：由电磁阀操作，可实现转台锁紧或自由滑转状态。

⑤中间压力调定阀F：转台处于自由滑转状态时，利用此阀的调节量可调出最大制动油压值。当回转机构自由滑转电磁阀位于锁紧位置时，此阀不起作用。

⑥背压阀G：背压阀用于在回油管路中产生背压。当液压马达被外力驱动起液压泵作用时，背压阀用来给液压马达的吸油孔供油。背压阀还用来防止在此情况下可能发生的气穴现象。

2) 回转马达及回转减速机。

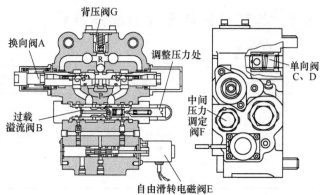

a) 外形图　　　　　　　　　　　　b) 结构图

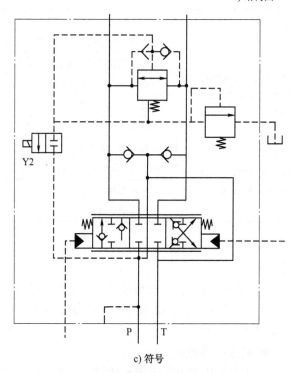

c) 符号

图 2-93　回转缓冲阀

①结构功用。回转机构安装在转台上，分为回转减速机、液压马达两部分（图 2-94）。回转减速机由制动装置（内置制动器）、减速装置（行星减速器）、执行装置（输出齿轮）三部分组成。减速装置为三级行星齿轮传动机构。

②工作原理。高速液压马达驱动回转减速机，将动力由小齿轮输出，小齿轮与固定在车架上的回转支承外啮合运动，既自转又公转，从而带动起重机上车回转作业。

回转机构制动器为多片湿式制动器，制动器处于常闭状态，当液压油进入制动器时，制动器处于打开状态，机构可以自由滑转。

（2）原理图分析　如图 2-95 所示。

1) 左回转工作原理。

回转制动解除：闭合回转制动解除开关，回转制动解除电磁阀 Y3 得电，液压油由先导泵→滤油器 P1 口和 P2 口→组合阀 9 口→电磁阀 Y3P 口和 A 口→组合阀 12 口→单向节流阀→制动缸。

控制油路进油：闭合系统压力开关，系统压力电磁阀 Y0 得电，操作左先导手柄往左推，液压油由先导泵→滤油器 P1 口和 P2 口→组合阀 9 口→电磁阀 Y0B 口和 P 口→组合阀 7 口→左先导手柄→回转换向阀右控制口。

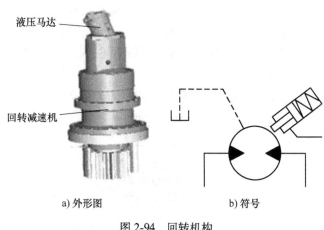

图 2-94 回转机构

控制油路回油：回转换向阀左控制口→左先导手柄→组合阀 32 口→油箱。

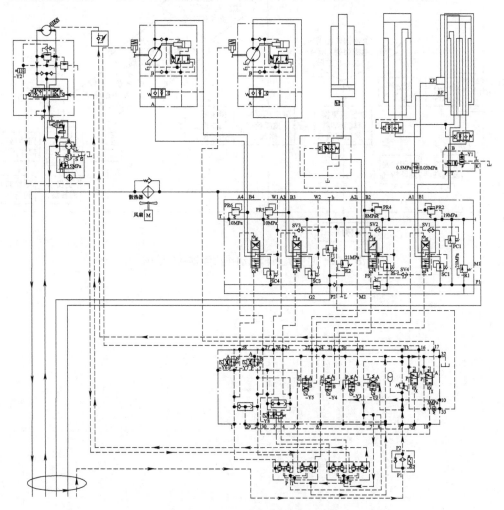

图 2-95 起重机回转机构液压原理图

主油路进油：回转泵→回转换向阀 P 口和 B 口→回转马达右口。
主油路回油：回转马达左口→回转换向阀 A 口和 T 口→油箱。

2）右回转工作原理。在此不再描述，与左回转相反。

4. 故障排除步骤及方法

起重机回转无动作故障排除流程图如图 2-96 所示。

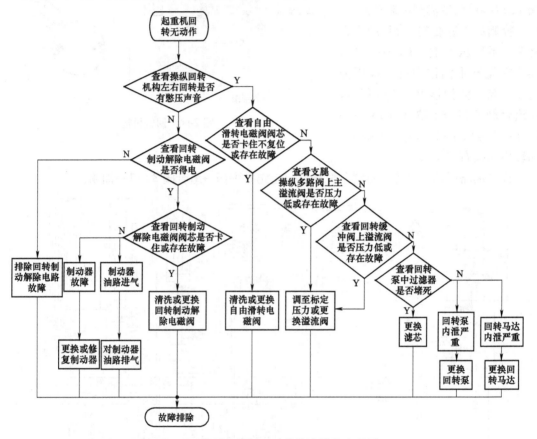

图 2-96 起重机回转无动作故障排除流程图

第3章
电子与电气系统

3.1 重型货车电子与电气系统故障维修

3.1.1 整车报文故障维修

1. 车型信息

整车品牌	东风	整车型号	DFH425
技术参数	发动机型号：dci465 发动机最大转速：1800r/min 最大允许牵引质量：40000kg	发动机最大净功率：330kW 发动机品牌：雷诺	

2. 故障现象及原因分析

故障现象		原因分析
整车报文故障	仪表显示多个未收到报文故障	仪表故障
		终端电阻损坏或丢失
		通信线短路或断路
		0215号线上的10A熔断器损坏或者线断路
	仪表显示未收到EECU报文故障	EDC17电路板损坏
		ECM的88号引脚松动或断路
		ECM的2、4、6号引脚接触不好或0100线断路
		通信线0012和0013断路或引脚松动
		ECM的1、3、5号引脚接触不好或0290线断路

3. 结构原理

通信线（Controller Area Network，又称为CAN线、控制器局域网），是现场总线的一种。美国汽车工程协会SAE以CAN线为底层协议专为大型货车和重工机械车辆设计了J1939协议，J1939是协议号。CAN线由两根双向传输的双绞导线（图3-1）作为数据线，分为CAN高位数据线（CAN-HIGH，以下简称CAN-H）和CAN低位数据线（CAN-LOW，以下简称

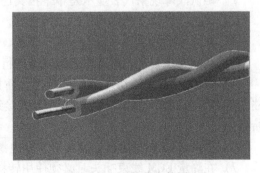

图3-1 CAN线实物图

CAN-L)，以及导线两端有两个 120Ω 的终端电阻。CAN 线提供一种特殊的局域网为汽车控制器之间进行数据交换。

CAN 线优点：降低制造成本，提高可靠性，减少故障率，降低维修复杂程度，实现智能化控制。

如图 3-2 所示，ECM 正常工作需要满足 3 个条件：ECM 必须有唤醒信号，也就是 88 号引脚能正常供电；ECM 的 1、3、5 号引脚有常电，ECM 的 2、4、6 号引脚能正常接地；仪表要与 ECM 正常通信，除了要保证 ECM 正常工作外，还要保证 CAN-H 线与 CAN-L 线正常工作。

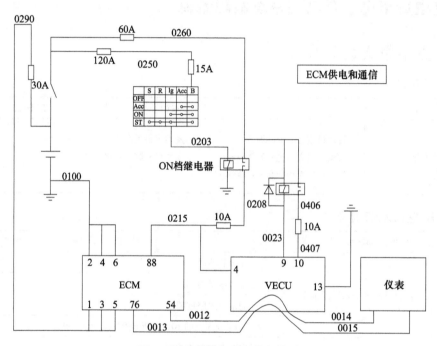

图 3-2　ECM 供电及通信电路图

4. 故障排除步骤及方法

（1）整车报文故障排除步骤及方法　整车报文故障排除流程图如图 3-3 所示。

（2）注意事项

1）确认故障现象仪表显示是单个报文还是多个报文。

2）在进行维修之前要悬挂维修警告牌，做好车辆防护，穿戴好个人防护用品。

3）在开始维修前要对蓄电池进行测量、检查并记录测量数据。

4）检测电压时要先对万用表电阻档进行校对，确保万用表正常。

5）对 ECM 线束插接件进行检查时，插拔线束插接件时必须断开车辆蓄电池负极接线柱，并采用电工胶布将拆下的蓄电池负极接线柱包裹，最后还要用万用表测量确认车辆已断电。

6）测量 CAN 线电阻时必须断开车辆电源后再进行测量。

7）在测量 ECM 线束插头时必须使用转接线进行测量。

8）更换继电器之前要对新继电器进行检测之后才能安装。

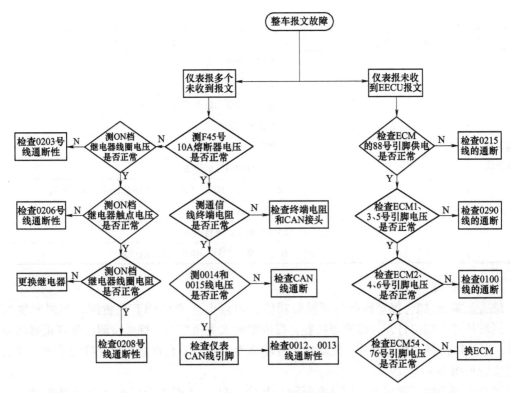

图 3-3　整车报文故障排除流程图

9）更换熔断器之前除了要检测新熔断器，还需要测量熔断器座对地电阻，看是否还存在断路现象。

3.1.2　东风重型货车灯光故障维修

1. 车型信息

整车品牌	东风	整车型号	DFH425
技术参数	发动机型号：ISL9.5 发动机最高转速：1900r/min 最大允许牵引质量：40000kg	发动机最大净功率：289kW 发动机品牌：康明斯	

2. 故障现象及原因分析

故障现象		原因分析
整车灯光故障	远光灯不亮	远光灯熔断器损坏
		远光灯灯泡的灯丝烧断
		远光灯继电器的触点或者线圈损坏
		组合开关损坏
		1001、1002、1003 中的任何一根线断路
		灯泡的搭铁线断路
		组合开关的搭铁线断路

(续)

故障现象		原因分析
整车灯光故障	后雾灯不亮	后雾灯二极管损坏
		后雾灯开关损坏
		后雾灯继电器的触点或者线圈损坏
		综合报警器损坏
		后雾灯熔断器损坏
		后雾灯灯泡的灯丝烧断
		1205、1206、1202、1203、1204 中的任何一根线断路
		灯泡的搭铁线断路
		综合报警器熔断器损坏
		综合报警器 0291、0705、0100 线断路

3. 结构原理

综合报警器：综合报警器有门开报警功能，当点火开关在 OFF 位置时，如果示宽灯通电，同时任意一侧门打开，蜂鸣器报警，提醒驾驶人关闭灯光。灯丝检测后雾灯报警功率为 21W；后位灯报警功率为 10W；制动灯报警功率为 21W。不允许随意改变灯泡功率。综合报警器实物如图 3-4 所示。

综合报警器的引脚定义如图 3-5 所示，其中，11、12 引脚为综合报警器电源供电，20 引脚搭铁，2、3 引脚接左、右示宽灯，5、6 引脚接左、右制动灯，8、9 引脚接左、右后雾灯。

图 3-4 综合报警器实物图

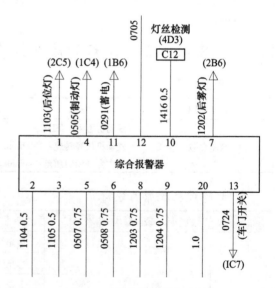

图 3-5 综合报警器电路图

远光灯电路：如图 3-6 所示，电源从 0250 经 15A 远光灯熔断器变为 1001 分别到达远光灯继电器的触点端和线圈端正极，远光灯继电器线圈 1002 负极线受组合开关控制，当组合开关拧到远光灯位置，1002 线与组合开关搭铁线接通，继电器工作触点闭合，1003 得电到达灯泡，经灯丝回到负极，灯泡点亮。

后雾灯电路：后雾灯总共受三组信号控制，分别为前雾灯、远光灯、近光灯信号，满足其中一个条件经过二极管后雾灯开关得电，1205 线到达后雾灯继电器线圈正极端，线圈负极经 0132 接地，继电器工作，触点闭合，1206 经触点变为 1202，到综合报警器 7 号引脚，由综合报警器 8 号、9 号引脚输出线 1204 线和 1203 线到灯泡经灯丝回到负极，灯泡点亮。

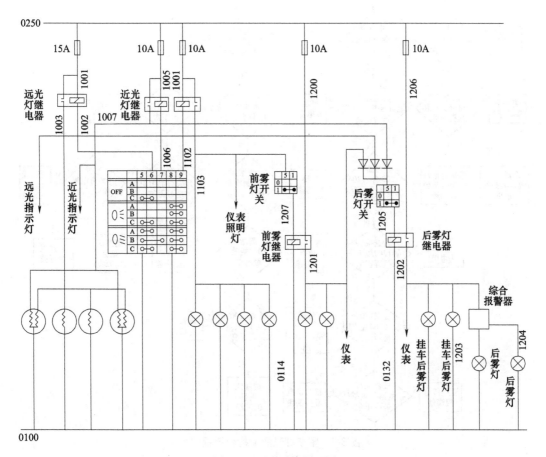

图 3-6　照明系统原理图

4. 故障排除步骤及方法

（1）整车灯光故障排除步骤及方法　整车灯光故障排除流程图如图 3-7 所示。

（2）注意事项

1）在插拔任何电气元器件或者插头时需要断电。

2）在测量电阻时要进行断电测量。

3）更换新的元器件时，要进行测量和对比型号。

4）对灯光进行检查时要将车辆处于着车状态。

5）测量前要对万用表进行校准。

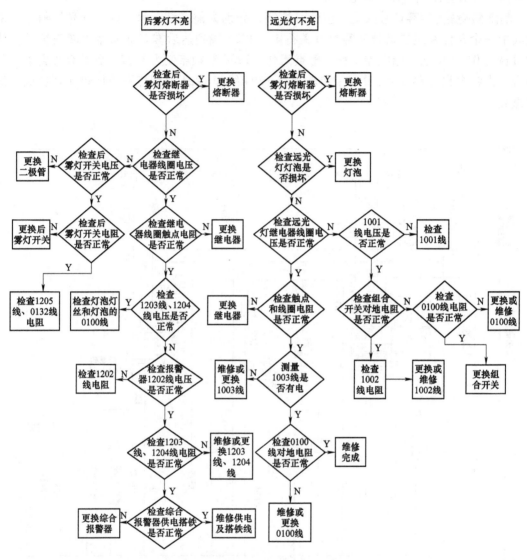

图 3-7 整车灯光故障检测流程图

3.1.3 徐工重型货车灯光故障维修

1. 车型信息

整车品牌	徐工	整车型号	汉风 G9（NXG4251D5WC）
技术参数	驱动形式：6×4 发动机品牌：潍柴 WP12（EDC17） 功率：550 马力		轴距：3200mm+1530mm 排量：12.54L 转矩：2550N·m

2. 故障现象及原因分析

故障现象		原因分析
前照灯故障	单侧远光灯、近光灯、示宽灯均不亮	单侧前照灯搭铁线断路
	单侧远光灯、近光灯、或示宽灯不亮	对应灯的供电线断路
		对应灯的供电线端子退针
		对应灯灯丝烧断
	两侧远光灯或近光灯不亮	灯光开关损坏
		灯光继电器损坏
		灯光开关至对应继电器电路断路
		对应继电器触点所在电路断路
		对应熔丝熔断
		灯光开关供电线或搭铁线断路

3. 结构原理

汉风 G9 重型货车的前照灯由灯光总开关和变光开关共同控制，灯光总开关控制示宽灯档、前照灯档和雾灯等，变光开关控制远光和近光的切换，如图 3-8 所示。

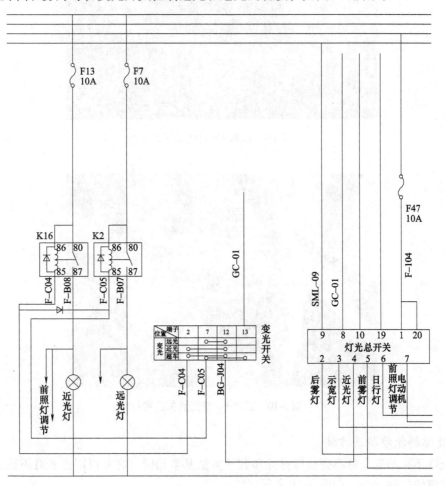

图 3-8 汉风 G9 前照灯电路图

灯光总开关旋转至前照灯档时，其端子4（近光灯）与端子8、10、19（搭铁）相连，使变光开关端子12搭铁。变光开关处于近光位置时，其端子2与端子12连通从而搭铁，F-C04线搭铁，近光继电器K16得电吸合，近光灯点亮。变光开关处于远光位置时，其端子7与端子12连通从而搭铁，F-C05线搭铁，由于二极管的作用，使远光继电器K2和近光继电器K16均得电吸合，远、近光灯同时点亮。

（1）灯光总开关　灯光总开关（图3-9）顺时针旋转可以依次打开示宽灯和前照灯，向外拉旋转开关一次可以打开后雾灯，拉两次可以同时打开示宽灯和前雾灯。右侧两个旋钮分别为近光灯光束高度调节和仪表背光亮度调节开关。

（2）变光开关　汉风G9的变光开关功能集成在左组合开关上，向下压为远光，中间位置为近光，向上拉为超车灯，如图3-10所示。

图3-9　汉风G9灯光总开关

图3-10　汉风G9变光开关位置

4. 故障排除步骤及方法

远光灯不亮与近光灯不亮故障排除步骤及方法基本相同，在此仅以近光灯不亮为例介绍照明灯故障的排除方法，如图3-11所示。

第3章 电子与电气系统

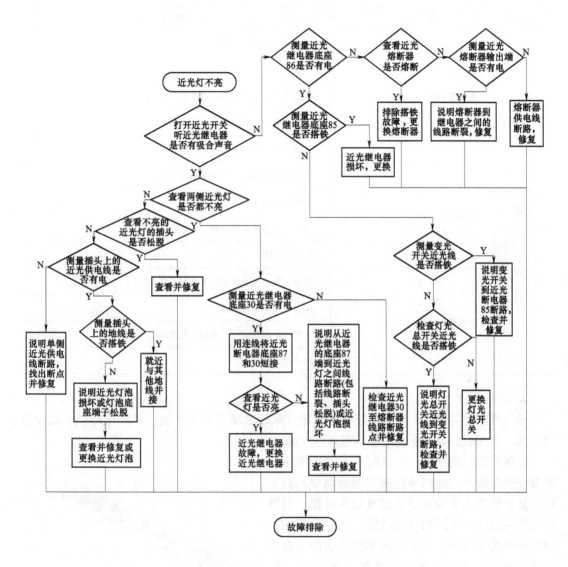

图 3-11 近光灯不亮故障排除流程图

3.1.4 东风重型货车电动车窗故障维修

1. 车型信息

整车品牌	东风	整车型号	DFH425
技术参数	发动机型号：dci465 发动机最大转速：1800r/min	发动机最大净功率：330kW 发动机品牌：雷诺	

2. 故障现象及原因分析

故障现象		原因分析
电动车窗故障	车窗无动作	车窗20A熔断器损坏
		车窗升降开关损坏或插头接触不良
		上升下降继电器线圈回路断路，触点腐蚀
		车窗升降电动机损坏
		2201、2202、2203、0100线断路
	车窗能上不能下	车窗升降开关损坏或插头接触不良
		车窗升降电动机损坏
		下降继电器线圈回路断路，触点腐蚀
		2208线断路
	车窗能下不能上	车窗升降开关损坏或插头接触不良
		车窗升降电动机损坏
		上升继电器线圈回路断路，触点腐蚀
		2209线断路

3. 结构原理

玻璃升降器的结构：以普遍使用的绳轮式电动玻璃升降器为例，它由电动机、减速器、钢丝绳、导向板和玻璃安装托架等零部件组成。

玻璃升降器的原理：安装时车窗玻璃固定在玻璃安装托架上，玻璃导向槽与钢丝绳导向板平行。其中电动机采用可逆永磁直流电动机，电动机内有两组绕向不同的磁场线圈，通过开关的控制可做正转和反转，从而控制车窗玻璃的上升或下降。电动机是由双联开关控制，设有升、降、关等三个工作状态，开关不操纵时自动停在"关"的位置上。起动电动机，由电动机带动减速器输出动力，拉动钢丝绳移动玻璃安装托架，迫使车窗玻璃做上升或下降的直线运动。玻璃升降器实物如图3-12所示。

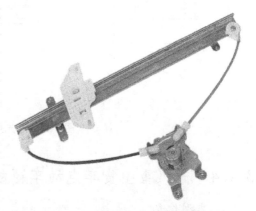

图3-12 玻璃升降器实物图

玻璃升降器电路工作原理：玻璃升降器的20A熔断器通过0250供电，在经过熔断器后变线号为2201，分成三路分别到达玻璃升降器的控制开关、下降继电器常开触点端、上升继电器常开触点端，到达开关的2201线从3号引脚接入。下面以驾驶人侧开关控制为例，进行电路工作原理分析：当开关在0位时3号引脚不与任何引脚接通。

当开关处于UP位置时3号引脚与5号引脚接通，经过开关变线号为2209到达上升继电器线圈正极端,线圈负极接地,常开触点闭合,2201 经触点变为 2203,常闭触点断开电动机得电,电动机负极通过下降继电器常闭触点接地,此时实现上升。

当开关处于 DOWN 位置时 3 号引脚与 2 号引脚接通,经过开关变线号为 2208 到达下降继电器线圈正极端,线圈负极接地,常开触点闭合,2201 经触点变为 2202,常闭触点断开,此时电动机得电,电动机负极通过上升继电器常闭触点接地,此时实现下降。具体控制电路如图 3-13 所示。

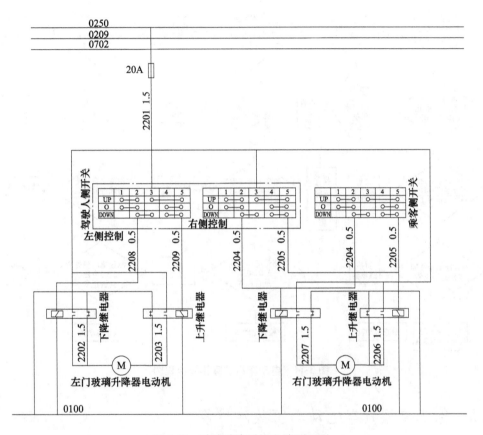

图 3-13 玻璃升降系统电路原理图

4. 故障排除步骤及方法

(1) 电动车窗故障排除步骤及方法　电动车窗故障排除流程图如图 3-14 所示。

(2) 注意事项

1) 在更换熔断器时要确认新的熔断器电流值与电路图上一致。
2) 在更换前要先测量熔断器座对地电阻,确认无短路后方可插入新熔断器。
3) 更换新继电器之前要进行测试,继电器线圈可以通过测量电阻的方式判断好坏。
4) 更换时要对比新旧继电器零件号和电流值。
5) 插拔任何电气元器件及线束插头时要断电。
6) 测量电压或者电阻时一定要在工作状态下测量。

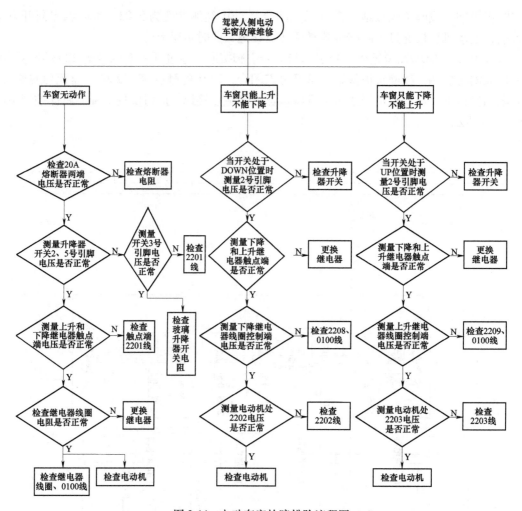

图 3-14　电动车窗故障排除流程图

3.1.5　徐工重型货车电动车窗故障维修

1. 车型信息

整车品牌	徐工	整车型号	汉风 G9（NXG4251D5WC）
技术参数	驱动形式：6X4　　轴距（mm）：3200+1530		
	发动机品牌：潍柴 WP12（EDC17）　　排量（L）：12.54L		
	马力（ps）：550 马力　　扭矩（N·m）：2550N·m		

2. 故障现象及原因分析

故障现象		原 因 分 析
电动车窗故障	玻璃不能升降	门控制模块损坏
		中控锁开关损坏
		门控制模块或中控锁开关插接件松脱
		玻璃升降电动机损坏

(续)

故障现象		原因分析
电动车窗故障	玻璃不能升降	玻璃升降电动机插接件松脱或端子退针、断线
		门控制模块供电线或搭铁线断路
		中控锁开关搭铁线断路
	玻璃只能升不能降	降窗信号线 LMB03 断路
		中控锁开关损坏
	玻璃只能降不能升	升窗信号线 LMB02 断路
		中控锁开关损坏

3. 结构原理

如图 3-15 所示，汉风 G9 重型货车采用中控锁，左右门各有一个带 CAN 总线通信功能的控制模块和一个门锁开关。

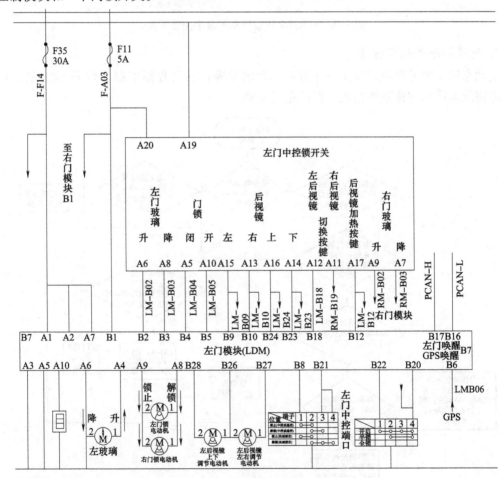

图 3-15 左门电动车窗控制电路

如图 3-16 所示，按下左门玻璃上升按钮时，左门中控锁 A6 端子与 A19 搭铁线连通，给左门模块提供一个低电平信号，然后左门模块驱动左电动车窗电动机按上升方向旋转。玻璃下降的电路工作原理与上升相同,只是电动车窗电动机向相反方向旋转。

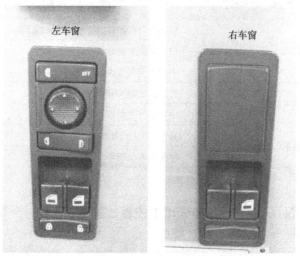

图 3-16 汉风 G9 重型货车车窗中控锁开关

4. 故障排除步骤及方法

电动车窗不能升降及只能向一个方向运动的故障排除流程图如图 3-17 所示。左、右门电动车窗故障排除方法基本相同,仅以左门为例。

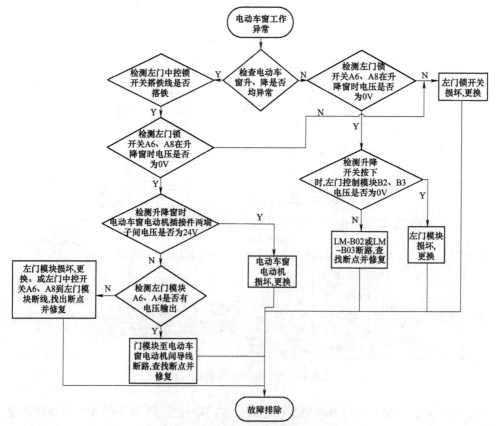

图 3-17 电动车窗故障排除流程图

3.1.6 东风重型货车整车无法起动

1. 车型信息

整车品牌	东风	整车型号	DFH425

2. 故障现象及原因分析

故障现象		原因分析
整车无法起动	将点火开关拧至起动档位时起动机没有声音，起动继电器无吸合声音，仪表没有报码	变速器不在空档状态或空档开关损坏，空档开关熔断器损坏
		变速器在空档状态，空档信号线断路，造成空档信号未能发送给发动机 ECU
		空档继电器线圈回路断路，触点腐蚀包括起动开关损坏、插接件插针松脱退针、线路断裂、空档继电器线圈损坏
		停机开关损坏或信号线断路和短路，一直处于熄火状态
		起动机过渡继电器线圈控制线断路，继电器线圈损坏，触点腐蚀
		起动机主电源线或地线未连接或断路
		起动信号线 0202 线断路或起动机继电器线圈断路
		ON 档 2 号继电器线圈回路断路，继电器线圈损坏，触点腐蚀
	起动时起动继电器不吸合，有报码	CAN 线故障，CAN-H 线与 CAN-L 线短路或断路，终端电阻损坏
		EECU 损坏或 VECU 损坏
	将点火开关拧至起动档位时起动机有声音但起动不了	起动机齿轮严重磨损或者卡滞
		飞轮齿圈严重磨损或者松动打滑
		蓄电池亏电（正常情况下，发动机起动前蓄电池电压为 25V 左右，发动机起动瞬间蓄电池电压降低 2~4V）
		蓄电池负极与车架搭铁处接触不良

3. 结构原理

传动机构（啮合机构）：在发动机起动时，使起动机的驱动齿轮啮合入飞轮齿圈，将起动机转矩传给发动机曲轴。在发动机起动后，使起动机自动脱开齿圈，如图 3-18 所示。

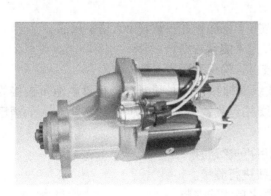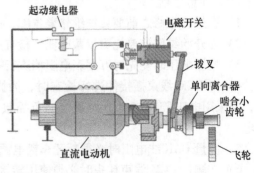

图 3-18 起动机结构及控制简图

天龙（DCI11EDC17）发动机起动控制原理：EDC17 和 VECU 正常工作，CAN 网络线通信正常，VECU 的 5 号引脚收到来自空档继电器的地线信号，EDC17 的 35 号引脚收到来自点火开关的起动信号，停机开关处于闭合状态，如图 3-19 所示。

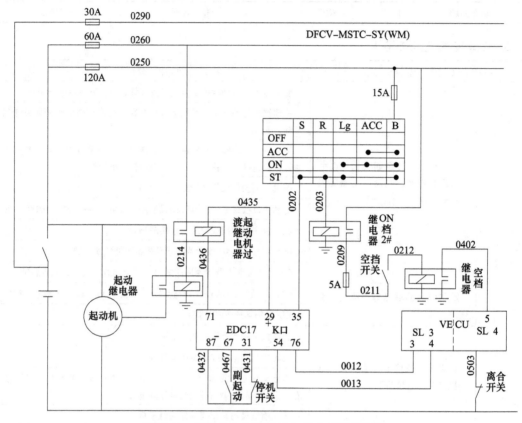

图 3-19　东风天龙车辆 EDC17 起动系统电路图

4. 故障排除步骤及方法

（1）整车无法起动故障排除步骤及方法　整车无法起动故障排除流程图如图 3-20 所示。

（2）注意事项

1）在进行维修之前要悬挂维修警告牌，做好车辆防护并穿戴好个人防护用品。

2）在开始维修前要先测量蓄电池，检查并记录测量数据。

3）检测电压时要先对万用表电阻档进行校对，确保万用表正常。

4）对 ECM 线束插接件进行检查时，插拔线束插接件时必须断开车辆蓄电池负极接线柱，并采用电工胶布将拆下的蓄电池负极接线柱包裹，最后要用万用表测量确认车辆已断电。

5）测量 CAN 线电阻时必须断开车辆电源后再进行测量。

6）在测量 ECM 线束插头时必须使用转接线进行测量。

7）更换继电器之前要对新继电器进行检测之后才能安装。

8）更换熔断器之前除了要检测新熔断器还需要测量熔断器座对地电阻，确保不存在断路现象。

第3章 电子与电气系统

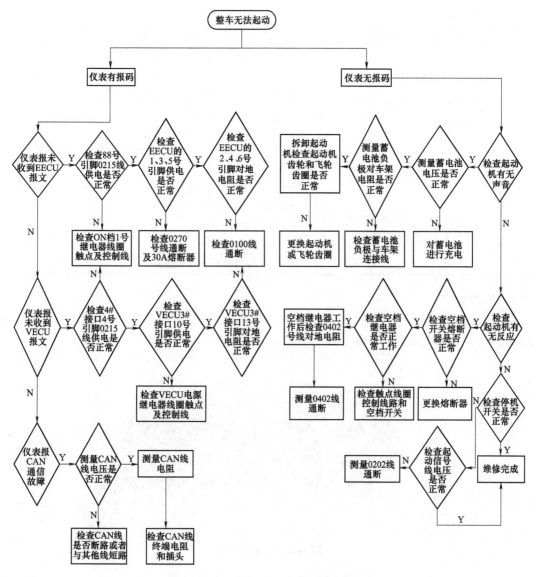

图 3-20 整车无法起动故障排除流程图

9) 起动车辆之前要观察车辆周围环境,确保安全后并鸣喇叭才可起动。

3.1.7 东风重型货车整车无电故障

1. 车型信息

整车品牌	东风	整车型号	DFH4250A4
技术参数	发动机品牌:康明斯发动机 发动机最大净功率:289kW		发动机型号:ISL9.5 发动机最大转速:1900r/min

2. 故障现象及原因分析

故障现象		原 因 分 析
整车无电故障	电源总开关电磁阀有吸合声，仪表不亮	电源总开关电磁阀损坏，触点烧蚀
		0230、0250、0291、0401、0208、0100、0201、0203、0260 线断路
		60A 辅助电源熔断器和 120A 主电源熔断器损坏
		点火开关 15A 熔断器损坏
		点火开关损坏，仪表 5A 熔断器损坏
		ON 档继电器线圈控制线断路，继电器线圈损坏，触点腐蚀
		仪表损坏
	电源总开关电磁阀无动作，整车附件灯光等无法工作	电源总开关电磁阀线圈控制线断路，继电器线圈损坏，触点腐蚀
		电源总开关 5A 熔断器损坏
		常电 30A 熔断器损坏
		电源总开关损坏
		0293、0200、0294、0100 线断路

3. 结构原理

（1）仪表元件结构及原理 汽车仪表用于为驾驶人提供所需的汽车运行参数信息。这些信息大多用指示灯或者指针和一些文字表示，具体如图 3-21 所示。

图 3-21 仪表实物图

汽车仪表是内带自检功能的智能型仪表，可通过导线直接接收电子信号，也通过控制器局域网（CAN）总线与动力控制模块（PCM）、防抱死制动系统（ABS）等系统相连接。CAN 为高速通信网络，使仪表能够与 PCM、ABS 模块以及自动空调模块相互通信。其中经由数据链接插口（DLC），为 WDS 建立了进入仪表控制系统的通道，这将提升 WDS 的诊断能力。仪表本身由量表、指示灯与警告灯组成。此外，还安装了信息中心。当点火开关由位置 0 或位置 I 转到位置 II 时，仪表会执行显示测试，以确认警告灯或指示灯以及监视系统能正常工作，供电原理如图 3-22 所示。

（2）全车电源 全车电源主要包括常电电源和受控电源。常电电源就是不通过任何控制，一直有电。受控电源受到电源开关的控制。

整车电源基本都是受控电源，蓄电池正极出来的常电通过 30A 的熔断器到达 0290 线，通过电源开关 5A 熔断器变为 0293 到达电源开关，闭合电源开关后 0294 线到达电源电磁阀

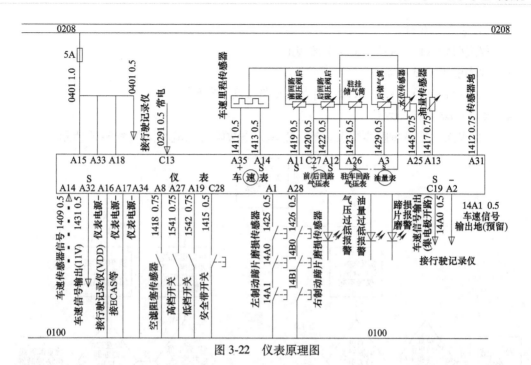

图 3-22 仪表原理图

线圈端搭铁，电磁阀工作触点闭合，蓄电池正极电经过熔断器到达 0250、0260，整车通电。整车供电如图 3-23 所示。

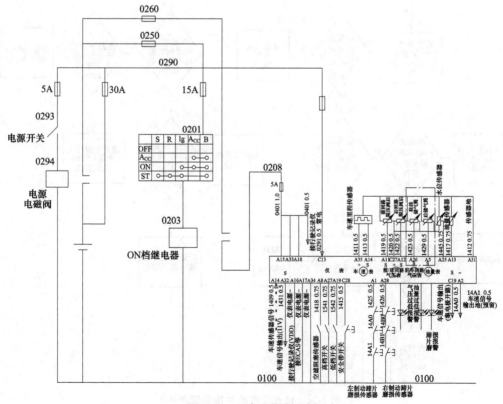

图 3-23 天龙电源原理图

(3) 仪表工作条件

1) 仪表引脚 A16、A17、A34 全部接地。

2) 仪表引脚 C13 有常电。

3) 仪表引脚 A15、A33、A18，当点火开关打到 ON 档时有电。

4. 故障排除步骤及方法

(1) 整车无电故障排除步骤及方法　整车无电故障排除流程图如图 3-24 所示。

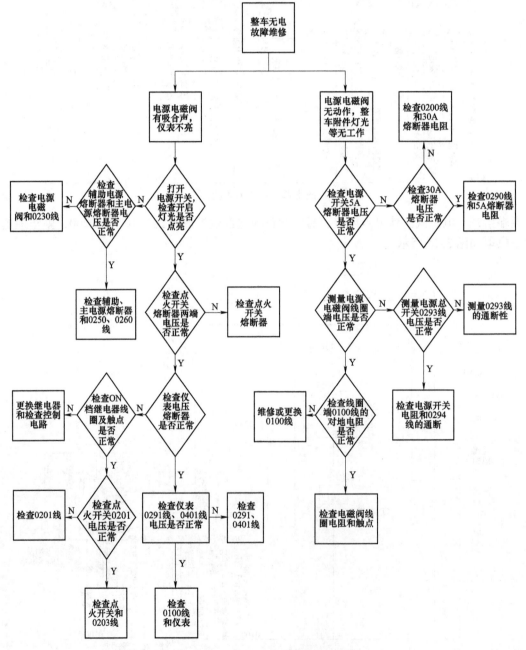

图 3-24　整车无电故障排除流程图

(2) 注意事项

1) 在进行维修之前要悬挂维修警告牌,做好车辆防护并穿戴好个人防护用品。
2) 在开始维修前要先测量蓄电池,检查并记录测量数据。
3) 检测电压时要先对万用表电阻档进行校对,确保万用表正常。
4) 插拔熔断器和插头时要断电。
5) 更换新的部件如熔断器,电磁阀等都要对新的部件进行检测。
6) 测量线的电阻不能带电测量。
7) 维修完成后要进行试车,确认故障已排除。
8) 对在维修过程中产生的测量数据及故障件名称要准确记录。

3.2 挖掘机电子与电气系统故障维修

3.2.1 挖掘机整车无法起动故障维修

1. 车型信息

整车品牌	徐工	整车型号	XE60
技术参数	车辆名称:履带式挖掘机 发动机型号:洋马 4TNV94L 功率:40kW 额定转速:2200r/min 电源电压:12V		

2. 故障现象及原因分析

本节只针对挖掘机因电路故障无法起动问题,进行原因分析,并提出排查方法。

故障现象		原因分析
挖掘机整车无法起动故障	起动机工作异常:发动机起动时,起动继电器可正常吸合,但起动机不工作,或不能正常工作	蓄电池电压不足
		蓄电池继电器接触不良
		起动机故障
	起动继电器工作异常:发动机起动时,起动继电器不吸合或吸合不良	熔断器安装不良或线束破损搭铁
		卫星定位系统(GPS)故障
		点火开关故障
		线路断路或接触不良
	发动机起动后熄火:发动机起动时,起动机和起动继电器工作均正常,但发动机不能起动或起动后迅速熄火	熄火继电器电路断路
		熄火继电器故障
		熄火电磁阀故障

3. 结构原理

(1) 蓄电池 用万用表测量12V电源电压,如图3-25所示。正常电压范围是10.8~

12.7V，注意正负极不要接反。

图 3-25　测量蓄电池电压

（2）起动机电磁开关接线　起动机的控制装置通常为电磁开关，固定在起动机上方。如图 3-26 所示，开关外的三个接线柱，标号分别为 B（接电源）、M（接直流电动机）、S（接起动继电器）。其中 S 为控制端子，起动机是否工作主要看 S 端子是否得电。

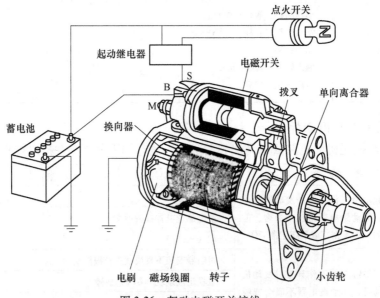

图 3-26　起动电磁开关接线

发动机起动时，将点火开关钥匙旋至起动档位，起动继电器通电后，吸下可动臂使触点闭合，电磁开关线圈电路按通，起动机投入工作。发动机起动后，只需松开点火开关钥匙，点火开关自动转回到点火工作档位，起动继电器线圈断电触点打开，电磁开关也随即断开，起动机停止工作。

起动机使用注意事项：

① 起动机正常起动时间不能超过 15s，空载时间不能超过 10s。

② 两次起动间隔应大于 30s 以上,建议加装防再起动装置。
③ 发动机工作期间不得开启起动机。
④ 蓄电池电压不能过低,否则会损坏起动机。
⑤ 不建议用辅助电池进行起动。
⑥ 检查蓄电池与起动机线路,防止有虚接现象。

(3) 点火开关 点火开关又叫电锁开关,其结构与功能图如图 3-27 所示。点火开关主要用于控制整车电路通电与否、预热和起动发动机。

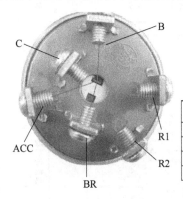

图 3-27 点火开关结构及其功能图

(4) 继电器 继电器是一种电子控制器件,它具有控制系统(又称输入回路)和被控制系统(又称输出回路),通常应用于自动控制电路中,它实际上是用较小的电流去控制较大电流的一种"自动开关",故在电路中起自动调节、安全保护、转换电路等作用,如图 3-28 所示。

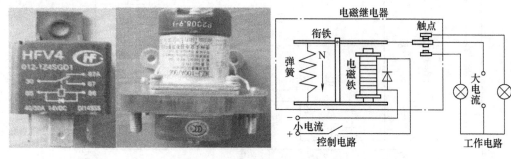

图 3-28 继电器及其工作原理图

挖掘机起动时由蓄电池提供电能,通过点火开关(点火开关功能图如图 3-27 所示)可使发动机起动,具体原理如图 3-29 所示。

1) 当起动开关置于 ON 位置时,端子 B、ACC、BR 导通,其中 ACC 连接线路使得画圈 A 处的电源继电器 K1 电磁线圈得电,则此时画圈 B 处的 K1 触点闭合,电源给起动机 B 端子供电。现在要想起动只需要让 K2 继电器的触点闭合即可,如图 3-29 所示。

2) 当起动开关处于 START(起动)即点火开关处于 Ⅱ 档时,端子 B、ACC、BR、C、R2 导通,此时 C 连接线路使得电磁线圈 K2 得电,K2 触点闭合,电源给起动机 S 端子供电,起动机起动带动发动机起动并运转。

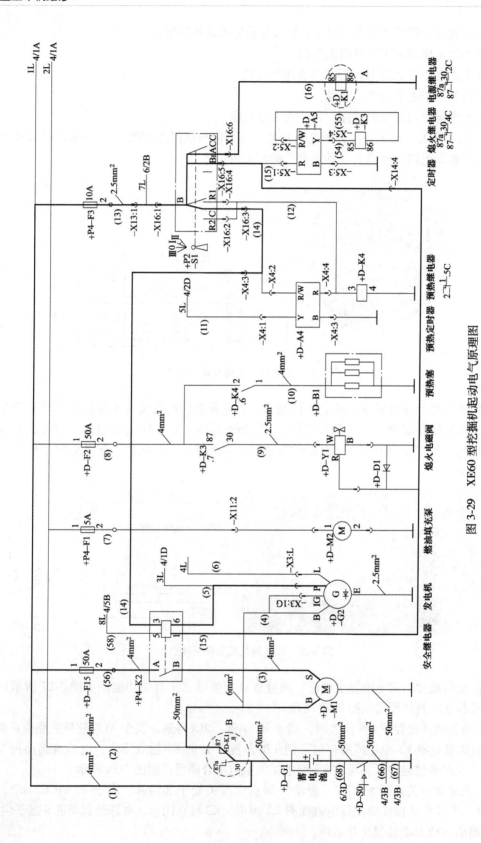

图 3-29 XE60 型挖掘机起动电气原理图

3）当发动机起动时，起动开关复位，端子 C、R2 断开，K2 触点断开，切断起动继电器线圈电路，起动机关闭，发电机在发动机的带动下输出电压。

4）五十铃、洋马机型起动电路使用安全继电器来实现起动保护功能，发动机运转后发电机 P 端子有电压输出，此时即使点火开关打到起动位置，继电器也不会接通，起动机不会运行，起到保护起动机的作用。

4. 故障排除步骤及方法

（1）发动机无法起动故障排除步骤及方法　发动机无法起动故障排除流程图如图 3-30 所示。

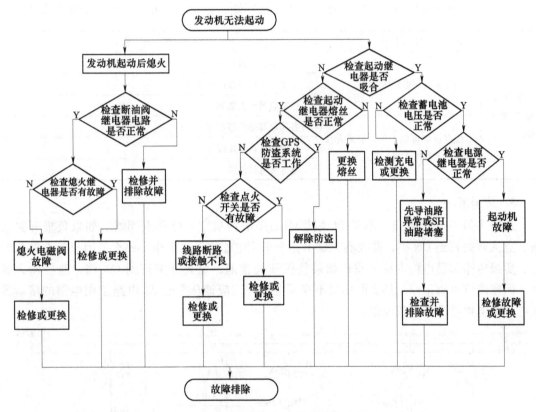

图 3-30　发动机无法起动故障排除流程图

（2）维修检查注意事项

1）在进行维修之前要悬挂维修警告牌，做好车辆防护以及穿戴好个人防护用品。

2）在开始维修前要对蓄电池进行测量、检查并记录测量数据。

3）检测电压时要先校对万用表电阻档，确保万用表正常。

4）对 ECM 线束插接件进行检查时，插拔线束插接件时必须断开车辆蓄电池负极接线柱，用电工胶布将拆下的蓄电池负极接线柱包裹，并用万用表测量确认车辆已断电。

5）测量 CAN 线电阻时必须断开车辆电源后再进行测量。

6）在测量 ECM 线束插头时必须使用转接线进行测量。

7）更换继电器之前要先检测新继电器再进行安装。

8)更换熔丝之前除了要检测新熔丝外还需要测量熔丝外座对地电阻,确保不存在断路现象。

9)起动车辆之前要观察车辆周围环境,安全后并鸣喇叭才可起动。

3.2.2 挖掘机整车无电故障维修

1. 车型信息

| 整车品牌 | 徐工 | 整车型号 | XE60 |

2. 故障现象及原因分析

本节只针对挖掘机因电路故障导致整车无电问题,进行原因分析,并提出排查方法。

故 障 现 象		原 因 分 析
挖掘机整车无电故障	整车所有用电器均无电	蓄电池无电或损坏
		蓄电池负极搭铁线未搭铁
		电源负极开关故障
	仅室内灯可以工作,但组合仪表等用电器均无法正常工作	各用电器熔断器损坏
		电源继电器线路故障
		电源继电器故障

3. 结构原理

从图 3-31 中可以看出,不受 2L 线影响的用电器是室内灯和点烟器。如果负极开关接通,点火开关打到 ON 档,监控器无显示,全车用电器均无法工作,那么原因只能在蓄电池正、负极电路和蓄电池本身去找;如果负极开关接通,点火开关打到 ON 档,监控器无显示,但室内灯可以工作,那么问题就不在蓄电池,而应该从影响 2L 电路上用电器的熔断器和电源继电器着手来查找原因。

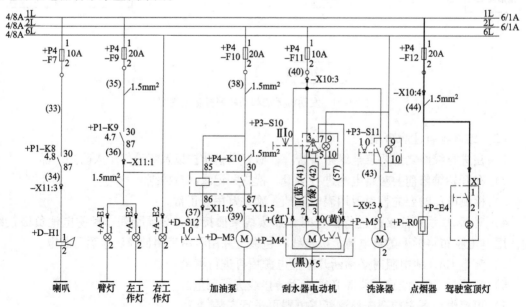

图 3-31 XE60 型挖掘机起动电路电气原理图

4. 故障排除步骤及方法

（1）挖掘机整车无电故障排除流程图 如图3-32所示。

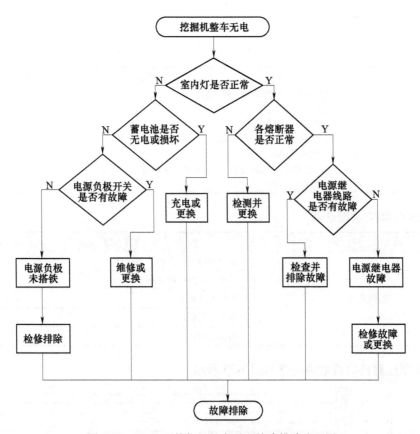

图3-32　XE60型挖掘机整车无电故障排除流程图

（2）维修检查注意事项

1）在进行维修之前要悬挂维修警告牌，做好车辆防护以及穿戴好个人防护用品。

2）在开始维修前要先测量蓄电池，检查并记录测量数据。

3）检测电压时要先对万用表电阻档进行校对，确保万用表正常。

4）对ECM线束插接件进行检查时，插拔线束插接件时必须断开车辆蓄电池负极接线柱，并采用电工胶布将拆下的蓄电池负极接线柱包裹，最后要用万用表测量确认车辆已断电。

5）测量CAN线电阻时必须断开车辆电源后再进行测量。

6）在测量ECM线束插头时必须使用转接线进行测量。

7）更换继电器之前要对新继电器进行检测之后才能安装。

8）更换熔断器之前除了要检测新熔断器还需要测量熔断器座对地电阻，确保不存在断路现象。

9）起动车辆之前要观察车辆周围环境，确保安全后并鸣喇叭才可起动。

3.3 压路机电子与电气系统故障维修

3.3.1 压路机整机无电

1. 车型信息

整车品牌	徐工	整车型号	XD132
技术参数	车辆名称：XD132 双钢轮压路机 质量：13080kg 速度范围：0~10km/h 名义振幅：0.4mm/0.72mm 振动频率：30~45Hz 发动机型号：CUMMINS 4B-3.9 东风康明斯 系统电压：12V		

2. 故障现象及原因分析

故障现象	故障原因
整机无电	蓄电池电解液指示器为白色
	蓄电池的接线柱脱落
	电源开关损坏
	点火开关损坏
	熔断器烧坏

XD132 型压路机整机电源电路如图 3-33 所示。

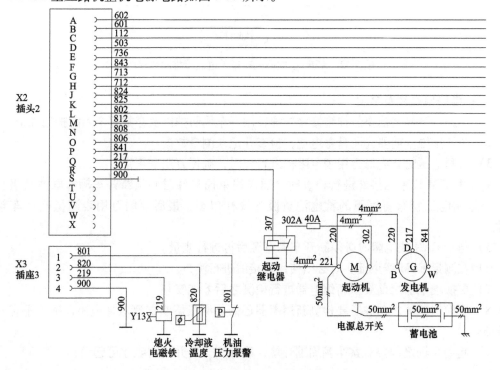

图 3-33 XD132 型压路机整机电源电路

1）故障现象：蓄电池电解液指示器为白色。

故障排除方法：更换蓄电池。

2）故障现象：蓄电池的接线柱脱落。

故障排除方法：打开蓄电池箱盖，重新紧固接线柱。

3）故障现象：点火开关损坏，如图 3-34 所示。

图 3-34　XD132 型压路机点火开关、万用表

故障排除方法：利用万用表检查，更换点火开关。

4）故障现象：电源开关损坏，如图 3-35 所示。

故障排除方法：维修或更换。

3. 故障排除步骤及方法

XD132 压路机整机无电故障排除流程图如图 3-36 所示。

图 3-35　XD132 型压路机电源开关

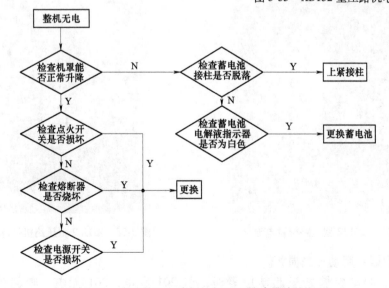

图 3-36　XD132 型压路机整机无电故障排除流程图

3.3.2 压路机无法起动

1. 车型信息

| 整车品牌 | 徐工 | 整车型号 | XD132 |

2. 故障现象及原因分析

故障现象	故障原因
压路机无法起动	蓄电池的接线柱脱落
	蓄电池电解液指示器为白色
	柴油标号不符合环境温度
	起动电源熔断器烧坏
	起动开关损坏
	起动继电器损坏
	燃油系统进气
	滤清器或油泵进油管处粗滤器堵塞

1) 故障原因：蓄电池的接线柱脱落。

故障排除方法：打开蓄电池箱盖，重新紧固接线柱。

2) 故障原因：蓄电池电解液指示器为白色，如图3-37所示。

故障排除方法：蓄电池电解液指示器为白色表示蓄电池已损坏，需更换蓄电池。

3) 故障原因：起动电源熔丝烧坏，如图3-38所示。

故障排除方法：检查熔丝盒内熔丝，更换损坏熔丝，并检查线路。

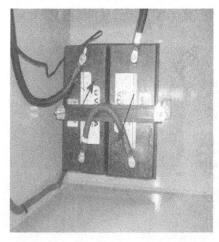

图3-37 XD132型压路机蓄电池

图3-38 XD132型压路机熔丝盒

4) 故障原因：起动开关损坏。

故障排除：起动钥匙处于起动位置时，若201有电，301无电，则起动开关损坏，更换。

5) 故障原因：起动继电器损坏，如图 3-39 所示。

故障排除：测量继电器 85/86 阻值，若为零或断路则继电器损坏，更换同型号继电器。

3. 结构原理

起动电路由蓄电池、起动机、电源开关、起动按钮、中位开关、起动中间继电器、起动继电器等组成，如图 3-40 所示。

图 3-39　XD132 压路机起动继电器　　图 3-40　XD132 型压路机起动电路原理图

在起动的时候，要保证行走在中位，以免起动时发生事故，这样可以再加一个中位开关来控制。只有中位开关在中位的时候，才能起动，以保证起动的安全性。

（1）起动机的结构　起动机一般由三部分组成：

1) 直流串励式电动机。其用于将蓄电池输入的电能转换为机械能，产生转矩。

2) 传动装置（啮合机构）。其作用是在发动机起动时，使起动机的驱动齿轮与飞轮齿圈啮合，将电动机的转矩传给发动机飞轮；在发动机起动后，使起动机与飞轮自动脱离。

3) 控制装置，即电磁开关等。其作用是接通或切断电动机与蓄电池之间的电路。

（2）起动机的工作原理　直流电动机是根据通电导体在磁场中受电磁力作用而发生运动的原理工作的。换向器在 N 极和 S 极之间，处于上、下面导体的电流方向保持不变，电磁力形成的转矩方向保持不变，使电枢始终按一定的方向转动。

（3）起动机的工作机构　起动机的传动装置由单向离合器和拨叉组成。单向离合器的功用是单方向传递力矩，即起动发动机时，将电动机的驱动转矩传递给发动机曲轴（传递动力）；当发动机起动后又能自动打滑（切断动力），以免损坏电动机。

起动机的动力是通过一个可以沿轴向滑动的小齿轮与飞轮齿圈啮合来传递的。小齿轮通过杠杆机构由电磁开关操纵，而电磁开关则由起动按钮或起动钥匙来控制，电磁开关是起动机主回路的开关。

当电磁开关吸引线圈和保持线圈通电后，铁心向右移，它一面经过杠杆带动小齿轮和飞轮齿圈啮合，同时推动起动机主回路接触盘向右移，使接触盘和接线柱触头接触，接通起动机主回路。

4. 故障排除步骤及方法

压路机无法起动故障排除流程图如图 3-41 所示。

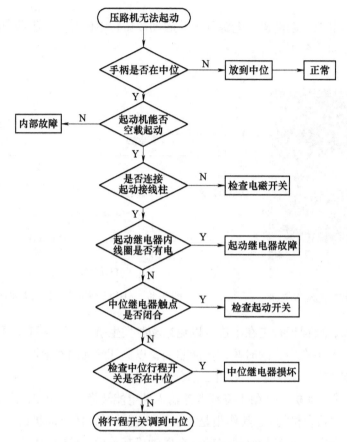

图 3-41　压路机无法起动故障排除流程图

3.4　起重机电子与电气系统故障维修

3.4.1　起重机仪表异常故障维修

1. 车型信息

整车品牌	徐工	整车型号	QY25K
技术参数	1. 燃油传感器 阻值对应刻度：107Ω-0，69Ω-1/8，33Ω-1/2，4Ω-1 2. 燃油表 品牌：浙江绍鸿仪表；型号：RY242-2A2；工作温度：-20~55℃ 3. 车速里程传感器 品牌：Honywell；型号：50086450		

2. 故障现象及原因分析

故障现象		原因分析
燃油表异常	燃油表不偏转	燃油表回路断路，包括线路断裂、熔丝 F4 熔断、插接件松脱退针
		燃油传感器损坏
		燃油表损坏
	燃油表满偏	燃油位信号线（16#）搭铁
		燃油传感器损坏
		燃油表损坏
机油压力表异常	机油压力表不偏转	机油压力表回路断路，包括线路断裂、熔丝 F4 熔断、插接件松脱退针
		机油压力传感器损坏
		机油压力表损坏
	机油压力表满偏	机油压力信号线（14#）搭铁
		机油压力传感器损坏
		机油压力表损坏
车速里程表异常	车速里程表不偏转	车速里程表回路断路，包括线路断裂、熔丝 F4 熔断、插接件松脱退针
		里程传感器损坏
		车速里程表损坏

3. 结构原理

（1）元件结构及原理

1）燃油表及燃油传感器。

①结构功用。燃油位信号系统主要由装在燃油箱内的燃油传感器和装在仪表板上的燃油表组成。燃油表如图 3-42 所示，它为动磁式燃油表，用于指示燃油箱内燃油的储存量。燃油传感器如图 3-43 所示，燃油传感器均为可变电阻式，将油位信号转换成电信号，传给燃油表。

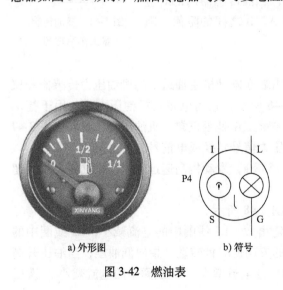

图 3-42 燃油表　　　　　　　　　图 3-43 燃油传感器

②工作原理。动磁式燃油表的原理如图3-44所示。它的两个线圈互相垂直地绕在一个矩形塑料架上,塑料套筒轴承和金属轴穿过交叉线圈,金属轴上装有永久磁铁转子,转子上连有指针。可变电阻式传感器由滑片、可变电阻和浮子组成。

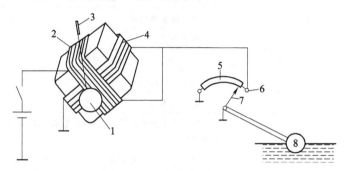

图3-44 动磁式燃油表原理图
1—永久磁铁转子 2—左线圈 3—指针 4—右线圈 5—可变电阻
6—接线柱 7—滑片 8—浮子

当接通电源开关后,燃油表中的电流回路是:蓄电池正极→电源开关→左线圈2→分两路(一路流经右线圈4;另一路流经接线柱6→可变电阻5→滑片7)→搭铁→蓄电池负极。

当油箱无油时,浮子8下沉,可变电阻5上的滑片7移至最右端,可变电阻5和右线圈4均被短路,永久磁铁转子1在左线圈2的磁力作用下向左偏转,带动指针3指示油位为0。随着油量的增加,浮子上升,滑片7向左移,可变电阻5部分接入,使左线圈2中的电流相对减小,右线圈4中的电流相对增大,永久磁铁转子1在合成磁场作用下转动,使指针3向右偏转,指示出与油箱油量相应的标度。

燃油传感器工作原理如图3-45所示。随着燃油位的变化,黑色的油浮子上下浮动,当油浮子停到某一位置时,燃油传感器内部对应位置的干簧继电器闭合,从而改变燃油传感器A、B之间的阻值,阻值范围为0~100Ω。

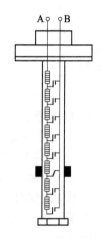

图3-45 燃油传感器工作原理图

2)机油压力表及机油压力传感器。

①结构功用。机油压力信号电气系统主要由装在发动机主油道上的机油压力传感器和仪表板上的机油压力表组成。机油压力表如图3-46所示,它为电磁式机油压力表,用于指示发动机机油压力的大小,以便了解发动机润滑系统工作是否正常。机油压力传感器如图3-47所示。机油压力传感器为可变电阻式,将机油压力信号转换成电信号,传给机油压力表。

发动机低速运转时,机油压力不应小于0.15MPa,发动机高速运转时,机油压力不应超过0.5MPa。正常压力应为0.2~0.4MPa。

②工作原理。机油压力传感器工作原理如图3-48所示。

当油压降低时,机油压力传感器5的电阻值增大,L1线圈中的电流减小,L2线圈中的电流增大,铁磁转子2带动指针3随合成磁场的方向逆时针转动,指向低油压;当油压升高时,机油压力传感器5的电阻值减小,L1线圈中的电流增大,L2线圈中的电流减小,铁磁

图3-46 机油压力表

图3-47 机油压力传感器

图3-48 机油压力传感器工作原理

1—L1线圈 2—铁磁转子 3—指针 4—L2线圈 5—机油压力传感器

转子2带动指针3随合成磁场的方向顺时针转动,指向高油压。

3)车速里程表及车速里程传感器。

①结构功用。车速里程信号系统主要由装在变速器上的车速里程传感器和仪表板上的车速里程表组成。车速里程表如图3-49所示,它为电子式车速里程表,由车速表和里程表组成,用于指示当前车辆行驶速度和总里程数。车速里程传感器如图3-50所示,随着变速器输

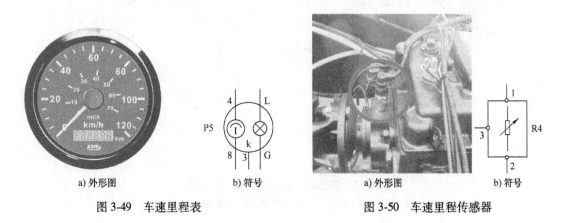

图3-49 车速里程表

图3-50 车速里程传感器

出主轴转动，车速里程传感器产生方波脉冲信号，传给车速里程表。

②工作原理。利用电磁感应原理使表盘指针摆角与汽车行驶速度成正比，再通过表盘指示出数值。

常用的磁感应式车速里程表工作原理如图3-51所示。车速里程表的主动轴由与变速器输出轴相啮合的软轴驱动。汽车静止时，在盘形弹簧4的作用下，车速表指针位于刻度盘零位。汽车行驶时，主动轴带着永久磁铁1旋转，在铝罩2上形成磁涡流，该涡流产生一个磁场，旋转的永久磁铁磁场与铝罩形成的磁场相互作用产生转矩，克服盘形弹簧的弹力，使铝罩2朝永久磁铁1转动方向转过一个角度，与盘形弹簧的弹力相平衡，指针便在刻度盘上指示出相应的车速。车速越高，永久磁铁1旋转越快，铝罩上的磁涡流越强，形成的转矩越大，指针指示的车速也越高。

里程表则经蜗轮蜗杆机构减速后用数字轮显示。汽车行驶时，软轴带动主动轴，并经三对蜗轮蜗杆减速后驱动里程表右边第一数字轮（第一数字轮所刻数字为1km或1/10km）并逐级向左传到其余的数字轮，累计出行驶里程（最大显示里程为999999km或99999.9km）。同时，里程表上的齿轮通过中间齿轮，驱动里程小计表1/10km位数字轮，并向左逐级传到其余的数字轮，显示出小计里程（最大显示里程为999.9km）。里程表和里程小计表的任何一个数字轮转动一圈就使其左边的数字轮转动1/10圈，形成1：10的传动比，这样就可以显示出行驶里程。当需要清除小计里程时，按一下里程小计表复位杆，即可使里程小计表的指示回零。

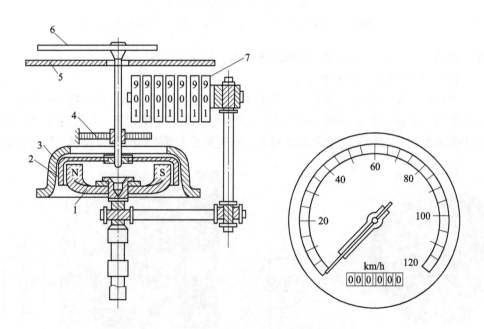

图3-51 磁感应式车速里程表工作原理
1—永久磁铁 2—铝罩 3—磁屏 4—盘形弹簧 5—刻度盘 6—指针 7—数字轮

（2）原理图分析　从起重机仪表信号电气原理图 3-52 上很容易看出，燃油表、机油压力表、车速里程表都是由对应的传感器采集信号直接传给仪表，工作原理在前面部分已经详细介绍，在此不再讲解。

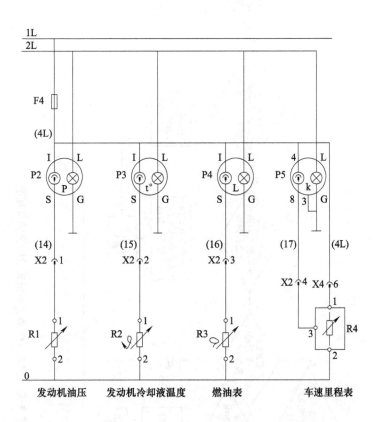

图 3-52　起重机仪表信号电气原理图

4. 故障排除步骤及方法

（1）起重机燃油表异常故障排除步骤及方法

1）起重机燃油表不偏转故障排除流程图如图 3-53 所示。

2）起重机燃油表满偏故障排除流程图如图 3-54 所示。

（2）起重机机油压力表异常故障排除步骤及方法

1）起重机机油压力表不偏转故障排除流程图如图 3-55 所示。

2）起重机机油压力表满偏故障排除流程图如图 3-56 所示。

（3）起重机车速里程表异常故障排除步骤及方法　起重机车速里程表不偏转故障排除流程图如图 3-57 所示。

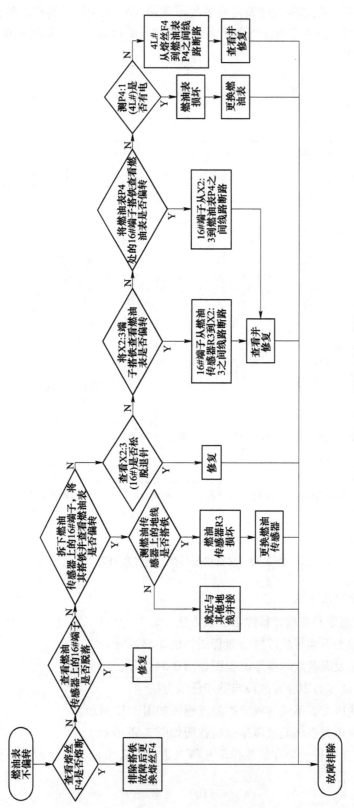

图 3-53 起重机燃油表不偏转故障排除流程图

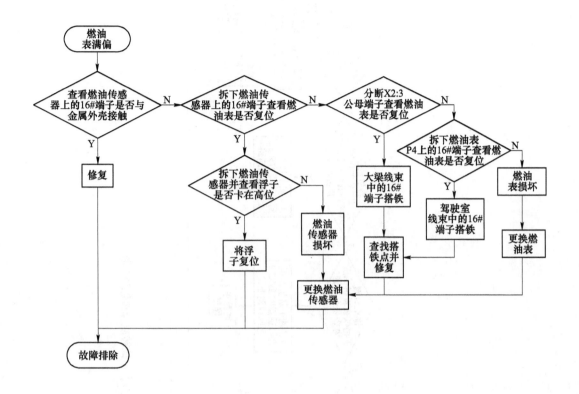

图 3-54 起重机燃油表满偏故障排除流程图

3.4.2 起重机整车无电故障维修

1. 车型信息

整车品牌	徐工	整车型号	QY25K
技术参数	1. 蓄电池 品牌：骆驼；型号：6-QW-180；额定电压：12V；额定容量：180A·h 2. 电源总开关 品牌：科密；型号：35240061118 3. 电源继电器 品牌：贵州天义电器；型号：MZJ-400A；线圈：DC24V；触点：DC48V，400A 4. 断路器 品牌：COOPER Bussmann；型号：187；额定电压：DC32V，最大电压：DC48V；额定电流：25~200A		

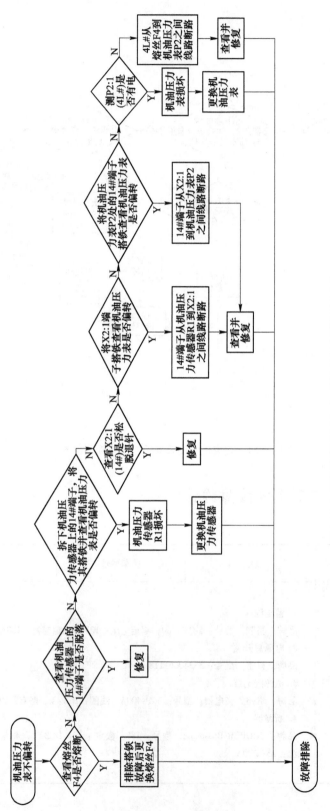

图 3-55　起重机机油压力表不偏转故障排除流程图

第3章　电子与电气系统

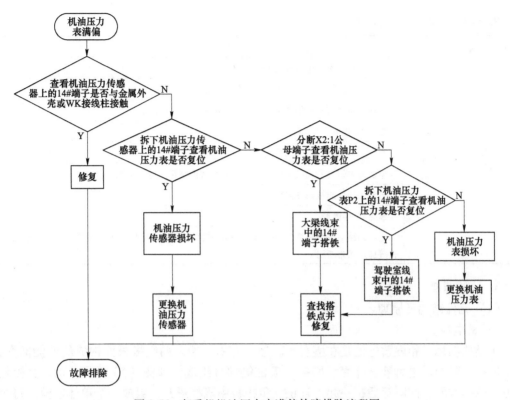

图 3-56　起重机机油压力表满偏故障排除流程图

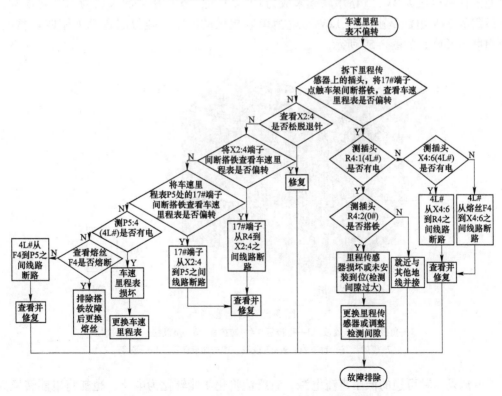

图 3-57　起重机车速里程表不偏转故障排除流程图

2. 故障现象及原因分析

故障现象	原因分析	
起重机整车无电		蓄电池使用过久或发电机不发电造成蓄电池亏电
	电源回路断路	电源总开关接线松脱、损坏造成触点不能闭合
		蓄电池负极与车架搭铁接触不良或蓄电池接线柱接线松脱
		熔丝 F2 熔断
		点火开关损坏,不能闭合
		电源继电器(直流接触器)损坏,包括线圈烧坏、触点不能闭合
		电流表损坏或接线柱接线松脱
		断路器 F1 断开
		电源回路中线路断裂、相关电气元器件接线松脱、插接件松脱、端子退针、端子接触不良等造成回路断路

3. 结构原理

(1) 元件结构及原理

1) 蓄电池。

①结构功用。铅酸蓄电池是在盛有稀硫酸的容器中插入两组极板而构成的电能储存器,它由极板、隔板、电解液、外壳、联条、极桩等部分组成,如图 3-58 所示。正、负极板分别由汇流排并联,间隔穿插在一起,且正、负极板由隔板隔开,组成一个单体电池。每个单格电池的标称电压为 2V,3 格串联起来成为 6V 蓄电池,6 格串联起来成为 12V 蓄电池。起重机所需的 24V 电源是由两块 12V 蓄电池串联提供的,超大吨位起重机采用四块蓄电池,两两串联再并联,如图 3-59 所示。

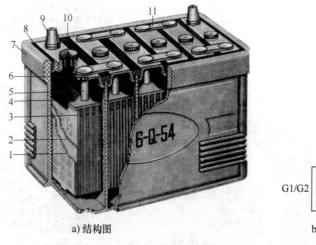

a) 结构图　　b) 符号

图 3-58　蓄电池

1—负极板　2—隔板　3—正极板　4—防护板　5—负极柱　6—正极柱
7—容器　8—封口胶　9—负极桩　10—加液孔盖　11—联条

蓄电池是一种可逆的低压直流电源,它既能将化学能转化为电能,也能将电能转换为化学能。用于起重机上的蓄电池,必须满足起动发动机的需要,即在 5～10s 的短时间内,提供汽车起动机足够大的电流,柴油机起动电流可高达 1000A。因此,起重机上采用的蓄电池通常称为起动型蓄电池。

蓄电池与发电机并联向用电设备供电。在发动机工作时,用电设备所需电能主要由发电机供给。蓄电池的功用可以总结为以下五点:

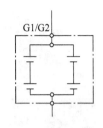

图 3-59 超大吨位起重机蓄电池连接方式

a. 起动发动机。向起动机、电控高压共轨燃油喷射系统和汽车的其他电气设备供电。

b. 备用供电。当发动机低速运转,发电机输出电压低于蓄电池电压时,向用电设备和发电机磁场绕组供电。

c. 存储电能。发动机中、高速运转时,将发电机剩余电能转化为化学能储存起来。

d. 协同供电。发电机过载时,协助发电机向用电设备供电。

e. 稳定电源电压,保护电子设备。蓄电池相当于一个大电容器,能吸收电路中出现的瞬时过电压,保持汽车电气系统电压稳定,保护电子元器件。

② 工作原理。蓄电池中参与化学反应的物质,正极板上是 PbO_2,负极板上是 Pb,电解液是 H_2SO_4 的水溶液。蓄电池放电时,正极板上的 PbO_2 和负极板上的 Pb 都变成 $PbSO_4$,电解液中的 H_2SO_4 减少,密度下降。蓄电池充电时,则按相反的方向变化,正极板上的 $PbSO_4$ 恢复成 PbO_2,负极板上的 $PbSO_4$ 恢复成 Pb,电解液中的 H_2SO_4 增加,密度增大。

蓄电池在放电时,电解液中的硫酸将逐渐减少,而水将逐渐增多,电解液密度下降;蓄电池在充电时,电解液中的硫酸将逐渐增多,而水将逐渐减少,电解液密度增加,充电后期由于水的电解,将有大量气泡产生。因此,可以通过测量电解液密度的方法来判断蓄电池的充放电程度。在蓄电池的充放电过程中,极板的活性物质处在化合和分解的运动之中,略去中间的化学反应,这一运动的过程可以表示为

$$PbO_2 + Pb + 2H_2SO_4 \underset{充电}{\overset{放电}{\rightleftharpoons}} 2PbSO_4 + 2H_2O$$

理论上,放电过程可以进行到极板上的活性物质被耗尽为止,但由于生成的 $PbSO_4$ 沉附于极板表面,阻碍电解液向活性物质内层渗透,使得内层活性物质因缺少电解液而不能参加反应,因此在使用中被称为放完电蓄电池的活性物质利用率只有 20%~30%。因此,采用薄型极板,增加极板的多孔性,可以提高活性物质的利用率,增大蓄电池的容量。

2) 电源总开关。

① 结构功用。电源总开关一般安装在蓄电池箱附近,用于接通或切断蓄电池电路(一般用于接通或切断蓄电池负极),如图 3-60 所示。

② 工作原理。顺时针旋转手柄,开关闭合;逆时针旋转手柄,开关断开。

3) 熔断器。

① 结构功用。熔断器额定电流较小,常用于局部电路的保护,其熔丝材料是锌、锡、铅等金属的合金。普通熔丝属于一次性保护装置,只要流经电路的电流过大,熔丝就会熔断以形成断路,从而避免用电器因电流过大而发生损坏,每次熔断后熔丝都需要更换。在有些工程机械上已经开始使用一种自复式熔断器,这种熔断器价格是普通一次性熔断器的一两百倍,但可以重复使用。熔断器的种类繁多,有熔管式、插片式等,起重机电源系统采用插片式熔断器,如图 3-61 所示。

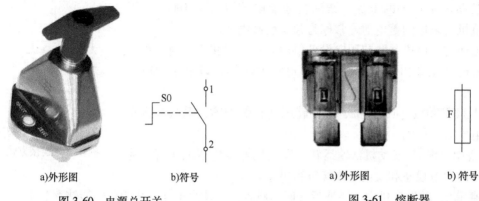

a)外形图　　b)符号　　　　　　　　　a)外形图　　　b)符号

图 3-60　电源总开关　　　　　　　　　图 3-61　熔断器

②工作原理。当流经电路的电流过大时，熔丝熔断以形成断路，从而避免用电器因电流过大而发生损坏，熔断器起到短路保护和过载保护的作用。

4）点火开关

①结构功用。点火开关用来接通起动机控制电路并且控制全车的用电器工作，如图 3-62 所示。

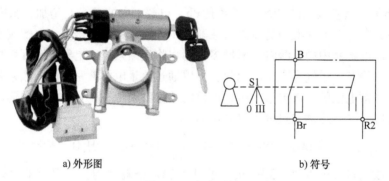

a)外形图　　　　　　　　　　b)符号

图 3-62　点火开关

②工作原理。点火开关装在转向柱上，通常有五个档位，如图 3-63 所示。

锁止（LOCK）。钥匙在此位置才能拔出，也在此位置锁住转向盘，以防汽车无钥匙被移动或被开走。

关闭（OFF）。在此位置全车电路不通，但转向盘可以转动，以便不起动发动机移动汽车使用。

附件（ACC）。在此位置汽车附属电器的电路接通，如点烟器、收音机等，但点火系统不通。不起动发动机听收音机时应开在此位置。

运转（ON）。在此位置时点火系统及汽车各用电器均接通，一般汽车行驶时均在此位置。

起动（START）。由运转位置顺时针方向旋转

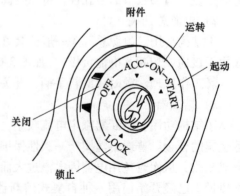

图 3-63　点火开关原理图

钥匙即为起动位置,手放松时,钥匙又可自动回到运转位置。在起动位置,点火系统及起动系统均接通以起动发动机。

5)电源继电器。

①结构功用。电源继电器一般安装在蓄电池箱附近,用于接通或切断蓄电池输出电路,在工程车辆长时间停放时切断电源总电路可以减少蓄电池的电量损耗,如图3-64所示。

电源继电器有两对接线柱,比较细的一对是控制接线柱,连接电磁线圈;比较粗的一对是主接线柱,连接其内部的大容量主触点。当电磁线圈得电时,主触点被吸合,电源主电路被接通。

②工作原理。一般电源继电器用于控制蓄电池正极,点火开关拧至ON档,电源继电器的线圈得电,其触点吸合,控制所有可断电电路的电源线,接通蓄电池和起动机间的电源主电路。

6)电流表。

①结构功用。电流表串联在充电电路中,用来指示蓄电池充、放电状态,如图3-65所示。

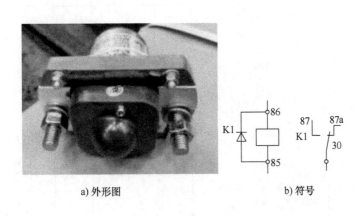

图3-64 电源继电器

②工作原理。电流表串联在蓄电池与发电机之间,当发电机向蓄电池充电时,指针指向正(+)极区,若蓄电池向负载放电量大于发电机的充电量,则指针指向负(-)极区。电流表正、负极性不可接反。若汽车为负极搭铁,则电流表"-"接柱应接蓄电池相线(正极),"+"接柱接交流发电机相线。

7)断路器。断路器是当电流负荷超过用电设备额定容量时将电路断开的一种可重复使用的电路保护装置,如图3-66所示。

(2)原理图分析 起重机电源电气原理图如图3-67所示。闭合电源总开关S0,点火开关S1拧至一档,电源继电器K1线圈得电,电源继电器K1触点闭合,整车上电。

4. 故障排除步骤及方法

起重机整车无电故障排除流程图如图3-68所示。

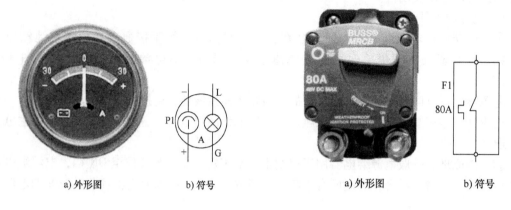

a) 外形图　　　　b) 符号　　　　　　　　a) 外形图　　　　b) 符号

图 3-65　电流表　　　　　　　　　　图 3-66　断路器

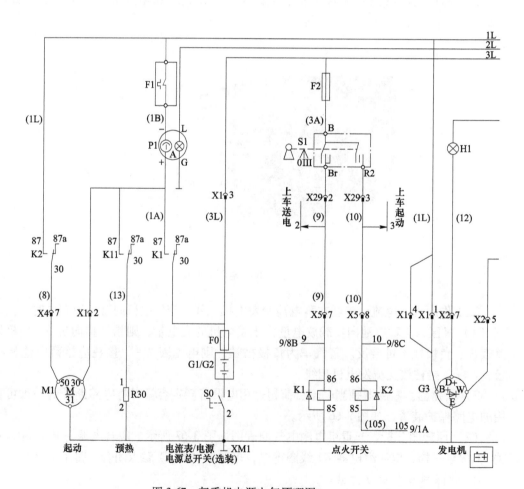

图 3-67　起重机电源电气原理图

第3章 电子与电气系统

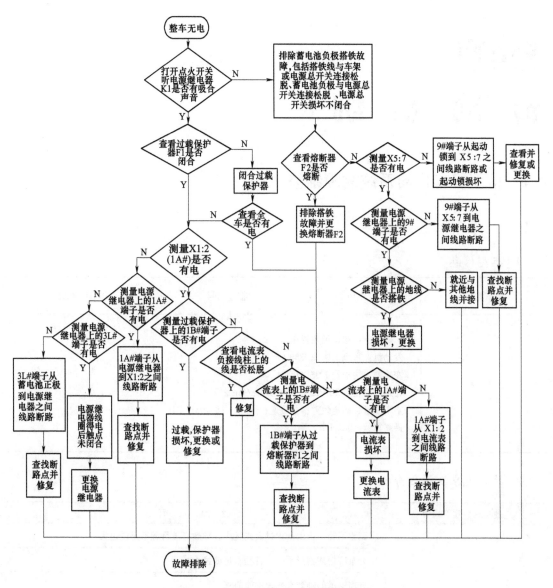

图 3-68 起重机整车无电故障排除流程图

第4章 传 动 系 统

4.1 重型货车传动系统故障维修

4.1.1 离合器故障维修

1. 车型信息

整车品牌	东风	整车型号	DFH1310A1
技术参数	车辆名称：东风天龙货车 发动机：东风雷诺 dCi350-51 变速器：法士特 12JSD200TA 轮距：前轮距 2010mm，后轮距 1860mm 整车质量、额定载重、总质量：12.7t、18.105t、31t 最高车速：90km/h		

2. 故障现象及原因分析

故障现象	故障原因
离合器分离不彻底	调整不当，自由行程过大或过小，导致有效行程不足或过大
	分泵磨损或密封不严，行程不足或过大
	分离轴承的轴套卡死，不能前移
	从动盘花键磨损、摩擦片变形、减振弹簧脱出
	压盘总成分离指过度磨损、平面不平、断裂
	压盘总成定位孔破坏
	拨叉轴部件故障
离合器打滑	行程调整不当或无自由行程
	分离轴承套筒卡死、不回位
	摩擦片表面沾油
	压盘变形，接触不良
	膜片弹簧或螺旋弹簧变软或折断，压紧力不足

(续)

故障现象	故障原因
离合器异响	离合器踏板回位弹簧过软、脱落或断裂
	分离轴承损坏
	分离轴承回位弹簧松、断
	从动盘花键孔和轴配合松旷
	从动盘减振弹簧松脱、断裂
	从动盘钢片断裂、破碎或铆钉头外露

3. 结构原理

（1）离合器的功用

1）保证汽车平稳起步。汽车起步是完全从静止状态转变到行驶状态的过程。在发动机起动后，汽车起步前，驾驶人用离合器踏板将离合器分离，使发动机与传动系统脱开，再将变速器挂上档位，然后使离合器逐步接合。

为使发动机转速不致下降，同时应加大油门，使发动机的转速始终保持在最低稳定转速以上（不致熄火）。随着离合器接合程度的逐渐增大，发动机经传动系统传给驱动轮上的转矩也逐渐增加，至驱动力足以克服汽车起步阻力时，汽车从静止状态开始转变为行驶状态，并逐渐加速。

2）保证传动系统换档时工作平顺。汽车行驶过程中，为了适应不断变化的行驶状况，变速器需要经常换用不同档位工作。换档前必须将离合器分离，以便中断动力，使原档位的啮合齿轮副脱开，并使变速器待接合部位的圆周速度逐渐相等（同步），以减轻其啮合时的冲击，换档完毕后，再使离合器逐渐接合，以使汽车换用不同档位行驶。

3）防止传动系统过载。当汽车紧急制动时，驱动车轮突然减速，如果没有离合器，则发动机将因和传动系统刚性连接而急剧降低转速，使发动机和传动系统中的运动件产生很大惯性力矩（其数值将远远超过发动机正常工况下所发生的最大转矩），从而使传动系统过载而造成机件损坏。

离合器传递转矩的大小，取决于摩擦力的大小，而摩擦力受下列因素影响：螺旋弹簧压紧力、摩擦系数、摩擦面的数量、摩擦面的尺寸。

离合器由主动部分、从动部分、压紧机构和操纵机构四部分组成。

主动部分由飞轮、离合器盖、压盘等机件组成。这部分与发动机曲轴连在一起。离合器盖与飞轮靠螺栓联接，压盘与离合器盖之间是靠3~4个传动片传递转矩的。

从动部分如图4-1所示，由从动盘和变速器第一轴组成，变速器第一轴通过轴承支承于曲轴后端中心孔内。它将主动部分通过摩擦传来的动力传给变速器的输入轴，传动轴即变速器的第一轴。从动盘由从动盘本体、摩擦片和从动盘毂三个基本部分组成。

压紧机构主要由螺旋弹簧或膜片弹簧组成，如图4-2所示。其与主动部分一起旋转，以离合器盖为依托，将压盘压向飞轮，从而将处于飞轮和盘压间的从动盘压紧。

操纵机构是驾驶人控制离合器分离与接合程度的一套专设机构，它由位于离合器壳内的

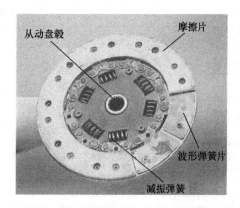 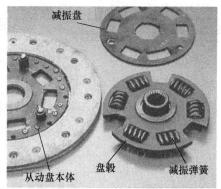

图 4-1 从动部分组成

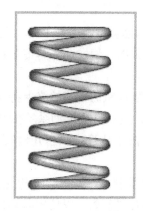 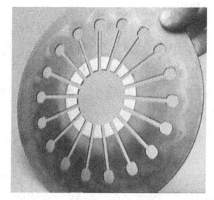

图 4-2 螺旋弹簧、膜片弹簧

分离杠杆（在膜片弹簧离合器中，膜片弹簧兼起分离杠杆的作用）、分离轴承、分离套筒、分离叉、回位弹簧等机件组成的分离机构和位于离合器壳外的离合器踏板及传动机构、助力机构等组成。分离杠杆中部铰接于离合器盖的支架上，内端则铰接于压盘上，通过弹簧的作用消除因分离杠杆支承处存在间隙而前后晃动产生的噪声。

（2）摩擦式离合器的工作原理　摩擦式离合器工作过程如图 4-3 所示。

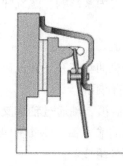 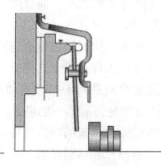 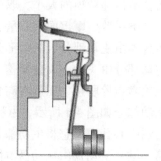

a) 安装前位置　　　b) 安装后（接合）　　　c) 分离位置

图 4-3 摩擦式离合器工作过程

1) 离合器接合时的工作。当发动机工作时，飞轮带动离合器主动部分压盘、离合器盖一起旋转。由于在压紧弹簧的作用下，压盘和从动盘被紧压在飞轮上，而使从动盘接合面与飞轮、压盘产生摩擦力矩，并通过从动盘带动变速器第一轴一起旋转，发动机的动力便传给了变速器。当从动盘与飞轮、压盘间的摩擦力矩大于发动机的输出转矩时，从动盘与飞轮等速转动，转矩正常输出；反之，从动盘与飞轮间产生滑转。

2) 离合器分离时的工作。当驾驶人踩下踏板时，通过联动件使分离轴承前移，压在分离杠杆上，使压盘产生一个向后的拉力，当大于压紧弹簧的弹力时，从动盘与飞轮、压盘脱离接触，发动机则停止向变速器输出动力。

3) 汽车起步时的工作。当缓慢放松踏板时，通过联动件作用在压盘上的拉力逐渐减小，在压紧弹簧的作用下，从动盘与飞轮、压盘接合程度逐渐增加，其摩擦力矩逐渐增大，当大于汽车通过传动系统作用在从动盘上的阻力转矩时，从动盘便与飞轮等速转动，汽车起步。

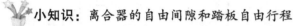小知识：离合器的自由间隙和踏板自由行程

离合器自由间隙：离合器在正常接合状态下，分离杠杆内端与分离轴承之间应留有一个间隙，一般为几毫米，如果没有自由间隙，会导致离合器打滑。自由间隙反映到离合器踏板上，使踏板产生一个空行程，称为踏板自由行程。

4. 故障排除步骤及方法

(1) 离合器故障排除步骤及方法　离合器故障排除流程图如图4-4所示。

(2) 维修检查注意事项

1) 确认故障现象是否为离合器故障。
2) 在进行维修之前要悬挂维修警告牌，穿戴好个人防护用品。
3) 放润滑脂时，应有强烈的安全意识，戴好防护用品加强自我保护。
4) 进行机械拆装作业要断开整车电源。
5) 对相关部位加注油液时，要及时取下并及时盖上防尘盖以防污染。
6) 拆卸时要用溶液盒将油液收集起来，避免洒落在地上。
7) 在拆卸弹簧和单向阀时可以用磁性拾捡器帮助取出。
8) 在拆装完后要将各螺母拧紧到规定力矩。

4.1.2　变速器维修

1. 车型信息

整车品牌	东风	整车型号	DFH5310CCYA1
技术参数	车辆名称：东风天龙货车 发动机：东风 DDi75S350-50 变速器：法士特 12JSD160TA 轮距：前 2040mm，后 1860mm 整车质量、额定载重、总质量：13.07t、17.8t、31t 最高车速：90km/h		

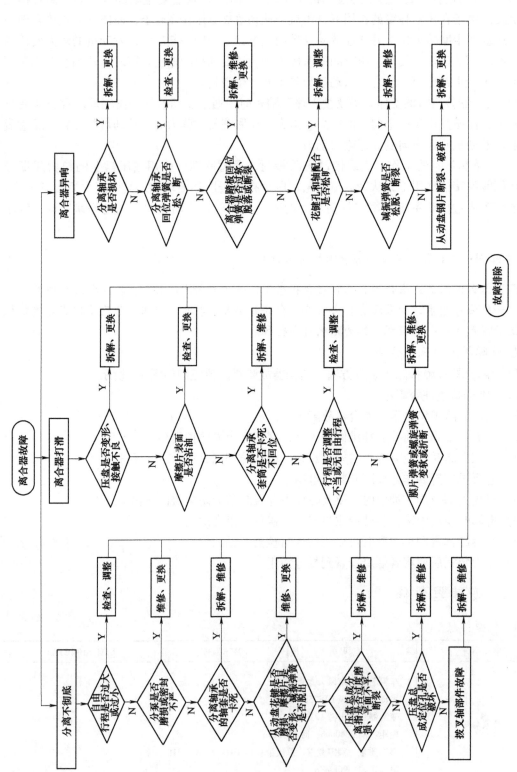

图 4-4 离合器故障排除流程图

2. 故障现象及原因分析

故障现象	故障原因
变速器异响	齿轮、轴承异常损坏
	万向节损坏
	大盖拨叉磨齿套，齿套有毛刺
	挂档时异响
	润滑油黏度太低、油量不足
变速器挂档困难	离合器分离不彻底
	操纵机构调整不当
	上盖变速杆锁紧机构失效
	啮合套与齿座的配合间隙问题
	拨叉有异常变形或磨损
	大盖导向导块、转换摇臂在挂档时不灵活
变速器脱档（有重车、空车脱档）	啮合轮与齿座间配合严重磨损，松旷
	自锁装置机构失效
	变速叉严重变形或磨损
	轴承严重磨损
	大盖拨叉轴孔偏
油温过高	润滑油超出标准油位、油量不足
	通气塞堵塞
	箱体内零件配合间隙问题
	齿轴、轴承严重磨损
	润滑油标号不符
乱档	挂档不同步、变速器有档摘不下

3. 结构原理

12JS 系列变速器如图 4-5 所示，是双中间轴系列变速器。

其齿轮全部采用齿根大圆弧优化设计，所有前进档均带有双锥面锁环式同步器，采用主、副箱组合设计，如图 4-6 所示。主箱（6 个档）手操纵，副箱（2 个档）气操纵，采用单 H 操纵装置。12JS 系列变速器动力传输路线如图 4-7 所示。

12JS 系列变速器有 12 个前进档，2 个倒档，操纵机构如图 4-8 所示。

图 4-5 12JS 系列变速器

4. 故障排除步骤及方法

（1）变速器故障排除步骤方法　东风天龙重型货车变速器故障排除流程图如图 4-9 所示。

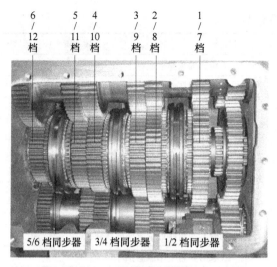

图 4-6　12JS 系列变速器档位

图 4-7　12JS 系列变速器动力传输路线

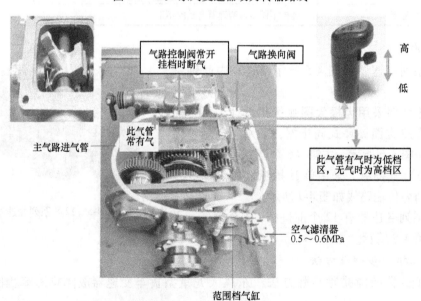

图 4-8　高低档气路换向阀结构图

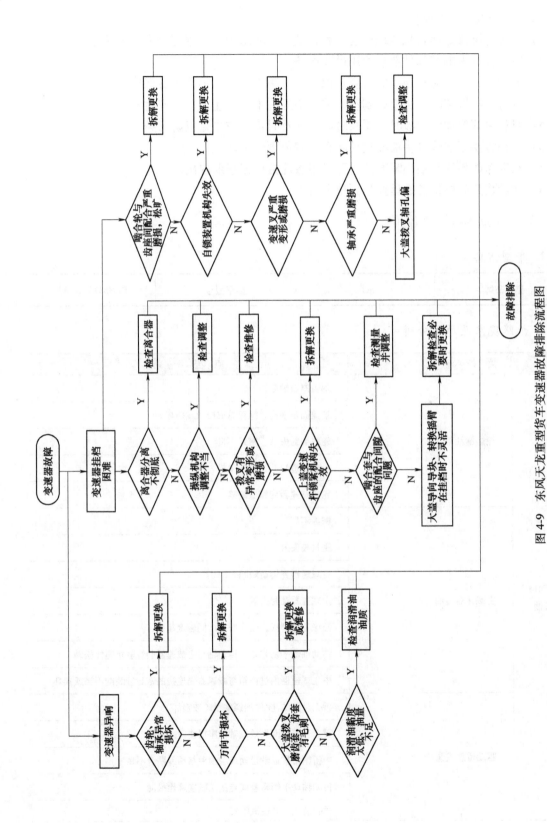

图 4-9 东风天龙重型货车变速器故障排除流程图

(2) 维修检查注意事项
1) 在进行维修之前要悬挂维修警告牌,做好车辆防护,穿戴好个人防护用品。
2) 对于较重大的零部件要求使用吊装设备。
3) 放润滑脂时,应有强烈的安全意识,戴好防护用品,加强自我保护。
4) 进行机械拆装时整机熄火制动,前轮垫好枕木,防止溜车、产生滑移。
5) 对相关部位加注油液时,要及时取下并及时盖上防尘盖以防污染。
6) 拆卸时要用溶液盒将油液收集起来,避免洒落在地上。
7) 在拆卸如弹簧等细小零部件时可以用磁性拾捡器帮助取出。
8) 在拆装完后要将各螺母拧紧到规定力矩。

4.1.3 驱动桥故障维修

1. 车型信息

整车品牌	东风	整车型号	DFH5310CCYA1

2. 故障现象及原因分析

故障现象		原因分析
驱动桥漏油	轮边漏油	端盖制造缺陷
		端盖固定螺栓、螺塞总成松动或损坏
		轮毂油封失效、密封不良
		轮毂铸造缺陷、轮毂太松
		轮边减速器壳铸造缺陷
	主减速器漏油	密封不严
		密封胶失效
		主减速器壳铸造缺陷
		主减速器油封失效
		凸缘花键磨损、凸缘磨损后同轴度超差
		传动轴动平衡超差,传动轴与主减速器凸缘联接螺栓松动
		中主减速器内过桥箱与减速器壳连接的密封管装配不当或损坏
	驱动桥总成漏油	桥壳总成的注/放油螺塞松旷或损坏
		贯通轴密封圈失效或轴承座损伤
		中桥输出贯通轴松动或磨损后与油封贴合不良
		传动轴动平衡超差或与法兰联接螺栓松动
		桥壳裂纹、铸造缺陷等

(续)

故障现象		原因分析
驱动桥异响、发热	轮边异响、发热	车轮螺栓松动、断裂
		轮边内缺油或油质差
		轮边行星齿轮和内齿圈间隙磨损增大
		轮毂轴承预紧力过大（小）或轴承损坏
		轮边行星齿轮系各齿轮之间啮合过紧（松）或齿损坏
		轮边磨损严重，如行星齿轮轴、垫片磨损、破碎
		驱动桥壳变形，半轴与桥壳或轮边运动干涉
	主减速器异响、发热	主减速器内缺油或油质差
		主、从动锥齿轮啮合间隙过大（小）或啮合面调整不当
		主、从动锥齿轮和主、从动圆柱齿轮打齿
		轴承预紧力调整不当、缺油或其他原因导致使轴承烧死、散件
		差速器行星齿轮齿侧间隙过大，半轴齿轮和半轴花键磨损
		输入轴部位、十字轴断裂
差速器损坏		油位低、油质差导致润滑不良
		十字轴轴颈磨损失圆、行星齿轮垫片研磨
		半轴齿轮与差速器壳、行星齿轮与十字轴研损
		十字轴断裂、轴间差速器输入轴部位断裂
		轮间差速锁固定啮合套锁紧螺母松动

3. 结构原理

驱动桥由主减速器、差速器、半轴和驱动桥壳等几部分组成，其功用是将万向传动装置传来的发动机转矩传给驱动车轮，实现降速并增大转矩。半轴是差速器与驱动轮之间传递转矩的实心轴，其内端一般通过花键与半轴齿轮联接，外端与轮毂连接。桥壳是安装主减速器、差速器、半轴、轮毂和悬架的基础件，主要作用是支承并保护主减速器、差速器和半轴等。同时，它又是行驶系统的主要组成件之一，和从动桥一起承受汽车质量使左、右驱动车轮的轴向相对位置固定。汽车行驶时，承受驱动轮传来的各种反力、作用力和力矩，并通过悬架传给车架。

如图 4-10、图 4-11、图 4-12 所示，中桥一般和后桥一起通过悬架和车架相连，两端安装汽车车轮。其功能是传递车架（或承载式车身）与车轮之间各方向的作用力。和后桥一样，中桥也由减速器总成、桥壳总成、制动器总成、轮毂总成组成。和后桥不同的是，中桥有一个输入端和一个输出端——贯通轴总成，一般是一对圆柱齿轮和一对锥齿轮。

中桥减速器总成如图 4-13 所示，主要由轴间差速器总成、主锥总成、圆柱齿轮、锥齿轮差速器总成、圆柱齿轮壳、减速器壳等组成。主减速器是汽车传动系统中减小转速、增大转矩的主要部件，对发动机纵置的汽车来说，主减速器利用锥齿轮（弧齿锥齿轮或者曲线齿锥齿轮）传动以改变动力方向，即将变速器输出轴的转动方向改变 90°，变为车轮的转动。

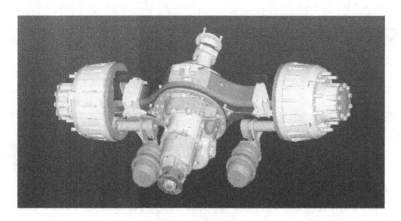

图 4-10 驱动中桥

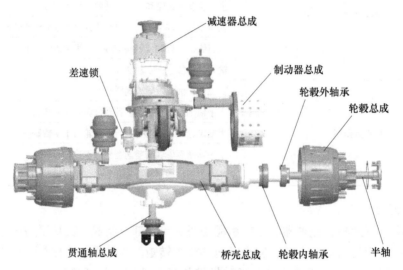

图 4-11 驱动中桥分解图

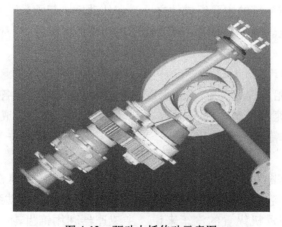

图 4-12 驱动中桥传动示意图

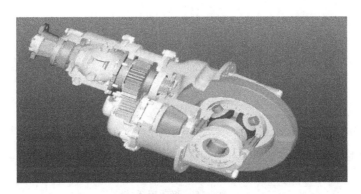

图 4-13 中桥减速器总成

轴间差速器如图 4-14 所示,当汽车在平直路面上直线行驶时,开启差速锁,拨叉带动接合套,将贯通轴和主动圆柱齿轮啮合在一起传动,此时轴间差速器没有差速作用,中、后驱动桥车轮无转速差。当汽车在转弯或不平道路上行驶时,松开接合套,通过差速装置,主动圆柱齿轮和贯通轴就以不同的转速转动,这样中、后两驱动桥可以在不脱离传动的情况下实现差速。

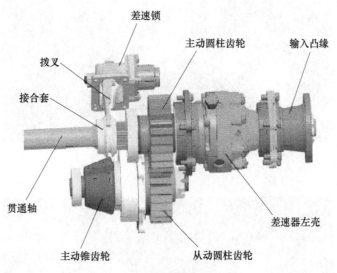

图 4-14 轴间差速器

驱动后桥如图 4-15、图 4-16 所示。后桥主减速器如图 4-17 所示,它是后桥的主要构成部分,由主锥总成、主减速器壳及差速器轴承盖总成、锥齿轮差速器总成组成。主减速器中的主、从动齿轮起着减速和改变传动力方向的作用,它影响着整个车桥的质量和使用寿命,是车桥的两个关键部件,也是易损件。

4. 故障排除步骤及方法

(1) 驱动桥故障排除步骤及方法　东风天龙重型货车驱动桥故障排除流程图如图 4-18 所示。

(2) 维修检查注意事项

1) 在进行维修之前要悬挂维修警告牌,做好车辆防护,穿戴好个人防护用品。

图 4-15　驱动后桥

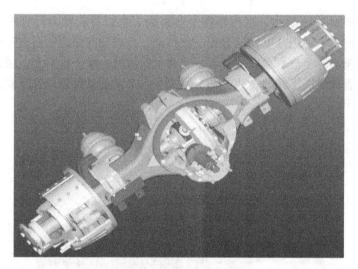

图 4-16　驱动后桥解剖图

图 4-17　后桥主减速器传动示意图

2）驱动桥相关部件质量较大，要求使用吊装设备。

3）放润滑脂时，应有强烈的安全意识，戴好防护用品，加强自我保护。

4）进行机械拆装作业前要断开整车电源。

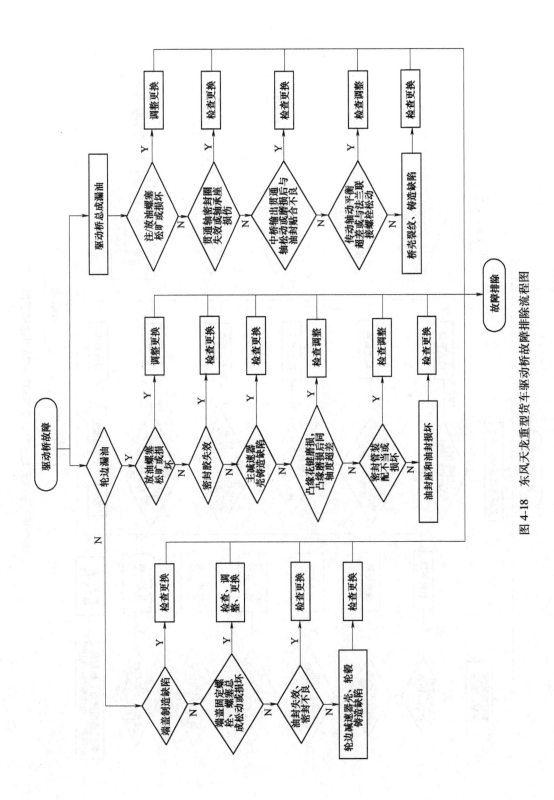

图4-18 东风天龙重型货车驱动桥故障排除流程图

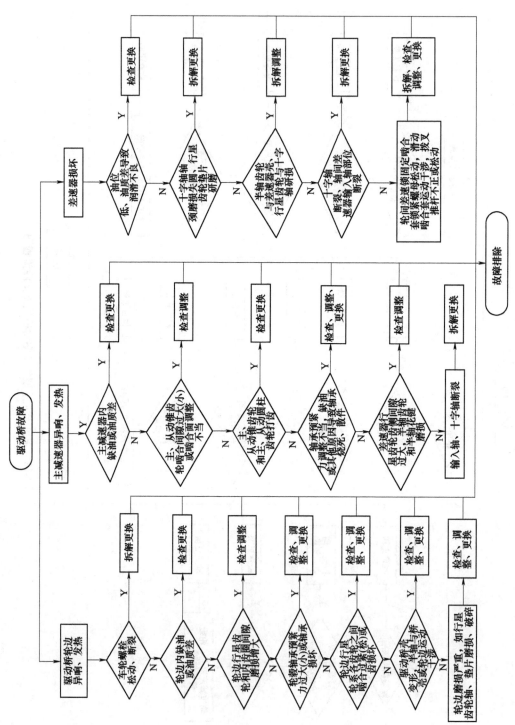

图 4-18 东风天龙重型货车驱动桥故障排除流程图（续）

5）对相关部位加注油液时，要及时取下并及时盖上防尘盖以防污染。

6）拆卸时要用溶液盒将油液收集起来，避免洒落在地上。

7）密封涂胶时，要求均匀连续，不得有间断。

8）在拆卸弹簧时可以用磁性拾捡器帮助取出。

9）在拆装完后要将各螺母拧紧到规定力矩。

4.2 挖掘机传动系统故障维修

4.2.1 挖掘机液压泵故障维修

1. 车型信息

整车品牌	徐工	整车型号	XE210
技术参数	车辆名称：履带式挖掘机 液压泵：品牌：川崎 液压泵型号：K3V140DT 液压泵额定压力：35MPa 液压泵最高压力：40MPa 液压泵最高自吸转速：1850r/min 液压泵最高转速：2300r/min		

2. 故障现象及原因分析

本节只针对挖掘机液压泵故障进行原因分析，并提出排查方法。

故障现象		原因分析
液压泵故障	液压泵吸不上油或无压力	油箱内油面过低，吸入管口露出液面
		转速太低吸力不足
		吸入管道或过滤装置堵塞造成吸油不畅
		吸入管道漏气
	流量不足达不到额定值	转速未达到额定转速
		油箱内油面过低吸油不充分
		系统中有泄漏
		吸入管道漏气
		变量泵流量调节不当
	压力升不上去	液压泵不上油或流量不足
		溢流阀调整压力太低或出现故障
		系统中有泄漏
		吸入管道漏气
		变量泵压力调节不当

3. 结构原理

本挖掘机主泵采用的泵装置是斜盘式串联轴向柱塞变量双泵、该装置由前泵、后泵和辅助液压泵组成。主泵上装有调节器,对泵进行控制。

（1）挖掘机辅助液压泵的结构与原理　挖掘机辅助液压泵一般采用齿轮泵,如图4-19所示。齿轮泵具有结构简单、体积小、质量轻、工作可靠、成本低,以及对液压油的污染不太敏感、便于维护和修理等优点,因此广泛地用在各种液压机械上。但由于齿轮泵的压力还较低,只能作为定量泵使用。此外,齿轮泵的流量脉动和压力脉动较大,噪声大,故使用范围受到一定限制。

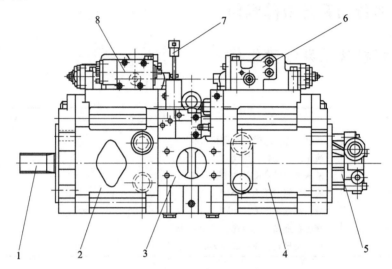

图4-19　XE系列中型挖掘机辅助液压泵结构图
1—驱动轴　2—前泵　3—中泵体　4—后泵　5—齿轮泵　6—后泵调节器
7—比例电磁阀　8—前泵调节器

齿轮泵按啮合形式分为外啮合齿轮泵和内啮合齿轮泵,如图4-20、图4-21所示,应用较广的是外啮合渐开线齿形的齿轮泵,故在此做重点介绍。

图4-20　外啮合齿轮泵

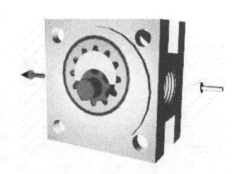

图4-21　内啮合齿轮泵

1) 齿轮泵的结构。齿轮泵由一对几何参数完全相同的齿轮、泵体、前后盖板、长短轴等组成。

工作过程为：两啮合的轮齿将泵体、前后盖板和齿轮包围的密闭容积分成两部分,轮齿进入啮合的一侧密闭容积减小，经压油口排油，退出啮合的一侧密闭容积增大，经吸油口吸油。

2）齿轮泵的工作原理。图4-22所示齿轮泵为分离三片式结构，三片是指前后泵盖1、3和泵体2，泵体2内装有一对齿数相同、宽度和泵体接近而又互相啮合的主动齿轮8和从动齿轮10，这对齿轮与两端盖和泵体形成一个密封腔，并由齿轮的齿顶和啮合线把密封腔划分为两部分，即吸油腔和压油腔。两齿轮分别用键固定在由滚针轴承支承的主动轴7和从动轴9上，主动轴由电动机带动旋转。

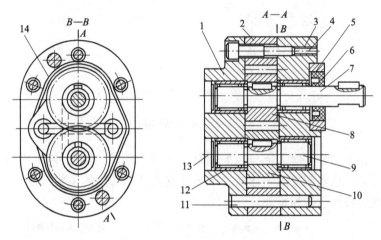

图4-22 CB—B齿轮泵的结构
1—前泵盖 2—泵体 3—后泵盖 4—螺钉 5—压环 6—密封圈 7—主动轴 8—主动齿轮
9—从动轴 10—从动齿轮 11—定位销 12—滚针轴承 13—堵头 14—卸荷槽

当泵的主动齿轮旋转时，齿轮泵右侧（吸油腔）齿轮脱开啮合，齿轮的轮齿退出齿间，使密封容积增大，形成局部真空，油箱中的油液在外界大气压的作用下，经吸油管路、吸油腔进入齿间。随着齿轮的旋转，吸入齿间的油液被带到另一侧，进入压油腔。这时轮齿进入啮合，使密封容积逐渐减小，齿轮间部分的油液被挤出，形成了齿轮泵的压油过程。齿轮啮合时齿向接触线把吸油腔和压油腔分开，起配油作用。当齿轮泵的主动齿轮由电动机带动不断旋转时，轮齿脱开啮合的一侧，由于密封容积变大则不断从油箱中吸油，轮齿进入啮合的一侧，由于密封容积减小则不断地排油，这就是齿轮泵的工作原理。

泵的前后盖和泵体由两个定位销11定位，用6只螺钉固紧。为了保证齿轮能灵活地转动，同时又要保证泄漏量最小，在齿轮端面和泵盖之间应有适当间隙（轴向间隙），小流量泵轴向间隙为0.025~0.04mm，大流量泵为0.04~0.06mm。齿顶和泵体内表面间的间隙（径向间隙），由于密封带长，同时齿顶线速度形成的剪切流动又和油液泄漏方向相反，故对泄漏的影响较小。这里要考虑的问题是：当齿轮受到不平衡的背向力后，应避免齿顶和泵体内壁相碰，所以径向间隙就可稍大，一般取0.13~0.16mm。

为了防止液压油从泵体和泵盖间泄漏到泵外，并减小压紧螺钉的拉力，在泵体两侧的端面上开有油封卸荷槽14，使渗入泵体和泵盖间的液压油引入吸油腔。在泵盖和从动轴上的小孔，其作用是将泄漏到轴承端部的液压油也引到泵的吸油腔去，防止油液外溢，同时也润滑了滚针轴承。

(2) 主泵的结构与原理

1) 主泵结构如图 4-23 所示。前泵和后泵通过花键套联接，柴油机的动力经弹性万向节传到泵传动轴，同时驱动两分泵。两泵吸油孔和排油孔分布在中泵体上，公共吸油口向前后泵供油。

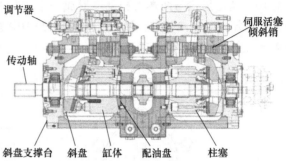

图 4-23 主泵结构图

主泵主要由转子部分、斜盘部分、配油盘三个部分组成，如图 4-24 所示。转子部分接受动力做旋转运动，柱塞在缸体中移动（即该装置是整体功能的主要部分），斜盘摆动可改变排量，配油盘可转换吸油和排油。

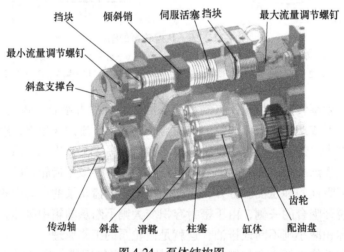

图 4-24 泵体结构图

①转子部分。转子由传动轴、缸体、柱塞、滑靴、球形衬套、垫片和弹簧组成。传动轴由轴承在两端支承。柱塞的球形端与滑靴连接，且由小孔将负荷液压油作用在滑靴和斜盘底板之间，形成静压力轴承，减小摩擦。柱塞部分由柱塞和滑靴组成。弹簧的推力使缸体和配油盘贴紧。

②斜盘部分。斜盘部分由斜盘、底板、斜盘支承台、衬套、转销和伺服活塞组成。旋转斜盘是圆柱形的（图 4-25），由斜盘支承定位。当伺服活塞随调节器控制的液压油进入伺服活塞一侧或两侧的液压腔时，斜盘经转销的球形部分滑过斜盘支承后改变摆角（α）。

③配油盘。如图 4-26 所示，配油盘有两个肾形孔，该盘装在中泵体上，为缸体供

油（供油口 a）和排油（排油口 b），并与中泵体上的外接口连接。

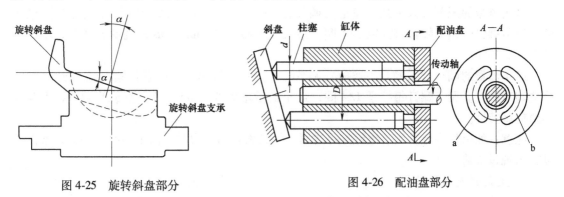

图 4-25　旋转斜盘部分　　　　图 4-26　配油盘部分

泵的主要功能是把柴油机输入的机械能转变为流体的压力能，供给液压系统。

2）主泵动作过程及最大最小流量调节。

① 主泵动作过程。柴油机的动力经弹性器花键传到泵传动轴使转子转动，同时，柱塞在缸体中做往复运动，柱塞从下止点运动到上止点为一个行程。当每个柱塞在朝离开配油盘方向的 180°半周内转动时，柱塞从上止点向下止点运动，容积变大，产生一定真空度，把油经配油盘吸油孔吸入实现进油过程；而在其余的半周（180°）旋转中，柱塞将朝配油盘方向运动，即柱塞从下止点向上止点移动，容积变小，把液压油通过配油盘的排油孔排出，实现排油过程。泵连续旋转，油将不断吸进和排出，完成能量转换，给液压系统提供液压油，推动执行机构马达或液压缸运动。

如图 4-27 所示，泵的排量由柱塞行程决定，而行程受泵斜盘摆角 α 影响，即泵的斜盘摆角 α 大，柱塞行程变大，泵的排量增大；反之，泵的斜盘摆角 α 由大变小，则柱塞行程由大变小，泵的排量减小。当摆角 α 为零时，泵为零排量（即排量为零），斜盘摆角 α 由伺服活塞移动而改变，伺服活塞运动受泵调节器控制。

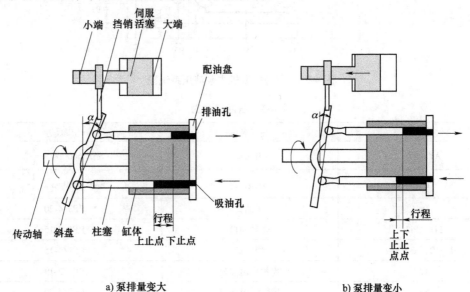

a) 泵排量变大　　　　b) 泵排量变小

图 4-27　主泵的工作原理图

②泵的最大和最小流量调节。

最大流量的调节（泵的最大摆角）：调节时，松开六角螺母，或者拧紧（或松开）最大流量调节螺钉。调节螺钉每拧紧1/4圈，最大流量减小7L/min。最大流量的调节，不改变其他控制性能。

最小流量的调节（泵的最小摆角）：调节时，松开六角螺母，或者拧紧（或松开）最小流量调节螺钉。调节螺钉每拧紧1/4圈，最小流量增大5L/min。最小流量的调节，不改变其他控制特性。

注意：如果最小流量调节螺钉拧得过紧，泵最大输出压力时，需求功率会增大，柴油机可能出现过负荷。

4. 主泵的液压系统

（1）中型挖掘机主泵液压系统 中型挖掘机主泵液压系统图如图4-28所示，各油口含义见表4-1。

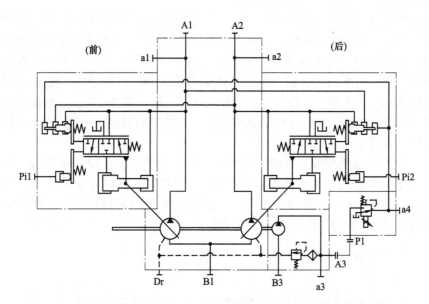

图4-28 中型挖掘机主泵液压系统图

表4-1 各油口含义

油口	油口名称	孔口尺寸
A1，A2	出油口	SAE 6000psi① $\frac{3}{4}''$
B1	吸油口	SAE 2500psi $2\frac{1}{2}''$
Dr	泄油口	PF3/4-20
Pi1，Pi2	先导油口	PF1/4-15
a1，a2，a3，a4	测压口	PF1/4-15
A3	齿轮泵出油口	PF1/2-19
B3	齿轮泵吸油口	PF3/4-20

① 1Psi≈6.895kPa。

（2）工作原理 当发动机停止时，旋转斜盘处在最大倾角位置，如图 4-29 所示。当发动机运转时，旋转斜盘倾角逐渐转向最小倾角，转换过程如图 4-30 所示。具体过程如下：

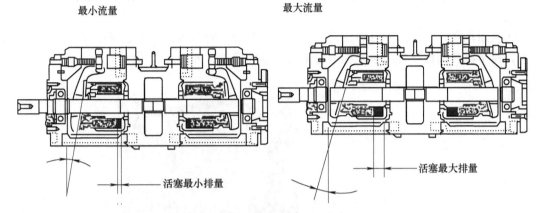

图 4-29 斜盘最小倾角和最大倾角对应最小流量和最大流量

①由于底部溢流阀阻力建立起油压，推着柱塞 A 向左边移动，于是活塞 B 也向左边移动，油压作用于活塞 C 上。

②活塞 C 向左移动使旋转斜盘旋转到流量最小的倾角位置。

当机器空载工作时，液压供给液压缸或马达，以致没有油压作用在活塞 A 上。于是活塞 B 停在中间位置，活塞 C 处于使旋转斜盘保持在最大倾角的位置，如图 4-31 所示。

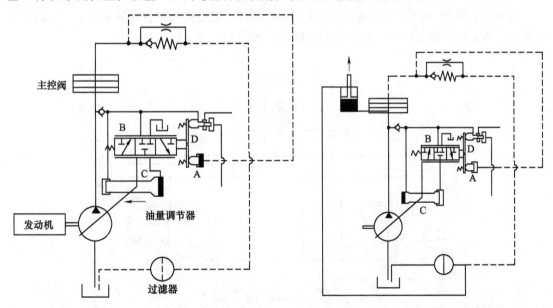

图 4-30 发动机运转后斜盘角度的变化原理图　　图 4-31 泵供给液缸或马达斜盘倾角变化图

在机器工作过程中的流量调节，液压缸的油压压缩活塞 D 和 B 的弹簧，推动活塞 B 向左边移动，打开油道。于是油进入活塞 C 的右边，使旋转斜盘的角度由于活塞 C 的面积差而变化。活塞 C 左右面积之间的关系是：$S_{左边} < S_{右边}$。

如果负荷压力小于活塞 D 和 B 的弹簧压力，活塞 B 回到中间位置，油道关闭，于是旋转斜盘的倾角变到最大流量位置。

（3）调节器控制　调节器具有负流量控制、全功率控制及比例电磁阀控制（也叫功率变化控制）功能。

①流量控制。主控阀中有回油时，通过负反馈阀组的节流孔，使油液在节流孔前产生压力差，将节流孔前的压力引至泵调节器来控制泵的排量，如图 4-32 所示。

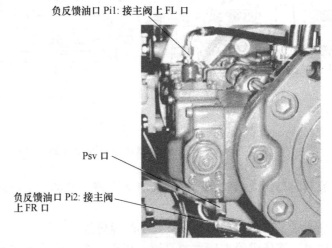

图 4-32　泵负流量控制

当来自主阀 FL 或 FR 口的油进入 Pi1 或 Pi2 口时，最终推动斜盘角度变小，进来的油压力越大，那么斜盘角度越小，泵的流量就越小，如图 4-33 所示。

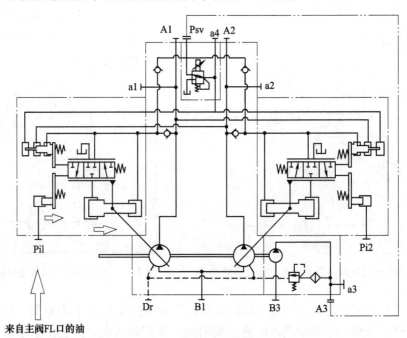

图 4-33　负流量控制原理图

靠改变先导压力 p_i，主泵倾斜角（出油流量）可以被任意调节（图 4-34）。调节器用于负流量控制时，先导压力 p_i 增大而出油流量 Q 减少。由于这种作用原理，当获得机器工作所需流量的相应先导压力时，主泵仅仅排出所需流量，所以不会白白消耗功率。

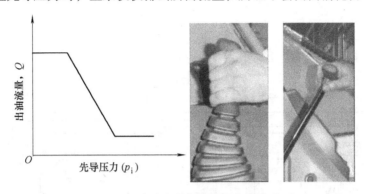

图 4-34 出油流量与先导压力的关系

②全功率控制。由于主体泵出油压力 p_1 和从随泵出油压力 p_2 的增大，调节器自动减小主泵倾斜角（出油流量）以把输出转矩限定在某一范围内（速度恒定时输出功率亦恒定），如图 4-35 所示。

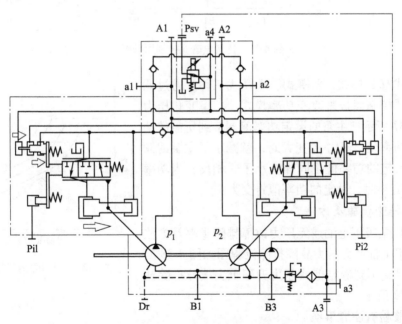

图 4-35 全功率调节原理图

因为调节器是同步全功率型，能根据串联双泵系统中两个泵的负载压力来工作，所以原动机（发动机）在进行功率调节时能自动防止过载而不用考虑两泵的负载状况。

因为调节器是同步全功率型，它能把两个泵的倾斜角度（排量）调节至相同值。

③比例电磁阀的控制（也叫功率变化控制）。如图 4-36 所示，通过改变比例电磁阀的电流信号值，可以改变斜盘的角度，信号越大推动斜盘的力越大，因而电信号越大斜盘角度越

小，流量越小。虽然仅有 1 个比例电磁阀，但是二次压力 p_f（功率变化压力）通过主泵内部通道进入每个液压泵调节器的功率控制部分，并把它改变为相同的设定功率。此功能允许任意设定主泵的输出功率，因此可以根据工作状况提供最佳的机器功率。

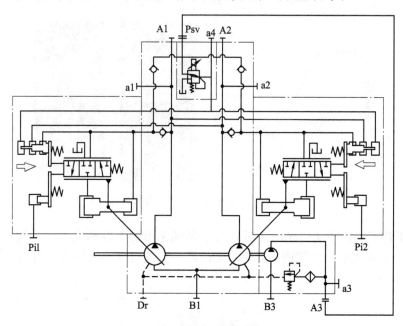

图 4-36 比例电磁阀控制原理图

功率模式有 L 模式、S 模式、H 模式三种。通过调节监控器上的控制面板来改变功率模式。功率变化压力 p_f 可按图 4-37 所示把主泵的设定功率值调节到所需的功率水平。当功率变化压力 p_f 变大时，就减小了主泵的倾斜角，于是设定的功率值也同样变小了。相反，当功率变化压力 p_f 变小时，设定的功率值将变大。

5. 故障排除步骤及方法

（1）液压泵吸不上油或无压力故障排除步骤及方法

液压泵吸不上油或无压力故障排除流程图如图 4-38 所示，流量不足达不到额定值或压力升不上去故障排除流程图如图 4-39 所示。

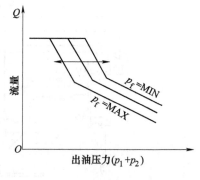

图 4-37 功率的调节与特性图

（2）维修检查注意事项

1）确认故障现象是否为液压泵的故障。

2）在进行维修之前要悬挂维修警告牌，穿戴好个人防护用品。

3）在检查液压油位时要查询维修手册，根据维修手册将机具正确摆放并停机泄压后方可检查液压油位。

4）进行机械拆装作业前要断开整车电源。

5）在测量压力前要选用合适量程的液压表，确保防护眼镜、丁腈手套和耳塞已穿戴。

6）安装压力表时，要及时取下并及时盖上测压口防尘盖以防污染。

第4章 传动系统

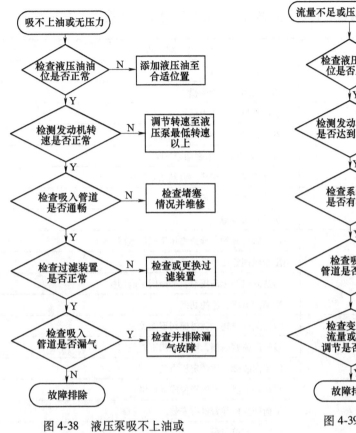

图4-38 液压泵吸不上油或
无压力故障排除流程图

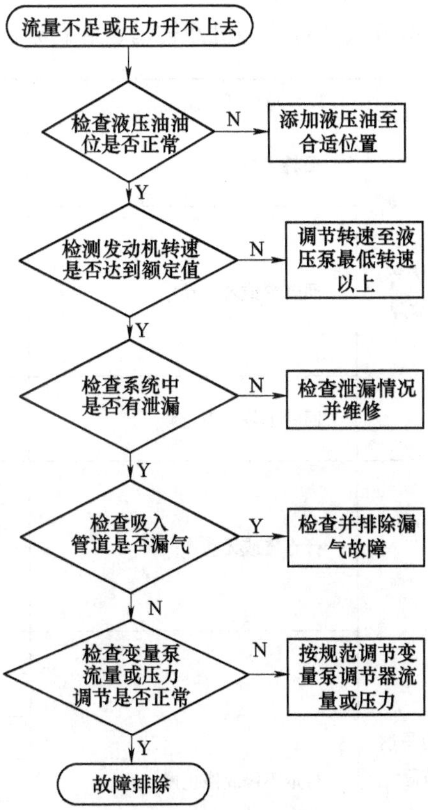

图4-39 流量不足或压力升
不上去故障排除流程图

7)对液压管路进行拆卸时要用溶液盒将液压油收集起来,避免油液洒落在地上。

8)在拆卸弹簧和单向阀时可以用磁性拾捡器帮助取出。

9)在调节压力后要将调整螺母拧紧到规定力矩。

4.2.2 挖掘机液压马达故障维修

1. 车型信息

整车品牌	徐工	整车型号	XE210
技术参数	车辆名称:履带式挖掘机 回转液压马达品牌:川崎 回转液压马达型号:M5X130 马达排量:121.6mL/r 回转溢流压力:24.5MPa 回转制动延时时间:5~8s 液压油温度范围:-20~90℃		

2. 故障现象及原因分析

本节只针对挖掘机回转马达和行走马达故障，进行原因分析，并提出排查方法。

故 障 现 象		故 障 原 因
回转马达故障	回转发抖	溢流阀压力异常
		回转马达配流盘磨损
	回转慢或者无动作	溢流阀故障，压力低
		PG 口无压力，致制动未解除
		SH 口无压力，致制动未解除
		制动接触阀芯卡滞，致制动未解除
	回转不停或停止慢	溢流阀调定压力低
		防反转阀故障
行走马达故障	行走慢或无动作	溢流阀有异物，导致高压至低压泄漏
		溢流阀调定压力低
		马达入口侧无高压油，平衡阀不能切换
		平衡阀卡滞，不能切换
	行走不停或停止慢	溢流阀有异物，致溢流阀不能关闭
		溢流阀弹簧破损，致溢流阀不能关闭
		溢流阀故障，致调定压力低
		平衡阀卡滞，不能复位或复位慢
		平衡阀复位弹簧没有安装
		没有安装单向阀
		单向阀弹簧破损或没有安装
	高低速切换异常	PS 口没有先导液压油
		高低速切换阀芯卡滞
		高低速切换弹簧异常或未装

3. 结构原理

（1）挖掘机回转马达的结构　挖掘机回转马达一般与减速机组成减速机构，马达与回转减速机组成回转减速器总成，马达与行走减速机组成行走减速器总成，如图 4-40 所示。

（2）回转马达基本工作原理　对于作为直轴式轴向柱塞马达的回转马达而言，若主工作油液从配流盘 5 的 A 区进油，马达回油通过配流盘 B 区，如图 4-41 所示，则 A 口油液通过配流盘油区直接接触到对应柱塞的尾端面，遇负载后建压，在允许的负载压力下，直到能让马达工作。在马达工作过程中，实际为 A 口高压油作用于对应柱塞尾端面，对应柱塞轴向产生力 F。这一力 F 通过滑靴，分解成作用于斜盘 1 表面的垂直力 F_1 和作用于轴上的背向力 F_2。斜盘反作用力也将对柱塞 2 产生径向力与轴向力，其中，径向力通过对应柱塞将力传递给缸体 3 而产生对缸体及马达主轴的转矩，该转矩使马达缸体产生周向旋转力。因此，缸体带动输出轴以一定转速旋转。

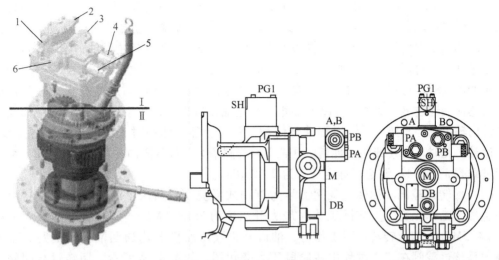

图 4-40 回转马达结构图

Ⅰ—液压马达部分　Ⅱ—减速机部分　1、2—回转晃动防止阀（防逆转阀、回转防颤阀）
3、6—补油单向阀　4、5—回转过载阀　B—马达主工作油管　PA、PB—测压管口
M—过载补油管　DB—壳体排放管　SH—制动解除阀芯换向先导油管　PG1—制动解除待油

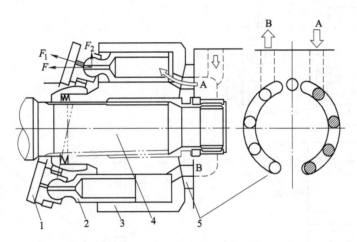

图 4-41 回转马达基本工作原理图

1—斜盘　2—柱塞　3—缸体　4—主轴　5—配流盘　A、B—马达主工作油口

因该回转马达有 9 个柱塞，故总有接近一半的柱塞尾部始终处于配流盘液压油区，最终斜盘反作用于这些柱塞的力传递给马达缸体后，转化为持续的旋转力矩，而马达工作中的回油将通过配流盘另一油区持续通过 B 管路回油箱。

两工作油口 A、B 进、回油方向相反，则马达输出轴的旋转方向也相反。

由于斜盘角度是固定的，即马达排量不可变，则回转马达转速的变化取决于来自回转主换向阀芯所通过的液压油流量，流量越大，转速越大；马达输出轴最大转矩，取决于回转马达最大工作压力即其过载阀（或称安全阀）设定压力。

（3）回转马达总成工作原理　当操纵回转操作手柄让回转马达主换向阀芯换向时，如

图4-42所示，SH有先导油作用于制动解除阀芯7的先导换向油口，则在PG1口待油的先导油液到达弹簧制动器10的制动腔，持续解除了回转马达弹簧制动器的机械制动。假使回转主换向阀芯的换向使得A（或B）管路进主油而B（或A）管路接主回油，则A（或B）管路的主进油可经过回转防摇摆阀1（或2）瞬间节流沟通主回油管路B（或A），实现对主进油液压冲击的缓冲作用。同时，A（或B）管路来油会进入回转马达9左侧（右侧）进油口，马达回油通过B（或A）管路回油箱，马达输出轴旋转并带动减速机11，继而使马达总成输出轴齿轮与车架上回转齿圈啮合传动，整车上部车体相对于下部车体做右（或左）回转运动。此时，右（或左）回转A（或B）管路最大工作液压油并联在A（或B）管路的回转过载阀3（或4）调定（标定压力为24.5MPa）。

（4）回转过载阀 回转过载阀实际为直动式溢流阀，共两个，分别调定左右回转动作马达最大工作压力，其实际工作时最大开启压力为24.5MPa，即回转马达最大工作压力为24.5MPa。当回转马达不工作时，油口P无液压油且R沟通回油箱的油路。图4-43体现的是该过载阀在工作过程中各阶段压力变化图。如图4-44所示，回转过载阀处于关闭状态。

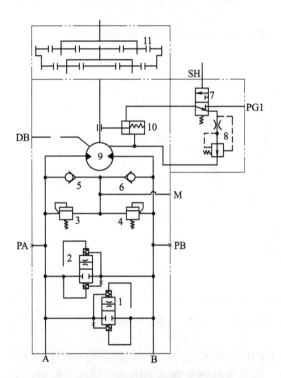

图4-42 回转马达总成液压回路
1、2—回转防摇摆阀（防反转阀） 3、4—回转过载阀
5、6—补油单向阀 7—制动解除阀芯 8—制动延时阀
9—回转马达 10—弹簧制动器 11—减速机
A、B—马达主工作油管 PA、PB—测压管口
M—过载补油管 DB—壳体排放管 SH—制动解除阀芯换向先导油管 PG1—制动解除待油

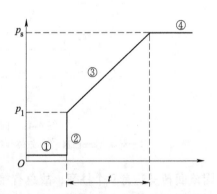

图4-43 回转过载阀开启过程中阶段压力图
①—关闭位置 ②—低压释放 ③—通过缓冲活塞运动释放压力 ④—释放的最后阶段

如图 4-44 所示，油口 P 受到初始压力的影响，油液流经节流口 m 进入 g 室，并形成压力 p_g，当油口 P 处的油压作用在阀芯 1 的 A1 面上的力大于弹簧 5 的力时，阀芯 1 会向右压缩弹簧移动，从而过载阀会打开，如图 4-45 所示，油口 P 与 R 以一定开度开启溢流，使 P 口释放压力为图 4-43 所示中的②段压力。这时关系可用以下公式表示：

$$p_1 \times A_1 = F_{sp} + p_g \times A_2$$

式中　p_1——油口 P 处压力；

　　　A_1——油口 P 处阀芯液压油有效作用面积；

　　　F_{sp}——弹簧 4 初始压缩力；

　　　p_g——g 腔压力；

　　　A_2——g 腔液压油作用在阀芯 1 上的有效作用面积。

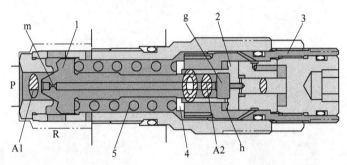

图 4-44　回转过载阀结构原理

1—阀芯　2—缓冲活塞　3—调压螺塞　4—弹簧垫　5—弹簧

P—阀液压油进口　R—阀液压油出口（接油箱）

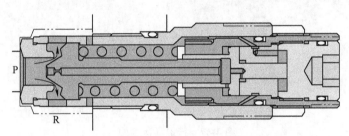

图 4-45　回转马达过载阀初期开启示意图

其后，稳定的压力 p_g 作用在缓冲活塞 2 的液压油作用面上，并与 p_g 作用在阀芯 1 的 A2 面上的力一起（将大于弹簧 5 此时的压缩力），缓冲活塞向左推动弹簧垫。此时弹簧 5 的预紧力进一步加大。在此过程中，调压螺塞 3 和缓冲活塞 2 之间的 h 室容腔起到缓冲作用，减小阀口 P 的液压冲击。通过这一方式，P 口释放压力可以以时间间隔 t 实现从 p_1 压力到 p_s 压力的平稳上升，如图 4-43 中的③线段所示。

随着缓冲活塞 2 接触到调整螺塞 3，g 室内的压力变得与 P 口释放压力 p_s 相同，过载阀完全打开。此时，P 口释放压力上升到设定压力 24.5MPa，如图 4-43 中的④线段所示。

当油口 P 的压力降低时，随着油口 P 处的压力下降，g 室的压力也降到与阀出油口 R 处的压力相同，其后弹簧 5 的力释放，使阀芯 1 向左重新压死在阀座上。同时，缓冲活塞 2 也会向右运动，过载阀关闭处于初始状态。

（5）行走马达结构　行走马达在行走装置总成中的位置如图4-46所示，其结构如图4-47所示。

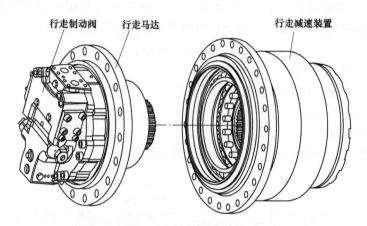

图4-46　行走装置总成

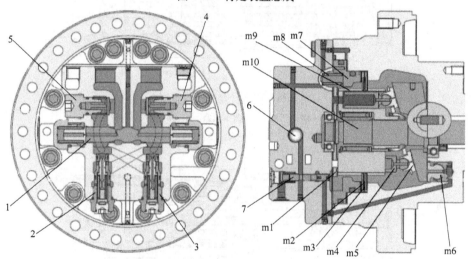

图4-47　行走马达结构

1—平衡阀　2、3—过载阀　4、5—进油单向阀　6—梭阀　7—高低速阀芯
m1—配流盘　m2—摩擦片　m3—分离片　m4—柱塞　m5—滑靴　m6—高低速控制活塞
m7—制动活塞　m8—制动弹簧　m9—缸体　m10—主轴

行走马达与回转马达基本结构稍有不同的是，左右行走马达均为变量马达，即行走马达斜盘倾角可变，马达排量可变，但其排量只可以处于其最小排量和最大排量两种状态。其中，当行走马达处于最小排量状态时，马达处于高速行走状态；当行走马达处于最大排量状态时，行走马达处于低速行走状态。高低速切换通过高低速阀芯7控制高低速控制活塞m6来改变斜盘角度，从而控制最大流量和最小流量，实现高低速切换。

（6）行走马达功能及液压控制原理　回转马达有行走停车制动、安全溢流功能、补油功能、高低速切换等功能。左右行走油路是相同的，在分析原理时只选择一边进行分析，如图4-48所示。

①行走马达工作与双重制动原理。当行走马达开始运行时，进口高压油在平衡阀左侧形

成压力推动平衡阀。高压油通过平衡阀进入制动活塞解除制动的同时推动马达柱塞缸体，使马达运转。由于结构对称，马达反转的机理也相同。

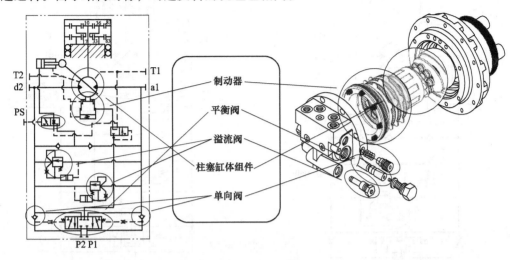

图 4-48 行走马达原理图对应实物

当切断主阀高压油路时，制动活塞无压力，被制动弹簧压下，从而制动马达。同时，平衡阀两侧不再有高压油，被弹簧推至中位，锁住出口处的油从而制动马达。行走马达的制动机理与回转马达类似，都是双重制动。工作过程如图 4-49 所示。

②溢流与补油。同一回转马达的溢流阀与补油阀功能类似，都起到防止高压和吸空现象的发生，但是机理有些差别。

假设 A 口进高压油，B 口出油。当停止行走时，主阀高压油路被切断。但是由于存在惯性，马达会继续运转。此时，出口 B 的压力会急剧升高，出口处溢流阀 b 会打开，让高压油流入 A 口，使马达稳定。同时，在溢流阀 b 尚未开启的一瞬间进入 A 的压力会迅速下降，欲出现吸空现象。此时补油阀 CA 打开，从回油路补充油到 A 口，防止吸空现象的出现，以免马达受损，如图 4-50 所示。

③高低速切换功能。当 PS 口有先导油供应时，双速切换阀开启，高压油通过阀芯进入斜盘柱塞，推动斜盘倾角变小，马达排量变小，转速加快。因为排量变小，相应的转矩也会变小，如图 4-51 所示。

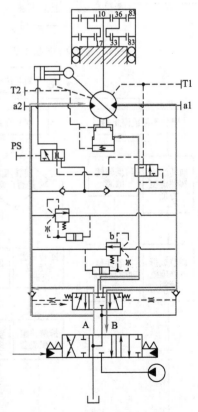

图 4-49 行走与制动原理图

4. 故障排除步骤及方法

（1）马达故障排除步骤及方法　回转马达故障排除流程图如图 4-52 所示。行走马达故障排除流程图如图 4-53 所示。

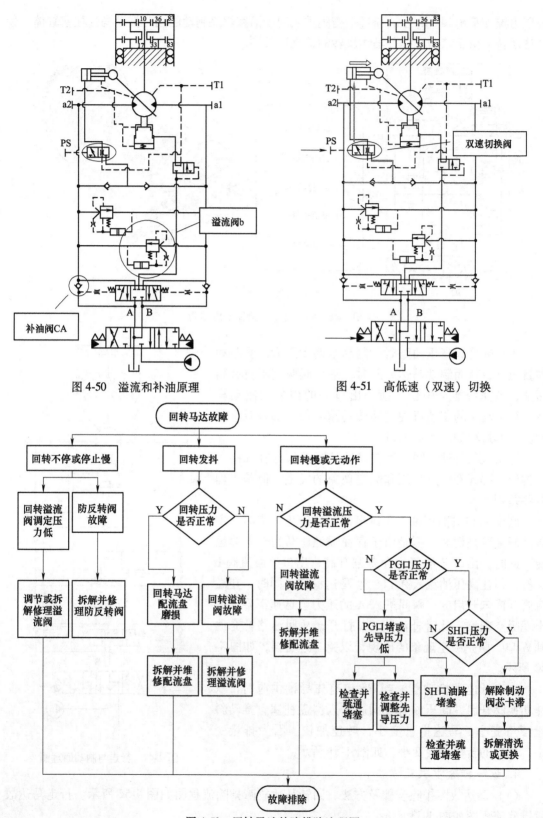

图 4-50 溢流和补油原理　　图 4-51 高低速（双速）切换

图 4-52 回转马达故障排除流程图

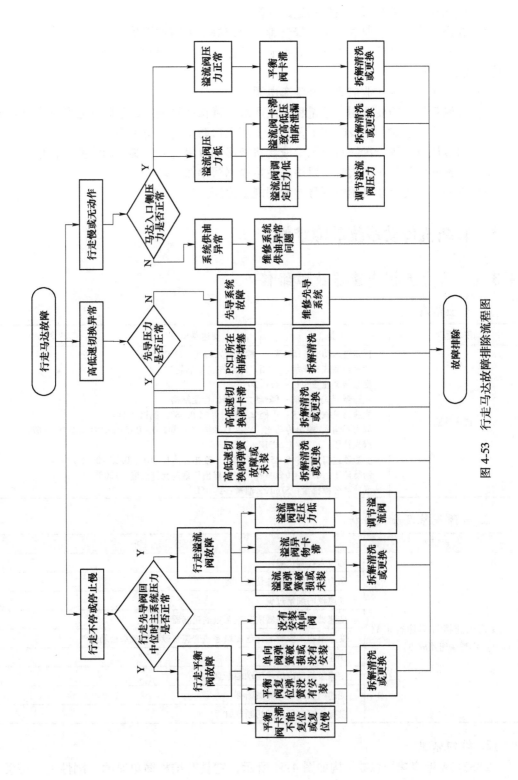

图 4-53 行走马达故障排除流程图

（2）维修检查注意事项

1）确认故障现象是否为液压马达的故障。

2）在进行维修之前要悬挂维修警告牌，穿戴好个人防护用品。

3）在检查液压油位时要查询维修手册，根据维修手册将机具正确摆放，停机泄压后方可检查液压油位。

4）进行机械拆装作业前要断开整车电源。

5）在测量压力前要选用合适量程的液压表，确保防护眼镜、丁腈手套和耳塞已穿戴。

6）安装压力表时，要及时取下及时盖上测压口防尘盖以防污染。

7）对液压管路进行拆卸时要用溶液盒将液压油收集起来，避免油液洒落在地上。

8）在拆卸弹簧和单向阀时可以用磁性拾捡器帮助取出。

9）在调节压力后要将调整螺母拧紧到规定力矩。

4.3 装载机传动系统故障维修

4.3.1 动力换档变速器故障维修

1. 车型信息

整车品牌	徐工	变速器型号	2BS315A
技术参数	标定输入功率：154kW　标定输入转速：2200r/min 变矩器型式：单级、二相、四元件（双涡轮） 变矩器零速变矩比：4±0.20 变速器型式：二前一倒/动力换档，行星结构 变速器机械传动比：Ⅰ档 2.547，Ⅱ档 0.683，倒档 1.864 取力器输入/输出传动比：P.T.O取力口1为1.0，P.T.O取力口2为1.167 操纵油压：1.10~1.50MPa 变矩器进口油压：0.45~0.55MPa　变矩器出口油压：0.25~0.34MPa 润滑油压：0.10~0.20MPa　变矩器出口最高允许温度：120℃ 变速泵公称排量：57mL/r　油量：约45L		

2. 故障现象及原因分析

故障现象	原 因 分 析
装载机挂档后不能行走故障（仅考虑变速器故障）	档位未挂到位置
	动力切断阀卡死在切断位置
	变速器内油量过少
	变速器油底粗滤器或变速泵吸油粗滤器堵塞
	变速泵吸油胶管老化起皮堵塞或变速泵吸油管接头松动进气
	变速泵严重内泄
	变速泵驱动齿轮或驱动轴断裂
	变速操纵阀调压弹簧断裂
	没有压缩空气进入切断气缸

3. 结构原理

2BS315A型变速器总成结构如图4-54所示，它具有结构简单紧凑、刚性大、传动效率高、操作简便可靠、齿轮及摩擦片离合器寿命长等优点。

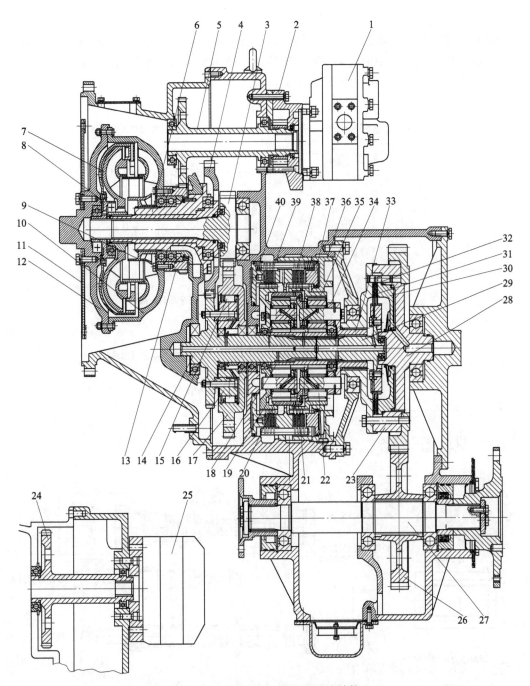

图 4-54　2BS315A 型变速器总成结构

1—工作泵　2—变速泵　3—一级涡轮输出齿轮　4—二级涡轮输出齿轮　5—工作泵轴齿轮
6—导轮座　7—二级涡轮　8—一级涡轮　9—导轮　10—泵轮　11—弹性板　12—罩轮　13—分动齿轮
14—中间输入轴　15—超越离合器滚柱　16—超越离合器内环凸轮　17—超越离合器外环齿轮　18—太阳轮
19—倒档行星齿轮　20—倒档行星架　21—倒档内齿圈　22—Ⅰ档行星轮　23—直接档油缸　24—转向泵轴齿轮
25—转向泵　26—输出轴齿轮　27—输出轴　28—直接档输出齿轮　29—直接档轴　30—直接档活塞
31—Ⅱ档摩擦片　32—直接档受压盘　33—直接档连接盘　34—Ⅰ档行星架　35—Ⅰ档内齿圈
36—Ⅰ档油缸　37—Ⅰ档活塞　38—Ⅰ档摩擦片　39—倒档摩擦片　40—倒档活塞

动力换档变速器管接头含义如图 4-55 所示。变速器带有三个液压泵,由于变矩器泵轮与分动齿轮相连,分动齿轮又与工作泵轴齿轮、转向泵轴齿轮相啮合。工作泵和变速泵由工作泵轴齿轮带动,转向泵则由转向泵轴齿轮带动。转向泵和工作泵分别向整机转向和工作系统供油,变矩器及变速操纵阀由变速泵提供。液压系统原理如图 4-56 所示。

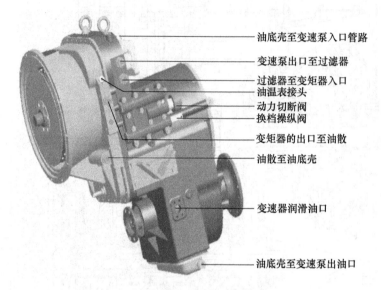

图 4-55 动力换档变速器管接头含义

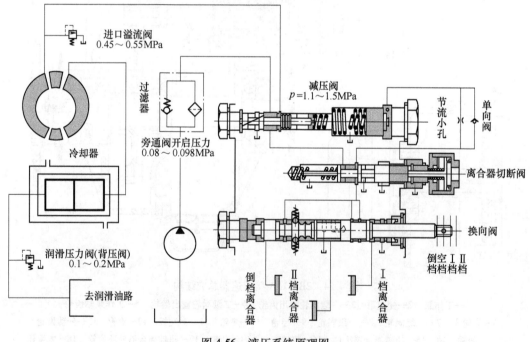

图 4-56 液压系统原理图

变速器油底壳工作油由变速泵吸入经管路过滤器(装有旁通阀,当过滤器堵塞时,油经旁通阀流出,旁通阀的压力为 0.08~0.098MPa)进入变速操纵阀中的减压阀,液压油从减压阀杆的小孔流至减压阀杆的左端,将阀杆右推,液压油分两路,一路经变矩器减压阀进入变矩器,另一路通过离合器切断阀进入换向阀。

由于人为操纵变速阀杆而使液压油进入不同的离合器活塞缸完成不同档位的工作,与此同时液压油经节流小孔进入减压阀蓄能器柱塞右侧,使蓄能器柱塞左移,以获得稳定的操纵控制油压(1.1~1.5MPa)。制动时气压进入离合器切断阀将气阀杆左移,使液压油从回油孔回到油箱,活塞缸内液压油也因油路接通油箱而使离合器脱开,变速器自动处于空档状态。

变矩器的回油进入冷却器后经润滑压力阀进入变速器进行润滑和冷却,润滑压力阀的压力为0.1~0.2MPa。变速器操纵阀如图4-57所示。

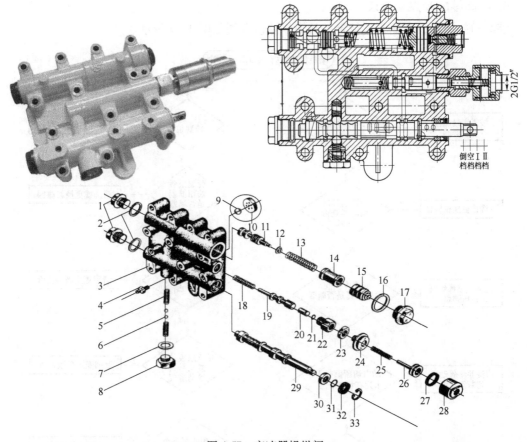

图4-57 变速器操纵阀

1、8、17、22—螺栓 2、16—垫圈 3—阀体 4—压力表接头 5、13、18、25—弹簧 6—钢球
7—垫片 9—塑料球 10—圆板 11—减压阀杆 12—弹簧座 14—固定套 15—滑块
19—制动阀杆 20—圆柱塞 21—O形圈(13mm×1.9mm) 23—螺母 24—气阀座 26—气阀杆
27—Y形密封圈(32mm×40mm) 28—气阀体 29—分配阀杆 30—档套
31—O形圈(22mm×2.4mm) 32—骨架油封 33—挡圈

动力切断阀,如图4-58所示。发动机起动后,右侧进气,克服左侧弹簧力将阀杆向左推,液压油按图示方向供油;切断动力后,右侧不再供气,左侧弹簧将阀杆向右推,堵住来油,切断动力。

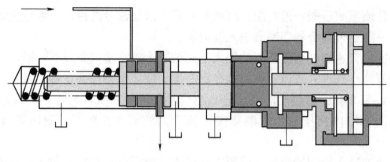

图 4-58　动力切断阀

4. 故障排除步骤及方法

装载机挂档后，车辆不能行走的故障排除流程图如图 4-59 所示。

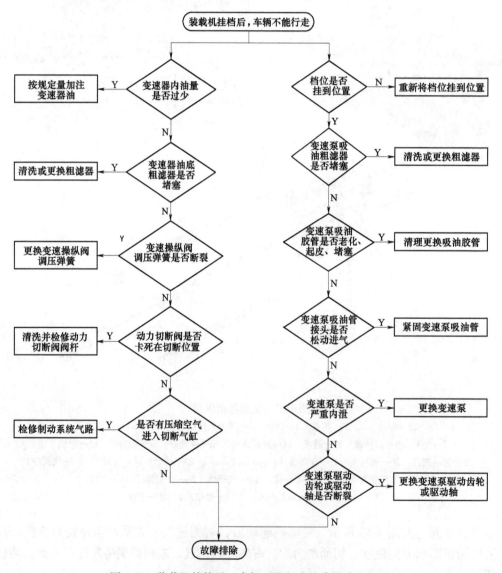

图 4-59　装载机挂档后，车辆不能行走故障排除流程图

4.3.2 湿式驱动桥故障维修

1. 车型信息

车型	装载机	型号	ZL60
技术参数	齿轮：弧齿锥齿轮 齿轮传动比：螺旋锥 2.462，轮边减速 5.769，合计 14.2 行程：湿式制动 驻车：湿式制动		

2. 故障现象及原因分析

故障现象	原因分析
驱动桥过热	润滑油少
	轴承预紧不当，轴承预紧力过大而导致游隙减小，轴承在高速运转过程中产生较多热量
	齿轮啮合间隙过小，齿轮啮合区不能形成润滑保护油膜，造成发热
	摩擦片间隙调整不当、摩擦片翘曲或者活塞不能很好回位等，使活塞、摩擦片及行星齿轮架受压面之间产生滑磨发热
驱动桥异响	轴承预紧不当，当车辆在运行中驱动桥发出连续的"嘤嘤"声并伴随异常发热时，表明轴承游隙过小；当驱动桥产生杂乱的"哈啦哈啦"声时，说明轴承游隙过大
	齿轮啮合间隙调整不当
	润滑油少，差速器异响
	从动弧齿锥齿轮连接松动造成异响

3. 结构原理

装载机湿式驱动桥与干式驱动桥最大的不同就是制动器，干式驱动桥一般采用摩擦片式制动器。湿式驱动桥的制动器由内齿圈、承压盘、钢片、摩擦片、活塞、内齿圈支承架、回位弹簧、齿轮等组成，如图4-60、图4-61所示。控制油进入活塞腔内，推动活塞移动，活塞推动从动片移动，从而压紧主、从动片进行制动。湿式驱动桥其实是制动摩擦片置于驱动桥内部，通过多片摩擦片的摩擦予以停车制动的一种驱动桥。由于这些摩擦片都通过润滑油予以润滑和散热，相对于普通夹钳制动是"湿式的"，所以就称为湿式驱动桥。其优点是湿式制动不受外界影响，制动盘上不会有外部的泥沙和尘土以及不受水分影响，制动平稳安全，而且制动盘寿命长，正常使用几乎不用维护更换。其缺点是制造成本高，系统复杂，使用油液要求高且必须加抗磨剂。

主减速器总成如图 4-62 所示。

主减速器的功用是将变速器传来的动力进一步降低转速，增大转矩，并将旋转轴线改变为横向后，经半轴将动力由差速器传给驱动车轮，并允许左右驱动轮以不同的转速旋转。

差速器是由行星齿轮 18、半轴齿轮垫片 19、十字轴 26、差速器右壳 28、差速器左壳 22 等组成。左右两个半轴齿轮装上垫片 19 后装入左右差速器壳座孔中；四个行星齿轮装在十字轴上并装上球形垫片 17 后，再将十字轴装入差速器壳的圆孔中，其中心线与左右差速器壳的分

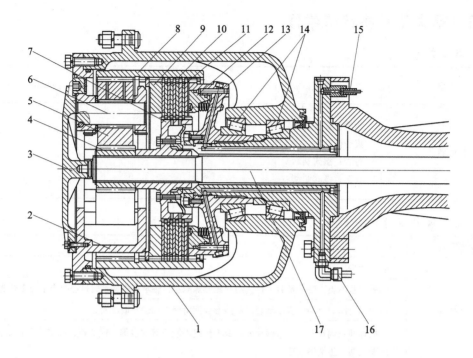

图 4-60 湿式驱动桥轮边减速器、制动器总成结构
1—轮毂 2—行星架 3—端盖 4—太阳轮 5—行星齿轮 6—行星齿轮轴 7—摩擦片支承架
8—内齿圈 9—承压盘 10—钢片 11—摩擦片 12—活塞 13—内齿圈支承架
14—圆锥滚子轴承 15—安全阀 16—进回油口 17—半轴

界面重合,然后用螺栓将左右壳固定在一起,并用两个圆锥滚子轴承 23 支承在托架上。

驱动桥的主减速器由一对弧齿锥齿轮 13 和 27 组成,主动弧齿锥齿轮与轴做成一体并采用刚性较好的两端支承,前端支承在一个滚柱轴承 14 上,后端支承在托架 16 上的两圆锥滚子轴承 7 和 12 上。从动弧齿锥齿轮 27 用螺栓固定在差速器右壳的凸缘上。差速器左右壳用螺栓联接成一体后用两个圆锥滚子轴承 23 装在托架 16 上的座孔中。在托架 16 上装有一个止推螺栓 29,其端面到齿轮背面的间隙调整到 0.20~0.40mm,以防止重载工作时从动弧齿锥齿轮产生过大的变形而破坏齿轮的正常啮合。主减

图 4-61 湿式驱动桥轮边减速器、制动器总成实物图

速器通过托架 16 用螺栓紧固在驱动桥桥壳上而形成封闭壳体,在桥壳中装入适量的润滑油,借助齿轮旋转而将润滑油飞溅至各处润滑齿轮与轴承,如图 4-63 所示。

4. 故障排除步骤及方法

当驱动桥发生故障时,首先要根据经验进行判断,分清楚故障所处的位置,以及需不需要更换桥壳,若不需要更换桥壳,则无须将驱动桥从车架拆卸,一般只需要拆卸主传动部件

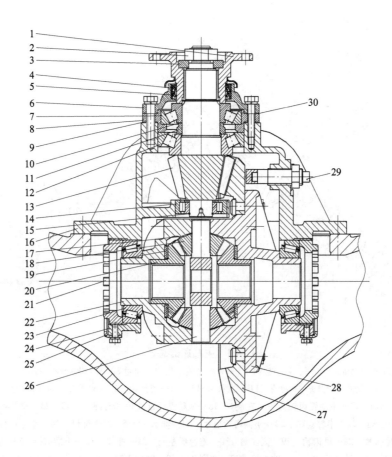

图 4-62 主减速器总成

1—输入法兰 2—锁紧螺母 3—定位套 4、5—骨架油封 6—密封盖
7、12、23—圆锥滚子轴承 8—轴承套 9、10、30—调整垫片 11—轴套
13—主动弧齿锥齿轮 14—滚柱轴承 15—挡圈 16—托架 17—垫片 18—行星齿轮
19—半轴齿轮垫片 20—半轴齿轮 21—调整螺母 22—差速器左壳
24—轴承座 25—锁紧片 26—十字轴 27—从动弧齿锥齿轮
28—差速器右壳 29—止推螺栓

或轮边行星减速机构。

  对主传动部分而言，如果是主动螺伞处轴承损坏，则只需更换轴承、轴承套、密封盖、油封等，操作相对简单；如果是差速器总成损坏，则必须将整个主传动拆卸，首先必须将润滑油放干净，然后按步骤将差速器从主传动托架上拆卸。

  如果是主、从动弧齿锥齿轮啮合间隙失常与啮合面不稳定，则按照如下步骤进行：先在主动弧齿锥齿轮轮齿上涂以红色颜料（红丹粉与机油的混合物），然后使主动弧齿锥齿轮往复转动，于是从动锥齿轮轮齿的两工作面上便出现红色印迹。通过调整主动弧齿锥齿轮的前后位置和从动弧齿锥齿轮的左右位置，可以调节齿面接触情况。应使从动弧齿锥齿轮轮齿正转和逆转工作面上的印迹均位于齿高的中间，并偏于小端，占齿面宽度的 60% 以上，见表 4-2。

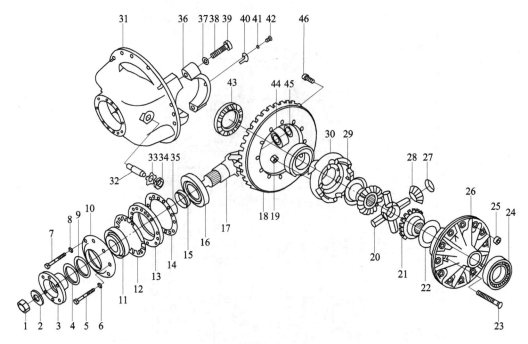

图 4-63 主减速器总成

1—锁紧螺母 M33mm×1.5mm 2、6、41—垫圈 3—输入法兰 4、9—油封 80mm×100mm×10mm 5—螺栓 M12×55 7—螺栓 M14×55 8—垫圈 14 10—密封盖 11—轴承 31313 12—密封垫 13—轴承套 14—调整垫片 15—轴套 16—轴承 31314 17—主动弧齿锥齿轮（左旋）；18—从动弧齿锥齿轮（右旋） 19、23、42、46—螺栓 20—十字轴 21—半轴齿轮 22—半轴齿轮垫片 24—轴承 32216 25—螺母 26—差速器右壳 27—锥齿轮垫片 28—锥齿轮 29—圆柱销 30—差速器左壳 31—托架 32—止推螺栓 33—锁紧片 34—螺母 M27×2 35—调整垫片 36—轴承座 37—垫圈 22 38—螺栓 M22×85 39—低碳钢丝 φ1.6mm×450mm 40—锁紧片 43—调整螺母 44—轴承 NUP2307 45—挡圈 35

表 4-2 主、从动弧齿锥齿轮接触区及间隙调整方法

序号	从动弧齿锥齿轮接触区	调整方法
1	接触区正常	不需要调整
2	主、从动弧齿锥齿轮太近	侧隙小（拧松差速器壳体左侧螺母，拧紧右侧调整螺母）
3	主、从动弧齿锥齿轮太远	侧隙大（拧紧差速器壳体左侧螺母，拧松右侧调整螺母）

第4章 传动系统

湿式驱动桥故障排除流程图如图4-64所示。

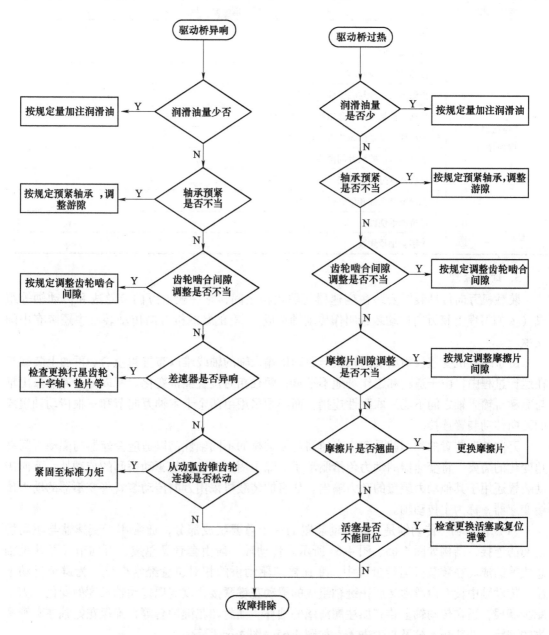

图4-64 湿式驱动桥故障排除流程图

4.3.3 传动轴故障维修

1. 车型信息

车型	装载机	型号	Z5G.1.2

2. 故障现象及原因分析

故障现象	原因分析
传动轴振动异响	润滑油少
	传动轴弯曲
	传动轴平衡块脱落
	传动轴凸缘盘与轴管偏心焊接
	传动轴轴管和伸缩套未按指示标记装配
	传动轴十字轴凸缘块未装进凹槽内
	滚针轴承内的滚针间隙不当或碎裂
	过桥轴承过紧或过松
	花键轴与花键套配合过紧或过松
	过桥轴承烧蚀
	十字轴轴承烧蚀

3. 结构原理

装载机万向传动装置安装在变速器与驱动桥之间，它一般由万向节总成和传动轴等组成（人们习惯上将万向传动装置叫作传动轴总成）。有的装载机万向传动装置中还装有中间支承。

由于装载机变速器输出轴的轴线与驱动桥输入轴的轴线难以布置得重合，再加上装载机在运行过程中，由于道路和工作场地不平整，两轴相对位置经常变化。所以，变速器输出轴与驱动桥输入轴之间不能采取刚性连接，而必须采用由两个十字轴万向节和一根传动轴组成的万向传动装置连接。

万向传动装置的功用就是解决变速器与驱动桥的不同轴性，以适应变速器与驱动桥间夹角变化的需要，将变速器的动力传给驱动桥。除了用于变速器与驱动桥间的传动外，万向传动装置还用于其他动力装置的动力输出。如有的装载机采用万向传动装置将变矩器的动力传给变速器，称为主传动轴。

（1）传动轴　传动轴是万向传动装置的一个重要组成部分，通常用于变速器与驱动桥之间的连接，结构如图4-65、图4-66所示。传动轴一般由套管叉总成、万向节叉及花键轴总成等组成。在装载机运行过程中，变速器与驱动桥的相对位置经常变化，为避免运动干涉，传动轴中设有由滑动叉和花键轴组成的滑动花键联接，以实现传动轴长度的变化。为了减少磨损，还在传动轴上装有加注润滑脂的油杯、油封和花键护套等，确保花键轴在套管叉中的润滑，并防止水分及灰尘进入，如图4-65、图4-66所示。

（2）万向节　装载机万向传动装置上使用的万向节为普通十字轴刚性万向节。普通十字轴刚性万向节由十字轴、四个滚针轴承、两个万向节叉、油封和油杯等组成。为了减少磨损，提高传动效率，在十字轴轴颈与套筒之间装有滚针轴承，并将套筒固定在万向节叉上，以防止轴承在离心力的作用下从万向节叉内脱落。为了润滑轴承，在十字轴内还钻有相互贯通的润滑油道，并在十字轴端面加工有凹槽，以便从油杯注入的润滑脂（黄油）能够到达滚针轴承工作面上。十字轴万向节具有不等速传动的特点。

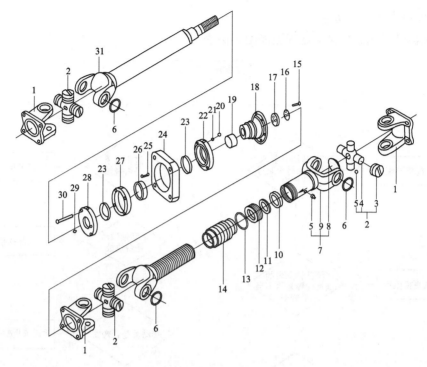

图 4-65 前传动轴

1—凸缘叉 2—万向节总成 3—十字轴滚针轴承总成 4—十字轴 5—直通滑油嘴 6—孔用弹性挡圈 7—套管叉总成 8—套管叉堵盖 9—套管叉 10—油封 11—油封垫片 12—油封盖 13—大卡环 14—防尘套 15、30—螺栓 16—锁板 17—垫板 18—花键叉 19—轴套 20—螺母 21—垫圈 22—前轴承座 23—轴承座 24—定位销 25—调心轴承3511 26—密封圈 27—骨架式橡胶油封 28—后轴承座 29—油杯 31—花键轴叉

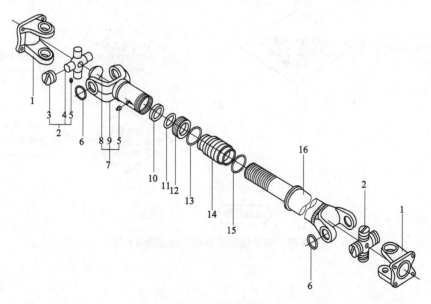

图 4-66 后传动轴

1—凸缘叉 2—万向节总成 3—十字轴滚针轴承总成 4—十字轴 5—直通滑油嘴 6—孔用弹性挡圈 7—套管叉总成 8—套管叉堵盖 9—套管叉 10—油封 11—油封垫片 12—油封盖 13—大卡环 14—花键护套 15—小卡环 16—传动轴万向节叉及花键轴总成

4. 故障排除步骤及方法

传动轴振动异响故障排除流程图如图 4-67 所示。

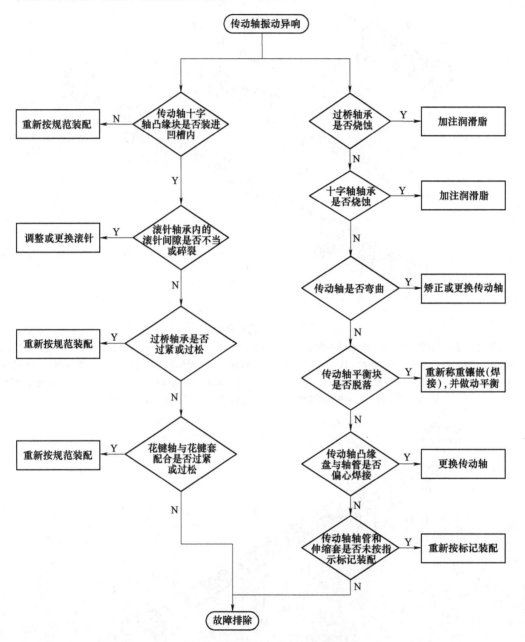

图 4-67 传动轴振动异响故障排除流程图

第5章
转向、制动与底盘系统

5.1 转向系统故障维修

5.1.1 重型货车转向系统故障维修

1. 车型信息

整车品牌	东风	型号	商用车 IPS55
技术参数	前轴负荷：5440kg 输出转矩：4259.5N·m 输出转角：95° 传动比：20.4∶1 转向圈数：5.4 活塞直径：101.6mm 输出轴花键（外径×齿数）：49.5mm×52 输入轴花键（外径×齿数）：20.5mm×36 转向泵最大流量：22.7L/min 转向泵最大工作压力：13.8MPa 转向泵最大工作温度：148.9℃ 转向盘每秒转1.5圈时转向泵流量：10.98L/min 净重：37kg		

2. 故障现象及原因分析

故障现象		原因分析
转向沉重	转向油罐故障	转向油罐内转向液压油油位过低
		转向油罐内滤芯或管路堵塞
	转向泵故障	转向泵内泄
	转向液压系统故障	转向液压系统内有空气
	转向柱故障	转向柱卡滞
	转向器故障	转向器内部泄漏

3. 结构原理

转向时，驾驶人通过转向盘将转向力矩传递给转向器的输入轴。扭杆的一端用销与输入轴连接，另一端与螺杆连接。来自输入轴的转向力矩通过扭杆传到螺杆，由于循环球机构的作用，螺杆试图使齿条活塞沿缸孔做轴向运动，但来自车轮的地面阻力通过拉杆系统使摇臂轴限制了齿条活塞的轴向运动，因此扭杆被扭转，输入轴上的油槽相对位置发生改变，即控制阀起作用，并引导高压油流向指定的液压缸，即上液压缸或下液压缸，在相应的齿条活塞的端面产生液压作用力，并推动齿条活塞轴向移动，使转向器内的摇臂轴产生转动，进而带动转向垂臂再到转向直拉杆，带动万向节臂，将动力传至左转向轮，通过左万向节带动横拉杆臂将动力传至右转向轮，从而实现汽车转向，如图 5-1 所示。

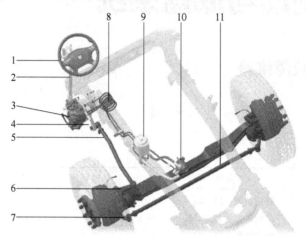

图 5-1 东风商用车转向系统原理图

1—转向盘 2—转向管柱带传动轴总成 3—动力转向器 4—转向垂臂 5—转向直拉杆 6—万向节臂 7—横拉杆臂 8—转向管路 9—转向油罐 10—转向泵 11—转向横拉杆

4. 元件结构及原理

（1）转向器　转向器内动力传动示意图如图 5-2 所示。

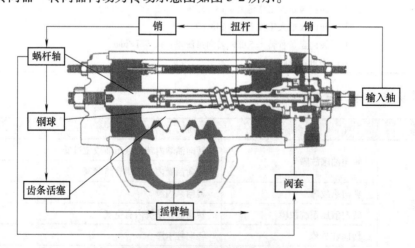

图 5-2 转向器内动力传动示意图

1）直线行驶：齿条活塞在中间位置，如图 5-3 所示。
2）左转向：齿条活塞向上运动，如图 5-4 所示。
3）右转向：齿条活塞向下运动，如图 5-5 所示。

（2）转向泵　转向泵为动力转向系统提供高压油，其结构形式为叶片泵，如图 5-6 所

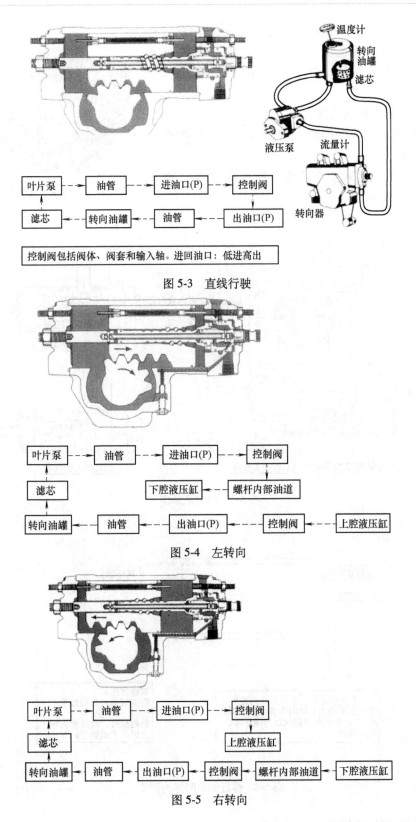

控制阀包括阀体、阀套和输入轴。进回油口：低进高出

图 5-3 直线行驶

图 5-4 左转向

图 5-5 右转向

示。安装在空气压缩机的后端,动力取自空气压缩机的曲轴。叶片泵的稳定流量为 19L/min,允许最高转速为 3200r/min,最大压力为 13.8MPa。转向泵原理如图 5-7 所示。

(3) 转向器间隙的调整

1) 螺杆轴向间隙的调整(端盖调整螺钉的调整),如图 5-8 所示。

2) 摇臂轴轴向间隙的调整(侧盖调整螺钉的调整),如图 5-9 所示。

图 5-6 转向泵

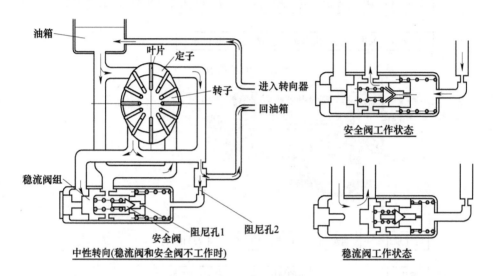

图 5-7 转向泵原理

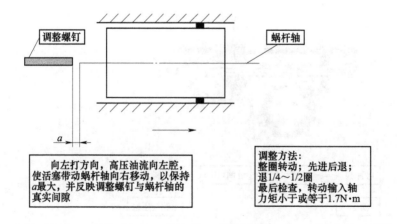

图 5-8 螺杆轴向间隙的调整

3) 行程阀螺钉的调整,如图 5-10 所示。

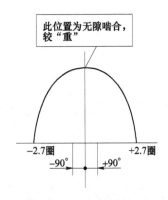

调整方法：
扇齿中齿，2~3齿之间，±90°，左右摆动；
先进后退，退0.5~1圈；
效果：中间重，两边轻，圆滑过渡；
整圈转动输入轴，敲击摇臂轴；
最后检查，转动输入轴力矩小于或等于2.3N·m

敲击摇臂轴，用以消除各零件的装配间隙，使调整更加准确

图 5-9　摇臂轴轴向间隙的调整

5. 故障排除步骤及方法

东风商用车转向沉重故障排除流程图如图 5-11 所示。

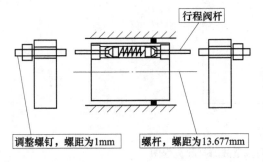

调整方法：
将汽车停放在直线行驶位置，方向摆正。此时将行程阀调整螺钉往里多拧几圈，然后向一个方向转动转向盘，查看距2.7圈还差多少圈（转向总圈数为5.4圈，左右各2.7圈。由于调整之前行程阀调整螺钉已向里多拧了几圈，所以会提前卸荷，一个方向的转向圈数达不到2.7圈）。比如转了2圈转不动了（即在2圈的位置提前卸荷），距2.7圈还差0.7圈。螺杆的螺距是13.677mm而调整螺钉的螺距为1mm，由此就可以通过计算得出调整螺钉应该往外退出多少圈。计算公式：$N = \dfrac{13.677 \times (2.7-n)}{1}$

（设转向盘实际打了 n 圈时，调整螺钉则应退出 N 圈）

图 5-10　行程阀螺钉的调整

5.1.2　挖掘机转向系统故障维修

1. 卡特305.5E型挖掘机

（1）车型信息

整车品牌	卡特	整车型号	305.5E
技术参数	车辆名称：履带式挖掘机 回转速度（r/min）：10.5 回转转矩（kN·m）：13.9 行走速度（km/h）：4.3/2.8（高/低） 爬坡能力（%）：70 铲斗挖掘力（kN）：35 斗杆挖掘力（kN）：27.2 最大牵引力（kN）：40.2		

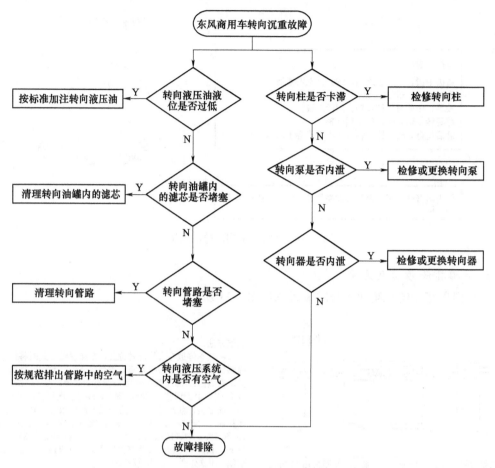

图 5-11　东风商用车转向沉重故障排除流程图

（2）故障现象及原因分析

故障现象		故障原因
转向故障	转向速度慢或无法转向	先导油路无压力或压力低
		主溢流阀故障，导致压力低
		主阀芯卡滞
		中心回转体油路被异物堵塞
		平衡阀阀芯卡滞，致无法解除制动
		行走溢流阀故障，导致行走压力低

（3）结构原理

1）解除制动。卡特305.5E型挖掘机行走马达解除制动原理图如图5-12所示，工作泵P1或P2经主阀过来的油进入行走马达左入口，此时平衡阀处于中位，液压油路为A→B→

C→D→E，但由于行走马达制动未解除，因而马达无法转动，液压油在左侧所在的油路建立起压力。液压油在 C′处流向右，推动平衡阀向右移动从而左位接通，油从 A→D′→F′→G′→H′→I′→J′→K′进入制动液压缸小腔，推动液压缸解除制动。此时的液压油从 A→D′→E′→B→C→D→E 流入，从而推动马达转动。

2）防下坡失速。挖掘机在下坡行走时，速度加快，液压马达的转速超过液压泵供油量相应转速时称为下坡失速（又叫超速）。由于失速时与停止时一样不产生液压，即如图 5-12 所示 C′处不产生推动平衡阀移动的压力，因此平衡阀回到中位，在单向阀的作用下使马达减速（图 5-13），当液压马达转速回到与液压泵供油量相称的转速时，平衡阀又会正常工作。

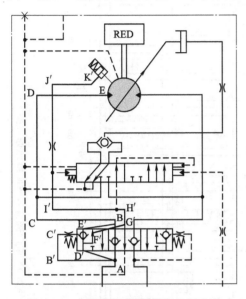

图 5-12　卡特 305.5E 型挖掘机行走马达解除制动原理图

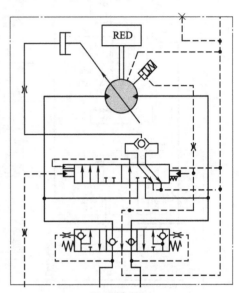

图 5-13　下坡失速时制动

（4）转向原理图分析　卡特 305.5E 型挖掘机右转向液压原理图如图 5-14 所示。液压泵将液压油泵出，经减压阀→先导切断电磁阀→先导压力集成块 P1→P4→行走先导阀 P→4b 和 3b→主阀先导控制口 4b 和 3b→推动主阀芯移动，使右位接通。此时右行走泵主油路从 1→2→3→4→5→6→7→8→9→10→11→12→P1 进入右行走马达，使右行走马达顺时针实现后退动作。同理，左行走泵主油路进入左行走马达，使左行走马达顺时针实现前进动作。左边前进，右边后退，最终实现右行走动作。

回油路请读者自行分析，此处略。

（5）故障排除步骤及方法

1）转向故障排除步骤及方法。卡特 305.5E 型挖掘机转向速度慢或无法转向故障排除流程图如图 5-15 所示。

2）维修检查注意事项

① 确认故障现象是否为整机转向故障。

② 在进行维修之前要悬挂维修警告牌，穿戴好个人防护用品。

③ 在检查液压油液位时要查询维修手册，根据维修手册将机具正确摆放，停机泄压后方可检查液压油液位。

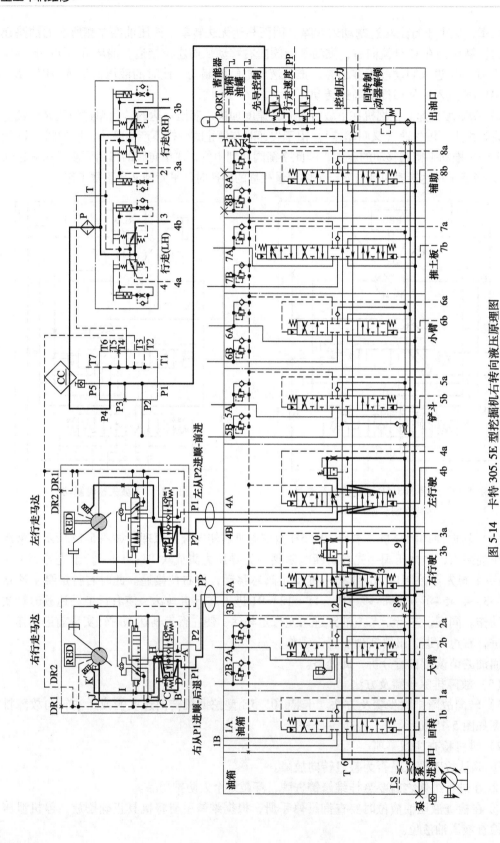

图5-14 卡特305.5E型挖掘机右转向液压原理图

第5章 转向、制动与底盘系统

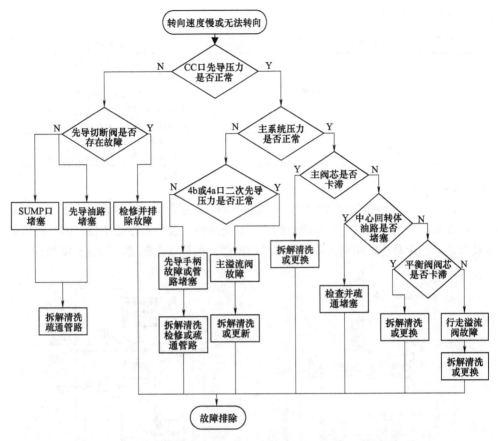

图5-15 卡特305.5E型挖掘机转向速度慢或无法转向故障排除流程图

④ 进行机械拆装作业时要断开整车电源。
⑤ 在测量压力前要选用合适量程的液压表，确保防护眼镜、丁腈手套和耳塞已穿戴。
⑥ 安装压力表时，要及时取下及时盖上测压口防尘盖，以防污染。
⑦ 对液压管路进行拆卸时要用溶液盒将液压油收集起来，避免油液洒落在地上。
⑧ 在拆卸弹簧和单向阀时可以用磁性拾捡器帮助取出。
⑨ 在调节压力后要将调整螺母拧紧到规定力矩。

2. 徐工XE60型挖掘机

（1）车型信息

整车品牌	徐工	整车型号	XE60
技术参数	车辆名称：履带式挖掘机 泵的排量：柱塞泵P1、P2最大排量为25×2mL/r 齿轮泵P3最大排量为16.2mL/r 先导泵P4最大排量为4.5mL/r 泵的额定压力：P1、P2、P3泵额定压力为21.5MPa，P4先导泵额定压力：2.9MPa 行走溢流压力：22MPa 行走速度：4.2/2.2km/h 回转溢流压力：23MPa 回转速度：9.5r/min		

(2) 故障现象及原因分析

故障现象		故障原因
转向故障	转向速度慢或无法转向	主溢流阀故障,导致压力低
		主阀芯卡滞
		中心回转体油路被异物堵塞
		平衡阀阀芯卡滞,导致无法解除制动
		行走溢流阀故障,导致行走压力低
	转向无力	主溢流阀故障,导致压力低
		行走溢流阀故障,导致行走压力低

(3) 结构原理

1) 行走平衡阀不滑动时双重制动。当切断主阀高压油路时,制动活塞无压力,被制动弹簧压下,从而制动马达。同时,平衡阀两侧不再有高压油,被弹簧推至中位,锁住出口处的油从而制动马达。行走马达的制动机理与回转马达类似,都是双重制动,如图5-16所示。

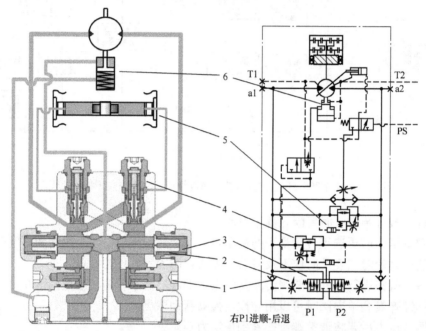

图5-16 行走马达原理图对照
1—单向阀 2—节流阀 3—平衡阀 4—溢流阀 5—缓冲液压缸 6—制动活塞

2) 行走平衡阀滑动时解除制动。当行走马达开始运行时,进口高压油在平衡阀左侧形成压力推动平衡阀。高压油通过平衡阀进入制动活塞解除制动的同时推动马达柱塞缸体,使马达运转。由于结构对称,马达反转的机理也相同。解除制动过程如图5-17所示。

3) 下坡失速。如图5-18所示,挖掘机在下陡坡行走时,速度加快,液压马达的转速超过液压泵供油量相应转速时称为下坡失速(又叫超速)。由于超速时同停止时一样不产生液压,因此平衡阀进行与停止时同样的动作,缩小液压马达回流通路,产生背压,使依靠惯性旋转的马达减速,控制液压马达按与液压泵供油量相称的转速转动。

(4) 转向原理图分析 XE60型挖掘机右转向液压原理图如图5-19所示。P1、P2泵经

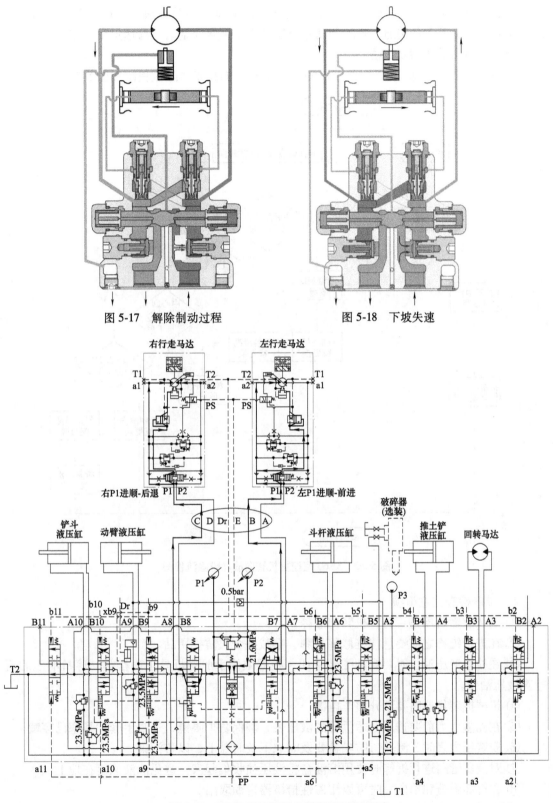

图 5-17 解除制动过程　　图 5-18 下坡失速

图 5-19 XE60 型挖掘机右转向液压原理图

直线行走阀→主阀芯→中心回转体→平衡阀（中位不通）→单向阀→马达（制动未解除无法工作）→平衡阀左位接通→解除制动阀→制动活塞→解除制动→马达正常工作。

（5）故障排除步骤及方法

1) 转向故障排除步骤及方法。XE60型挖掘机转向故障排除流程图如图5-20所示。

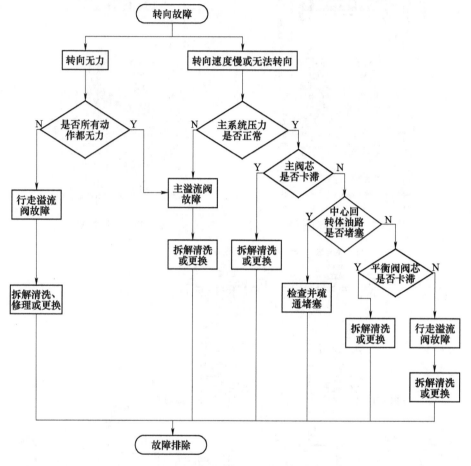

图 5-20　XE60型挖掘机转向故障排除流程图

2) 维修检查注意事项

① 确认故障现象是否为整机转向故障。

② 在进行维修之前要悬挂维修警告牌，穿戴好个人防护用品。

③ 在检查液压油位时要查询维修手册，根据维修手册将机具正确摆放，停机泄压后再检查液压油位。

④ 机械拆装作业时要断开整车电源。

⑤ 在测量压力前要选用合适量程的液压表，确保防护眼镜、丁腈手套和耳塞已穿戴。

⑥ 安装压力表时，测压口防尘盖要及时取下及时盖上，以防污染。

⑦ 对液压管路进行拆卸时要用溶液盒将液压油收集起来，避免油液洒落在地上。

⑧ 在拆卸弹簧和单向阀时可以用磁性拾捡器帮助取出。

⑨ 在调节压力后要将调整螺母拧紧到规定力矩。

5.1.3 装载机整机无动作故障维修

1. 车型信息

整车品牌	徐工	整车型号	ZL50G
技术参数	整机尺寸（长×宽×高）：8110mm×3000mm×3485mm 轴距：3300mm 轮距：2200mm 额定载荷：5000kg 斗容：3m³ 最大牵引力：145kN 最大掘起力：170kN 最大卸载高度：3090mm 最大卸载距离：1130mm 三项和时间：≤11s 动臂提升时间：≤6s 最小转弯半径（铲斗外侧）：7300mm 车体转向角：35° 工作系统压力：17.5MPa 转向系统压力：15MPa 后桥摆动角度：12° 整机质量：17.5t 离地间隙：450mm 发动机：WD615G.220		

2. 故障现象及原因分析

故障现象	原因分析	
转向时突然出现转向失灵或无转向，但液压系统工作正常（转向失灵）	转向器故障	转向器内弹簧片折断
		转向器内的定子或转子严重泄漏
	转向柱与转向器连接块故障	转向柱与转向器连接块断裂或损坏
	优先流量放大阀故障	流量放大阀阀杆卡滞或阀杆回位弹簧断裂
	转向液压缸故障	转向液压缸密封件严重损坏，转向液压缸活塞脱落或活塞杆断裂
	转向安全阀问题	转向安全阀弹簧损坏，一直溢流
	限位阀问题	限位阀弹簧损坏，无法复位

3. 结构原理

（1）限位阀 如图 5-21 所示，限位阀是用来限制转向极限位置的一种液压元件，安装在转向器与流量放大阀之间的先导油路中，当转向至一定角度后，该阀截断去流量放大阀的先导控制油路，使前车架转向到未抵住机身时就停止转向，避免了前车架与机身的刚性碰撞，同时减少了流量放大阀中安全阀的不必要开启。

（2）流量放大阀 如图 5-22 和图 5-23 所示，流量放大阀是转向系统中的换向阀，利用小

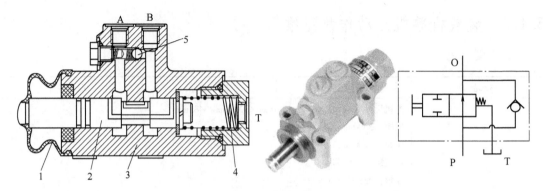

图 5-21 限位阀

1—防护套 2—阀芯 3—阀体 4—弹簧 5—球阀

流量的先导油推动主阀芯移动,来控制从转向泵过来的较大流量的液压油进入转向液压缸,完成转向动作。当转向系统不工作时,从转向泵来的液压油推开优先阀芯合流到工作系统中。

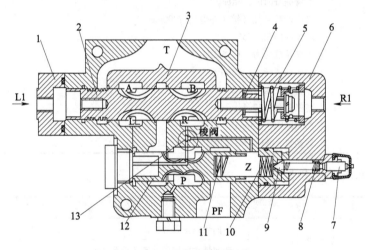

图 5-22 流量放大阀的结构

1—前盖 2—放大阀阀芯 3—阀体 4、11—调整垫片 5—弹簧 6—后盖 7—调压螺钉 8—先导阀弹簧 9—锥阀 10—优先阀弹簧 12—优先阀芯 13—梭阀

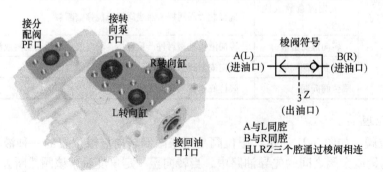

图 5-23 流量放大阀

(3)转向器 转向器如图 5-24 和图 5-25 所示。

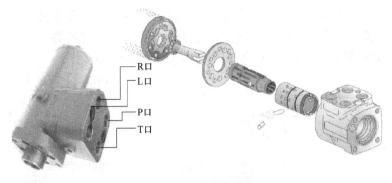

图 5-24 转向器的结构

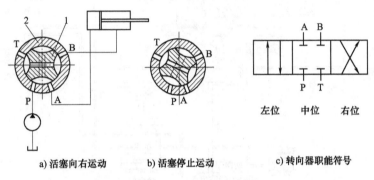

a) 活塞向右运动　　b) 活塞停止运动　　c) 转向器职能符号

图 5-25 转向器工作原理

（4）ZL50G 型装载机转向液压原理　如图 5-26 所示。

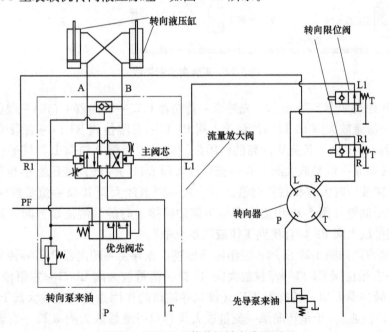

图 5-26 ZL50G 型装载机转向液压原理

1）不转向控制路线如图 5-27 所示。先导泵（在该先导控制油路中，此先导泵与工作系统中的先导泵为同一元件）→溢流阀进油口→溢流阀回油口→液压油箱，于是转向泵→流量放大阀 P 口→流量放大阀 PF 口→卸荷阀→多路换向阀→回油滤清器→液压油箱（图 5-27 中箭头表示当该油路接通时的油液流动方向）。此时不转向也不工作。

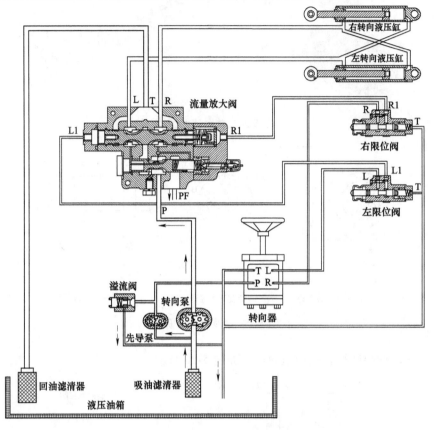

图 5-27　不转向控制路线

2）左转向原理如图 5-28 所示。先导泵→转向器 P 口→转向器 L 口→左限位阀 L 口→左限位阀 L1 口→流量放大阀 L1 口→流量放大阀 R1 口→右限位阀 R1 口→右限位阀 R 口→转向器 R 口→转向器 T 口（该先导油路的作用是使流量放大阀 P 口与 L 口接通，R 口与 T 口接通）。于是转向泵→流量放大阀 P 口→流量放大阀 L 口→左转向液压缸小腔和右转向液压缸大腔，左转向液压缸大腔和右转向液压缸小腔→流量放大阀 R 口→流量放大阀 T 口→回油滤清器→液压油箱（图 5-28 中箭头表示当该油路接通时的油液流动方向，其中转向泵多余的流量经流量放大阀 PF 口合流到工作液压系统中）。

3）右转向原理如图 5-29 所示。控制路线概述：先导泵→转向器 P 口→转向器 R 口→右限位阀 R 口→右限位阀 R1 口→流量放大阀 R1 口→流量放大阀 L1 口→左限位阀 L1 口→左限位阀 L 口→转向器 L 口→转向器 T 口（该先导油路的作用是使流量放大阀 P 口与 R 口接通，L 口与 T 口接通）。于是转向泵→流量放大阀 P 口→流量放大阀 R 口→右转向液压缸小腔和左转向液压缸大腔，右转向液压缸大腔和左转向液压缸小腔→流量放大阀 L 口→流量放大阀 T 口—回油滤清器→液压油箱（图 5-29 中箭头表示当该油路接通时的油液流动方向，其中转向泵多余的流量经流量放大阀 PF 口合流到工作液压系统中）。

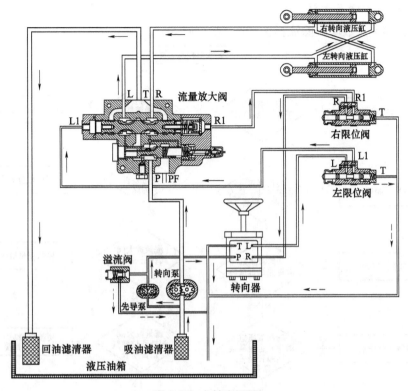

图 5-28 左转向原理

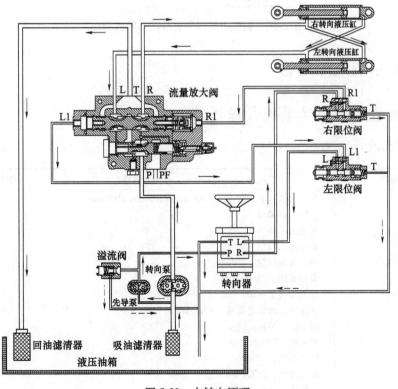

图 5-29 右转向原理

4. 故障排除步骤及方法

装载机转向失灵故障排除流程图如图 5-30 所示。

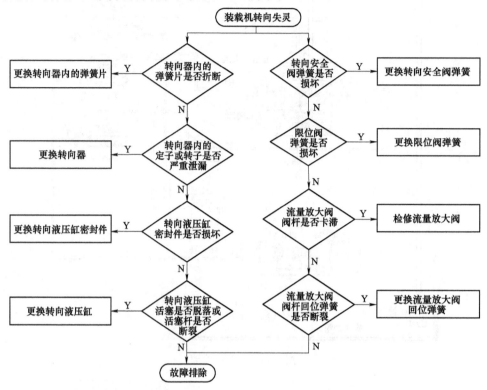

图 5-30　装载机转向失灵故障排除流程图

5.2　制动系统故障维修

5.2.1　重型货车制动系统故障维修

1. 车型信息

整车品牌	东风	型号	DFL4160B
技术参数	整车尺寸（长×宽×高）：9000mm×2500mm×2830mm 轴距：4700mm 接近角：20° 离去角：13° 最小离地间隙：250mm 最高车速：95km/h 最大爬坡度：20% 直接档最低稳定车速：30km/h 最小转弯半径：18m 发动机：ISDe180 30 额定功率：132kW 额定转速：2500r/min 变速器：陕齿 8JS125TA		

2. 故障现象及原因分析

故障现象	原 因 分 析	
制动时，将制动踏板踩到底，制动不起作用	储气筒故障	储气筒中无压缩空气
		储气筒压缩空气压力不足
	气阀故障	行车制动阀、继动阀等气阀排气口不能关闭或进气口不能开启
	气路管路故障	气路堵塞
	制动气室故障	制动气室膜片破裂
	制动器故障	制动器失效

3. 结构原理

前桥制动管路气流从储气筒1经串联式双腔制动阀下腔输入口11、12和输出口21、22，再经过快放阀、差动继动阀，最后到达前桥和后桥的左右行车制动气室。驻车制动管路气流从储气筒3，再经过差动继动阀，最后到达后桥左右弹簧气室，当放下驻车制动操纵杆时车辆处于解除制动状态，当拉起驻车制动操纵杆时车辆处于制动状态，如图5-31～图5-34所示。

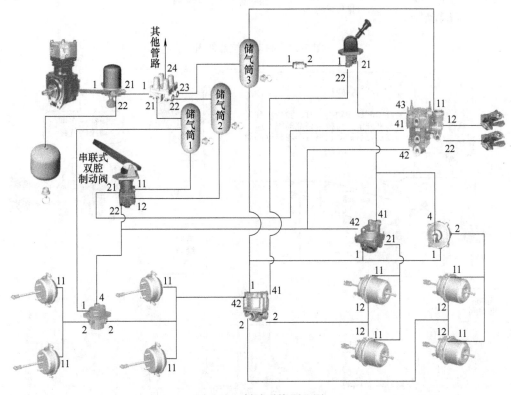

图5-31 制动系统原理图

4. 元件结构及原理

（1）四回路保护阀 如图5-35所示。

四回路保护阀用于多回路气制动系统。其中一条回路失效时，该阀能够使其他回路的充

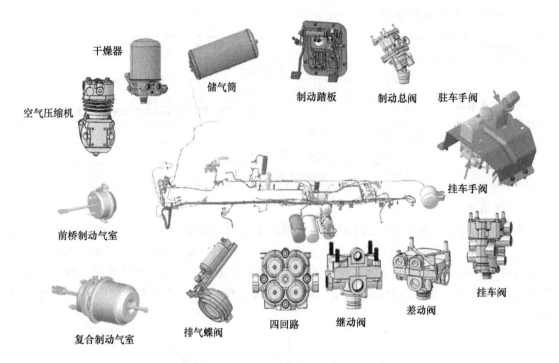

图 5-32 制动系统部件图

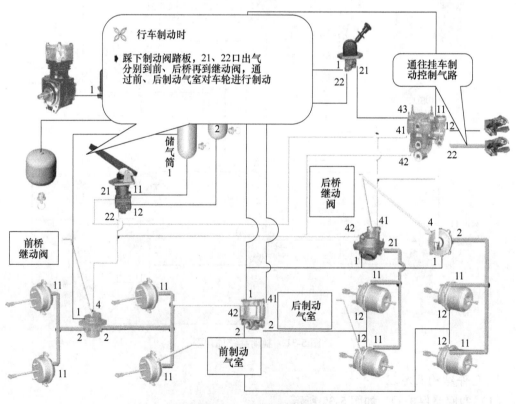

图 5-33 行车制动原理

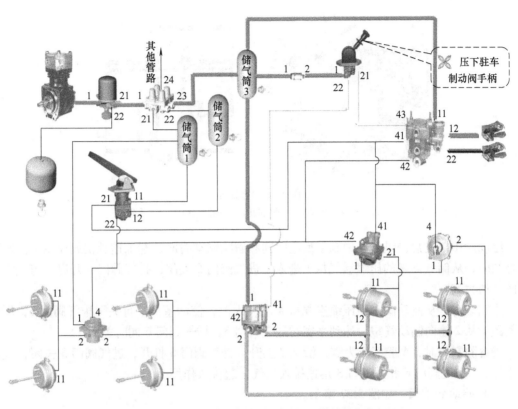

图 5-34　压下驻车制动阀复合制动气室弹簧腔充气原理

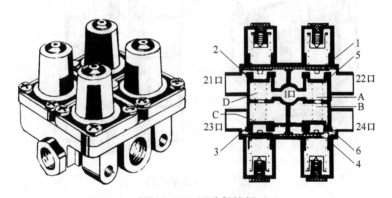

图 5-35　四回路保护阀
1、4—膜片　2、3、5、6—阀门

气和供气不受影响。气压从 1 口进入同时到达 A、B、C、D 四腔。当达到阀门的开启压力时阀门 2、3、5、6 同时被打开，压缩空气经 21、22、23、24 口输送到储气筒。当某一回路（例如 21）失效时，由阀门 3、5、6 的单向作用保证 22、23、24 口的回路的气压不泄漏，同时 22、23、24 口的气压作用在膜片 4 上和膜片 1 的右半部分，使得 1 口的气压容易将阀门 3、5、6 打开继续向 22、23、24 口的回路供气。当充气压力达到或超过阀门 2 的开启压力时，气压才从损坏的回路 21 中泄漏，而尚未失效的其他回路的压力仍能得到保证。

（2）继动阀　如图 5-36 所示。

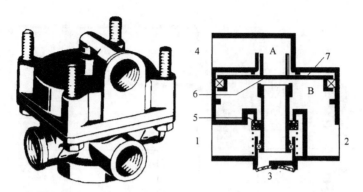

图 5-36 继动阀
1、2、3、4—阀口 5—进气阀门 6—排气阀门 7—活塞

继动阀用来缩短操纵气路中制动反应时间和解除制动时间，起加速及快放作用。汽车正常行驶时，从储气筒来的压缩空气从 1 进入，进气阀门 5 关闭，排气阀门 6 开启，与气室相连的 2 通大气。

当制动时，从制动阀来的压缩空气从 4 进入 A 腔，使活塞 7 下行关闭排气阀门 6，压缩空气经 1 从 2 输向制动气室，达到平衡时进气阀门 5、排气阀门 6 同时关闭。

当解除制动时，A 腔气压为零，活塞 7 上升，排气阀门 6 打开，进气阀门 5 关闭，气室气压经 2、排气阀门 6 和排气口 3 迅速排入大气，起快放作用。

(3) 差动继动阀 如图 5-37 所示。

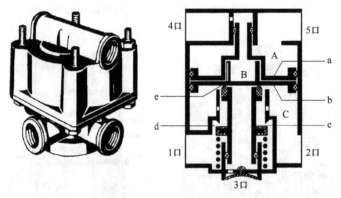

图 5-37 差动继动阀
a、b—活塞 c—阀杆 d—进气阀门 e—排气阀门

行车状态下，驻车制动阀经 5 口不断向 A 腔供气。活塞 a 及活塞 b 受压向下，关闭排气阀门 e，并推动阀杆 c 向下，打开进气阀门 d，通过 1 口从储气筒来的压缩空气经 2 口输出，与 2 口相连的弹簧制动气室从而被提供压缩空气，弹簧制动得以解除。

行车制动系统单独动作时，压缩空气经 4 口进入 B 腔，将活塞 b 压下，由于 A 腔、C 腔的反作用力，因而到达 B 腔的压力对差动继动阀的工作并无影响，压缩空气继续流向弹簧制动室的弹簧制动部分，从而解除制动，同时，直接来自牵引车制动阀的压缩空气使膜片部分重新作用。

(4) 复合制动气室 如图 5-38 所示。

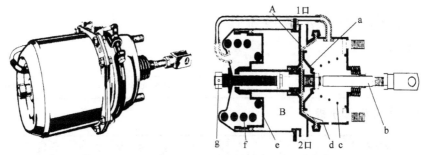

图 5-38 复合制动气室
a、e—活塞　b—推杆　c、f—弹簧　d—膜片　g—螺栓

组合式弹簧制动气室用于为车轮提供制动力。它由两部分组成，膜片制动部分用于行车制动，弹簧制动部分用于应急制动和驻车制动，而弹簧制动部分与膜片制动部分是完全独立工作的。

工作原理：行车制动时，由行车制动阀来的压缩空气经 1 口进入 A 腔，作用在膜片上，并压缩弹簧 c 将活塞 e 推出，作用在膜片 d 上的力通过推杆 b 作用于制动调整臂上，对车轮产生制动力矩。驻车制动及应急制动时，驻车制动阀使 B 腔的压缩空气经 2 口完全或部分地释放其能量，通过活塞 e、推杆 b 及制动调整臂，在车轮上产生制动力矩。拧出螺栓 g 可将停车制动部分机械放松，用于在无压缩空气的情况下手动解除制动。

5. 故障排除步骤及方法

东风商用车制动时制动不起作用的故障排除流程图　如图 5-39 所示。

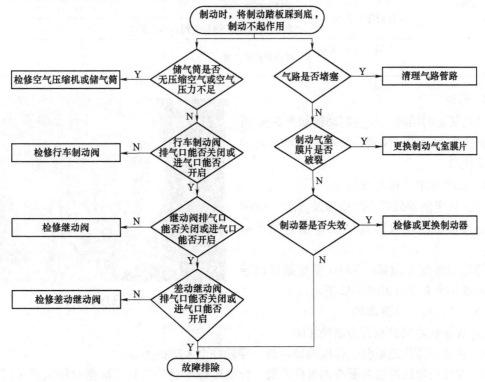

图 5-39　东风商用车制动时制动不起作用故障排除流程图

5.2.2 挖掘机制动系统故障维修

1. 车型信息

整车品牌	徐工	整车型号	XE60

2. 故障现象及原因分析

故障现象		故 障 原 因
行走制动故障	挖掘机不行走或行走缓慢	解除制动换向阀故障,导致制动未解除或解除不彻底
		平衡阀故障,导致制动未解除或解除不彻底
		T2口堵塞,导致制动无法解除
	挖掘机在斜坡上无法驻车	制动片磨损严重
		平衡阀卡滞
		单向阀故障
		行走主阀芯卡滞
	挖掘机下坡失速	平衡阀阀芯卡滞
回转制动故障	挖掘机无法回转或回转慢	解除制动换向阀故障,导致制动未解除或解除不彻底
		SH口堵塞,导致解除制动换向阀无法换位
		PG口堵塞,导致无液压油或压力不足
		Dr口堵塞,导致制动无法解除
	回转停不下来	回转主阀芯卡滞
		先导油路故障,导致主阀芯不能复位
	回转停车时无法制动	制动片磨损严重

3. 结构

马达制动器结构 马达制动器如图5-40所示。它主要由活塞、弹簧、摩擦片（动片与静片）等组成。

4. 故障排除步骤及方法

（1）行走制动故障排除步骤及方法 XE60型挖掘机行走制动故障排除流程图如图5-41所示。

（2）回转制动故障 XE60型挖掘机回转制动故障排除流程图如图5-42所示。

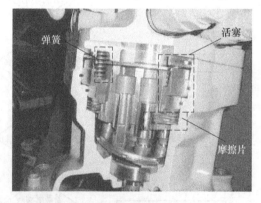

图5-40 马达制动器结构

（3）维修检查注意事项

1）确认故障现象是否为制动故障。

2）在进行维修之前要悬挂维修警告牌,穿戴好个人防护用品。

3）在检查液压油位时要查询维修手册,根据维修手册将机具正确摆放停机泄压后方可检查液压油位。

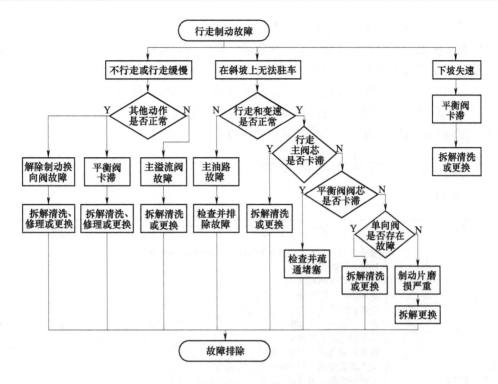

图 5-41　XE60 型挖掘机行走制动故障排除流程图

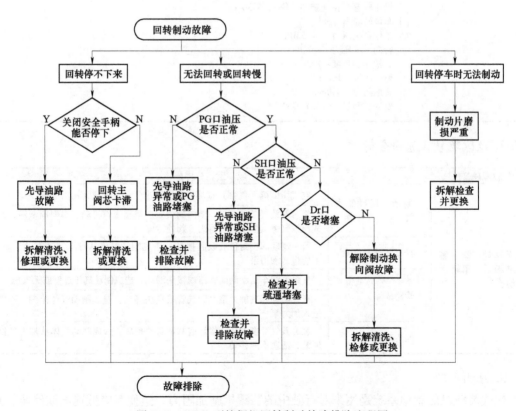

图 5-42　XE60 型挖掘机回转制动故障排除流程图

4) 进行机械拆装作业要断开整车电源。
5) 在测量压力前要选用合适量程的液压表，确保防护眼镜、丁腈手套和耳塞已穿戴。
6) 安装压力表时拆卸测压口防尘盖要及时取下及时盖上以防污染。
7) 对液压管路进行拆卸时要用溶液盒将液压油收集起来，避免油液洒落在地上。
8) 在拆卸弹簧和单向阀时可以用磁性拾捡器帮助取出。
9) 在调节压力后要将调整螺母拧紧到规定力矩。

5.2.3 装载机制动系统故障维修

1. 车型信息

整车品牌	徐工	整车型号	LW500K
技术参数	整机尺寸（长×宽×高）：8185mm×3000mm×3465mm 轴距：3300mm 轮距：2200mm 额定载荷：5000kg 斗容：3m³ 最大牵引力：160kN 最大掘起力：170kN 最大卸载高度：3090mm 最大卸载距离：1130mm 三项和时间：≤11s 动臂提升时间：≤6s 最小转弯半径（铲斗外侧）：6930mm 车体转向角：38° 工作系统压力：17.5MPa 转向系统压力：16MPa 后桥摆动角度：12° 整机质量：16.5t 离地间隙：440mm 发动机型号：C6121ZG50		

2. 故障现象及原因分析

故障现象		原因分析
无制动：踏下制动踏板后，车辆无制动迹象	制动气压过低或无气压	空气压缩机（气泵）损坏，造成输出气压过低或无输出气压
		组合阀放气活塞卡滞、单向阀失效、调整螺钉松动、单向阀卡滞，造成压缩气体从油水分离器组合阀处泄漏
	行车制动阀故障	行车制动阀密封件或鼓膜损坏，造成制动气体从行车制动阀处泄漏，不能进入加力泵
	管路故障	气泵到行车制动阀间管路或接头漏气，造成制动气压过低或无气压
		行车制动阀到加力泵之间气管或接头漏气，造成制动气体泄漏，不能进入加力泵
	加力泵故障	加力泵气活塞卡死、损坏或其密封件损坏，造成制动气体从加力气缸泄漏，活塞不能移动

3. 结构原理

轮式装载机的制动系统是用来对行驶中的装载机施加阻力，迫使其降低速度或停车，以及在停车之后，使装载机保持在原位置，不致因路面倾斜或其他外力作用而移动的装置。轮式装载机一般装有两个独立的制动系统:行车制动系统和驻车制动系统。

行车制动系统用于在行驶中降低车速或使装载机停止,主要通过制动驱动桥来实现,制动时用脚来控制制动器进行制动。

驻车制动系统用于停车后保持装载机在原位置,制动时由驾驶人用手来控制制动,主要通过制动变速器输出轴来实现。

装载机的制动系统主要有两种制动形式:气推油制动系统(即干式制动)和全液压制动系统(即湿式制动)。气推油制动形式的主要特点是发动机自带打气泵为制动系统提供气源,由于气体压力不能达到制动的压力要求,所以采用加力器来实现增压,通过行车制动阀来控制制动。其主要优点是便于维护,当进行维修时,由于该系统在加力器之前是气体介质,因此维护时不会弄得到处是油,比较环保。另外,该系统技术比较成熟,成本比较低,容易被国内用户接受。但是,由于该制动系统采用气、液两种介质,需要两套管路,装载机排气时,噪声比较大,还有就是容易产生气阻,导致制动失灵,容易造成危险,需要单独加制动液,所以国内基本在6t以下的装载机上使用该系统,大吨位的装载机由于需要的制动压力较高,主要采用全液压制动系统。

行车制动系统用于经常性一般行驶中的速度控制及停车。其工作原理为空气压缩机由发动机带动,压缩空气经单向阀进入储气罐,压力为0.78MPa。踩下制动踏板,储气罐里的压缩空气分两路分别进入前、后加力器的气缸,推动气缸里的气活塞并带动油活塞,转化为油路,给制动液加压(油压约12MPa)。液压油推动钳盘式制动器的活塞,使摩擦片压紧在制动盘上,实施制动。松开制动踏板,在弹簧力作用下,加力器内的压缩空气从制动阀处排出到大气,活塞复位,制动液回到加力器油杯,制动解除,如图5-43、图5-44、图5-45所示。

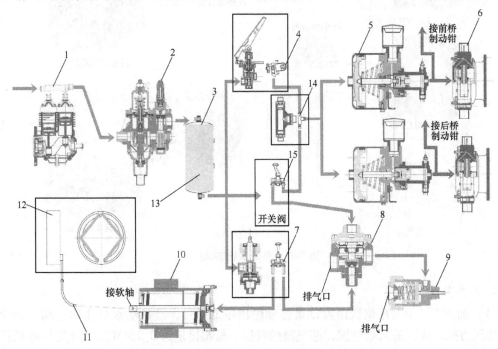

图5-43 LW500K型装载机制动系统原理图
1—空气压缩机 2—多功能卸荷阀 3—储气罐 4—制动控制阀 5—空气加力泵 6—制动钳 7—驻车制动控制阀
8—截止阀 9—切断气缸 10—制动气缸 11—软轴 12—蹄式制动器 13—安全阀 14—三通阀总成 15—开关阀

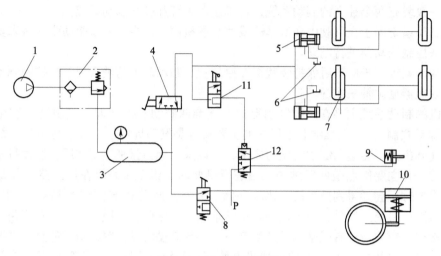

图 5-44 制动系统原理图

1—空气压缩机 2—多功能卸荷阀 3—储气罐 4—制动总阀 5—加力泵组 6—油杯组 7—制动钳
8—驻车制动控制制动阀 9—切断气缸 10—驻车制动气室 11—开关阀 12—气控锁止阀

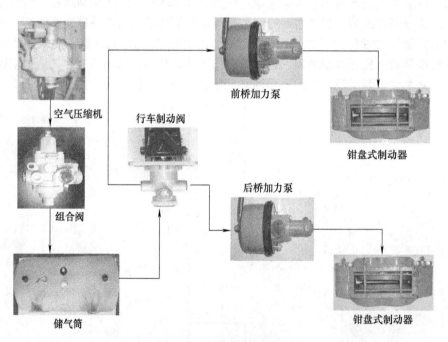

图 5-45 制动系统实物图

4. 元件结构及原理

（1）加力泵　空气压缩机由发动机带动输出压缩空气，经过油水分离组合阀（油水分离器和压力控制阀）进入储气罐，储气罐的气压一般都设定为 0.784MPa，如图 5-46 所示。

在制动时，踩下制动踏板，来自储气罐内的压缩空气进入加力泵。加力泵将气压转化为液压，输出高压制动液（压力一般为 12MPa 左右）。高压制动液推动钳盘式制动器活塞，将摩擦片压紧在制动盘上实现制动。

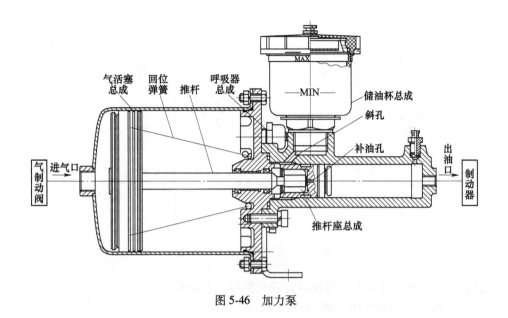

图 5-46 加力泵

（2）制动钳、盘 如图 5-47、5-48 所示。

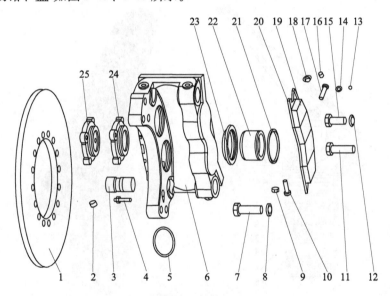

图 5-47 制动钳、盘

1—制动盘 2—放气嘴保护罩 3—销轴 4—放气嘴 5—O 形密封圈（75×3.1） 6—夹钳体 7、10、11、15、17—螺栓 8—垫圈 20 9—螺母 M10 12—垫圈 18 13—钢球 14—垫圈 10 16—圆柱销 18—孔塞 19—摩擦片 20—摩擦垫块底板 21—矩形密封圈 22—活塞 23—防尘圈 24—进油分泵盖 25—封油分泵盖

不制动时，摩擦片与制动盘之间的间隙为 0.2mm 左右，因此，制动盘可以随车轮一起自由转动。

制动时，制动油液经油管和内油道进入每个制动钳上的四个分泵中，分泵活塞在油压作用下向外移动，将摩擦片压紧到制动盘上而产生制动力矩，使车轮制动。此时矩形密封圈产生微量的弹性变形。解除制动时，分泵中的油液压力消失，活塞靠矩形密封圈的弹力自动回

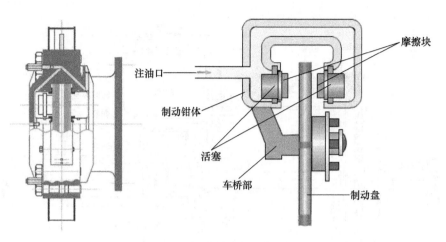

图 5-48　制动钳、盘工作原理

位，恢复其原有间隙，使摩擦片与制动盘脱离接触，制动解除。

（3）行车制动控制阀如图 5-49 所示。

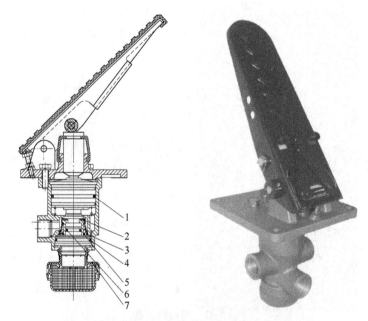

图 5-49　行车制动控制阀
1、3、4、5、6—O 形密封圈　2—阀门总成　7—消声器

（4）多功能卸荷阀（组合阀）如图 5-50 所示。

多功能卸荷阀有两种主要功能：一是排气、油水分离的功能，即当气体压力超过 0.78MPa 时，排气阀自动打开，同时粗滤器下的油、水等杂质自动排出；二是安全保护功能，即当气压超过 0.85~0.9MPa 时安全阀打开，起到安全保护的作用。

5. 故障排除步骤及方法

装载机无制动故障排除流程图如图 5-51 所示。

第5章 转向、制动与底盘系统

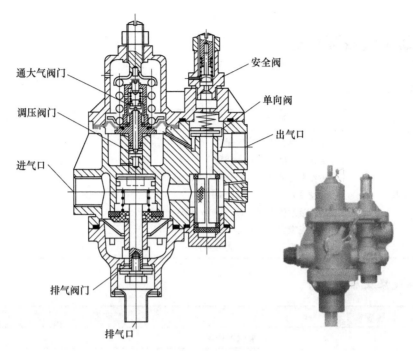

图 5-50 多功能卸荷阀

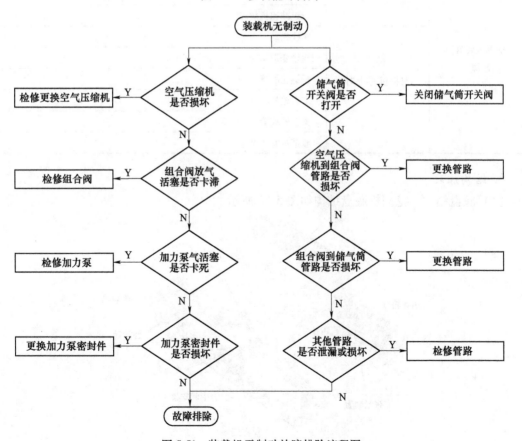

图 5-51 装载机无制动故障排除流程图

5.3 底盘系统故障维修

1. 车型信息

整车品牌	徐工	整车型号	XE60
技术参数	车辆名称：履带式挖掘机 运输总长度（mm）：5850 运输总宽度（mm）：1880/1920 运输总高度（mm）：2585 履带接地长度（mm）：1985/1990 履带板宽度（mm）：400 履带轨距（mm）：1480/1500		

2. 故障现象及原因分析

故障现象		故障原因
挖掘机底盘故障	挖掘机走不动	夹轨器变形
		履带变形
		行走减速机故障
	挖掘机行走时异响	螺栓松动
		履带变形摩擦
		托链轮故障
		支重轮故障
		夹轨器故障
		履带过紧或过松

3. 结构原理

（1）底盘结构 挖掘机底盘结构如图5-52所示。

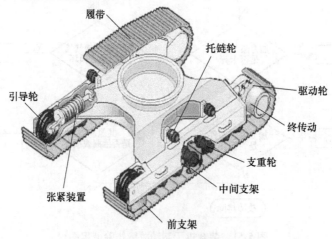

图5-52 挖掘机底盘结构

组成:挖掘机底盘由行走减速机总成、四轮一带（引导轮、驱动轮、托链轮、支重轮和履带板总成）和张紧装置等组成。

作用:实现短距离挖掘地点的转移。

（2）行走减速机总成的组成

组成:行走回路、液压马达、制动器、减速装置，如图5-53所示。

作用:①液压马达将液压能转换为机械能；②减速装置将液压马达输出的较高转速降低并使转矩增加。

（3）驱动轮　驱动轮结构如图5-54所示，它的作用是将行走减速机输出的转矩，通过齿面啮合传递至链条实现行走。

图 5-53　行走减速机总成

图 5-54　驱动轮

（4）引导轮　引导轮结构如图5-55所示。

组成:轮体、销轴、轴套、定位销、浮封组件、滑枕、润滑油道等。

作用:挡肩环（凸台）部分引导履带正确绕转，防止跑偏和越轨；两侧环面与链条接触起支重作用。

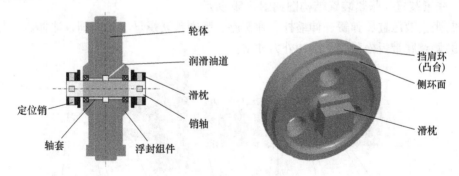
图 5-55　引导轮结构

（5）支重轮　支重轮结构如图5-56所示。

组成:主要由轴、轮体、轴套、浮封环及密封等组成。

作用:夹持链条并在其上滚动，以减少行走时的阻力并几乎支承全车重量及动载。

（6）托链轮　托链轮结构参考图5-56，实物图如5-57所示。其作用是夹持并托起链条。其承载能力远远低于支重轮。

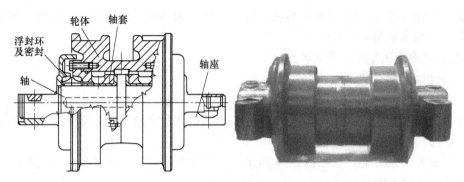

图 5-56 支重轮结构

(7) 履带 履带结构如图 5-58 所示。

图 5-57 托链轮

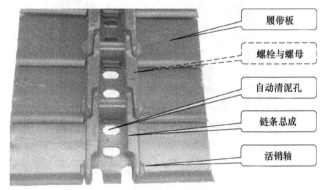

图 5-58 履带结构

组成:履带板、螺栓与螺母、链条总成和活销轴。
作用:减小接地比压,增大履带板与地面附着力,传递转矩载体。

(8) 张紧装置 张紧装置结构图如图 5-59 所示。
组成:张紧液压缸、弹簧、伸缩杆、弹簧座、弹簧预紧螺母、单向阀、油杯。
作用:调整履带板松紧度,缓冲外力冲击。

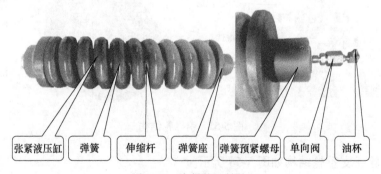

图 5-59 张紧装置结构

(9) 履带松紧调整 履带过松或过紧都不好,过松容易脱链,过紧容易磨损,因而要学会判断履带的松紧及调整方法。履带松紧示意图如图 5-60 所示。

调整方法：

1）使用挖掘机前，应检查履带松紧度，需要时，应进行调整。

2）仅针对一侧有两个托链轮的机型，其检查方法：位于驱动轮与相邻托链轮之间的履带板下垂 2~4cm 为适度，小于

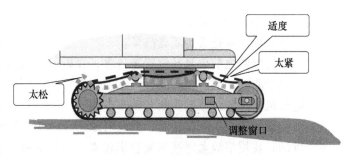

图 5-60　履带松紧示意图

2cm 则过紧，大于 4cm 则过松。若履带板过松或过紧，均应进行必要的调整并注意安全。

3）履带过松时的调整：用润滑脂枪在调整窗口处向张紧液压缸注入润滑脂。

4）履带过紧时的调整：戴手套、护目镜。用工具，在调整窗口处，将单向阀旋出，不得超过 1.5 圈，能放出润滑脂即可。

5）重新向张紧液压缸注入润滑脂，直至履带垂度适宜即可。

4. 故障排除步骤及方法

（1）挖掘机底盘故障排除步骤及方法　XE60 型挖掘机底盘故障排除流程图如图 5-61 所示。

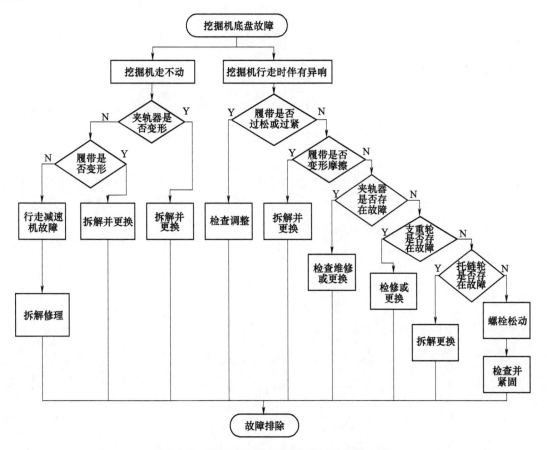

图 5-61　XE60 型挖掘机底盘故障排除流程图

(2) 维修检查注意事项

1) 确认故障现象是否为底盘故障。
2) 在进行维修之前要悬挂维修警告牌，穿戴好个人防护用品。
3) 放润滑脂时，应有强烈的安全意识，戴好防护用品加强自我保护。
4) 进行机械拆装作业前要断开整车电源。
5) 对张紧装置注入润滑脂时，要及时取下及时盖上防尘盖以防污染。
6) 拆卸时要用溶液盒将液压油收集起来，避免油液洒落在地上。
7) 在拆卸弹簧和单向阀时可以用磁性拾捡器帮助取出。
8) 在拆装完后要将各螺母拧紧到规定力矩。

第6章
新车交付检查

6.1 滑移装载机新车交付检查

1. 车型信息

整车品牌	卡特	整车型号	246D
技术参数	车辆名称：滑移装载机 质量：4005kg 尺寸（长×宽×高）：3000mm×1829mm×2120mm 倾翻负载：1950kg 行驶速度（前进或倒退）单速：12.5km/h 倾斜液压缸挖掘力：3336.0kg 额定工作容量：975.0kg 发动机型号：Cat C3.3B（涡轮） 总功率（SAE J1995）：53.6kW 后轴后面的保险杠悬伸长度：1083.0mm 在最大提升和卸载位置时的伸出距离：600.0mm 在最大提升和卸载位置时的间隙：2465.0mm 在最大高度的后倾角：96° 最大卸载角：39° 离去角：26° 离地间隙：226.0mm		

2. 新车交付检查内容

新车交付也叫 PDI（Pre Delivery Inspection），即交车前检查，需要检查的具体内容如下：

1）记录需要交付检查的整车信息（包括厂商、型号、车辆识别号、发动机型号等）。
2）按照厂家操作维修手册安全进行维修检查和操作。
3）对照 PDI 清单完成车辆交付检查，并说明故障位置，记录故障，排除故障。
4）如果发现有缺陷，请写在作业表上，清晰准确地记录维护和维修过程，包括故障现象、故障位置、测量值、调整和评价结果。

3. 246D 型滑移装载机基本信息

（1）滑移装载机型号及产品识别号（PIN） 滑移装载机型号及产品识别号检查如图 6-1 所示。

（2）发动机铭牌信息 滑移装载机发动机铭牌信息如图 6-2 所示。

图6-1 滑移装载机型号及产品识别号检查

图6-2 发动机铭牌信息

4. 246D 型滑移装载机检查项目内容

(1) 发动机的检查

序号	项目	内　　容
1	油漆、损伤	1. 发动机舱外观油漆、损伤的检查 2. 检查油漆、裂痕、凹痕、污垢等 3. 检查弯管、拉杆损伤和变形情况
2	蓄电池、空气滤清器	1. 正确检查蓄电池电压 2. 检查蓄电池壳体有无泄漏,接线柱、线束连接紧固情况 3. 检查空气滤清器是否正常

(续)

序号	项目	内 容
3	进气系统	1. 检查进气歧管有无破损、泄漏 2. 检查进气管路卡箍有无松动 3. 检查进气堵塞指示器是否正常（必须先查找 SIS）
4	软管、线束、紧固件	1. 检查各连接软管是否磨损、松动 2. 检查各螺栓、螺母夹子等是否紧固
5	排气系统	1. 检查排气歧管有无泄漏 2. 检查涡轮增压器有无泄漏 3. 检查消声器有无泄漏 4. 检查排气口朝向是否正常
6	燃油系统	1. 检查油箱盖密封件有无老化现象并清洁油箱盖 2. 检查燃油液位指示线束有无松动、油箱有无泄漏痕迹 3. 检查燃油系统各油管有无泄漏痕迹 4. 检查油水分离器、油泵线束是否干涉，插头有无松动现象 5. 排放燃油滤清器中的废水，清洁排水口
7	润滑系统	清洁机油尺口，检查机油液位（必须先查找 SIS）
8	传动带	1. 检查传动带是否老化磨损 2. 检查传动带张紧度
9	空调	1. 检查空调管路是否泄漏 2. 检查空调相关插头是否松动，线束是否干涉 3. 检查驾驶室空气滤清器 4. 检查空调各出风口 5. 检查空调制冷性能和暖风系统 6. 检查空调滤清器有无堵塞现象
10	散热器	1. 检查散热器外观有无变形、漆面有无损伤现象 2. 检查散热器罩气动撑杆安装的可靠性 3. 检查散热器叶片有无损伤现象 4. 检查散热器密封条安装是否到位 5. 检查冷却液管路有无泄漏痕迹 6. 检查液压油管路有无泄漏痕迹 7. 检查散热器座螺栓是否松动 8. 检查散热器锁止机构 9. 检查散热器风扇罩安装可靠性 10. 检查风扇叶片是否损坏 11. 检查各管路有无泄漏情况 12. 液压取样口有无泄漏情况 13. 检查膨胀水箱液位是否正常（必须先查找 SIS） 14. 检查液压油过滤器有无泄漏现象 15. 检查冷却液各个管路有无泄漏现象 16. 检查发动机表面有无泄漏现象 17. 检查发动机机座固定锁紧螺母是否松动（必须先查找螺母力矩标准） 18. 检查散热器锁紧螺栓是否松动（必须先查找螺母力矩标准）

(2) 传动、底盘区域检查项目内容

序号	项目	内　　容
1	轮胎	1. 检查轮胎规格 2. 检查花纹沟槽有无异常磨损 3. 检查轮胎安装标记 4. 检查轮胎胎压（必须先查找标准胎压） 5. 检查检查钢圈螺母力矩
2	下位	1. 检查驱动链液位（必须先查找标准液位） 2. 检查下部漆面 3. 检查 AUX 辅助插头有无泄漏情况 4. 检查各个螺栓是否松动 5. 检查液压油液位（必须先查找标准液位） 6. 清洁润滑脂嘴，加注润滑脂，再次清洁润滑脂嘴及多余溢出部分（必须先查找 S1S）
3	驾驶室下部	1. 检查驾驶室有无杂物，掀起前要确认安全 2. 检查驾驶室紧固件 3. 掀起驾驶室，检查锁止螺杆有无落位 4. 检查左右行走马达 5. 检查行走系统管路有泄漏现象 6. 检查线束有无干涉、插头有无脱落现象

(3) 液压、工作系统区域

序号	项目	内　　容
1	驾驶室下部	1. 检查液压油箱安装是否可靠 2. 检查液压油箱连接处各个管路有无泄漏情况 3. 检查液压油箱连接处各插头有无松动脱落现象 4. 检查液压油油位
2	主泵	1. 检查主泵有无泄漏现象 2. 检查各管路有无泄漏现象 3. 检查各插头有无脱落现象 4. 检查各测压口有无泄漏现象 5. 检查主泵线束干涉情况
3	主控阀、蓄能器	1. 检查蓄能器及管路有无泄漏现象 2. 检查主控阀及管路有无泄漏现象 3. 检查主控阀测压口有无泄漏现象 4. 检查各插头是否脱落 5. 检查驾驶室底部线束有无干涉、插头有无松动、管路有无泄漏现象 6. 检查喇叭线束有无干涉、插头有无脱落现象
4	触地机具	1. 检查触地机具外观是否损伤 2. 检查联接螺母是否松动 3. 检查铲斗快拆机构工作是否正常

(4) 驾驶室区域检查

序号	项目	内容
1	防护	进入驾驶室操作前,必须安装地板垫、座椅罩等
2	金属板件、油漆	1. 检查有无凹痕、变形、锈点或紧固件不当配合 2. 检查金属板件外观和油漆、损伤情况
3	车门附件	1. 检查刮水器刮片是否老化、破损 2. 检查工作灯灯座安装是否牢固 3. 检查工作灯线束有无老化、破损,插头有无脱落现象 4. 检查车门密封条有无老化、破损现象
4	座椅	1. 检查底板有无杂物 2. 检查座椅罩是否破损 3. 检查座椅调节功能是否正常 4. 检查安全带性能是否正常
5	车窗	1. 检查车窗是否破损 2. 检查车窗能否锁紧 3. 检查天窗是否破损 4. 检查车内后视镜是否破损 5. 检查后风窗玻璃是否破损
6	仪表、喇叭、灯具、刮水器、倒车报警器	1. 检查仪表指示灯是否正常 2. 检查喇叭工作是否正常 3. 检查扶手安全起动开关 4. 检查灯光系统工作是否正常 5. 检查刮水器工作性能 6. 检查倒车警告灯及报警器
7	发动机运转、工作装置功能测试	1. 检查发动机排烟、异响、振动情况 2. 检查急速控制功能 3. 检查动臂提升下降功能 4. 检查铲斗功能是否正常 5. 检查提升臂锁止机构是否正常 6. 检查液压缸及管路有无损伤、泄漏现象 7. 检查杆端有无刮花现象 8. 检查铲斗液压缸有无损伤、泄漏现象

5. 滑移装载机新车交付检查注意事项

1）悬置警示标志（禁止起动标志必须悬挂于点火开关附近，禁止操作标志必须放置于操作手柄处）。

2）按规定佩戴护目镜、安全帽，穿工作服、劳保鞋。

3）接触油液时，要带丁腈手套。

4）安装车轮挡块。

5）实行三点式接触上下车。

6）上下车时手上不准携带任何物品。

7）机械作业时，需断开电源（电源总开关或者蓄电池负极线）。

8) 每次起动发动机前要观察前后左右,并鸣喇叭一次;每次操作机具前要鸣喇叭两次。

9) 运行发动机时,要佩戴耳塞。

10) 离开驾驶室时,要关掉发动机。

11) 驾驶室翻转时,要放置支撑杆。

12) 发动机舱后侧板打开时,使用锁销锁止侧板。

13) 要用柔和的方式将铲斗下放到地面。

14) 要将挤出的旧润滑脂擦除。

15) 要保持工作场地清洁,地面无油污。

16) 工具使用完毕后,归位放置。

17) 作业完毕后收拾机器,摆放好零件车和工具车。

6.2 挖掘机新车交付检查

1. 车型信息

整车品牌	徐工	整车型号	XE18
技术参数	车辆名称:履带式挖掘机 回转速度:11r/min 最大行走速度:4.4km/h 爬坡能力:30% 接地比压:25.3kPa 铲斗挖掘力:13.9kN 斗杆挖掘力:8.8kN		

2. 新车交付检查内容

PDI 检查表单上具体包括挖掘机基本信息、挖掘机检查项目内容、销售商和客户信息等。

3. XE18 型挖掘机基本信息

(1) 挖掘机型号 挖掘机型号检查如图 6-3 所示。

图 6-3 挖掘机型号检查

（2）挖掘机铭牌信息　挖掘机铭牌信息检查如图6-4所示。

图6-4　挖掘机铭牌信息

（3）发动机铭牌信息　挖掘机发动机铭牌信息如图6-5所示。

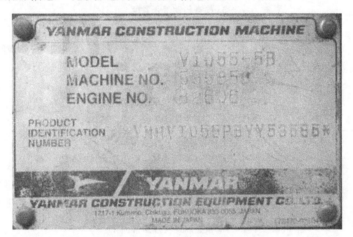

图6-5　挖掘机发动机铭牌信息

4. XE18型挖掘机检查项目内容

（1）发动机的检查

序号	项目	内　　容
1	油漆、损伤	1. 检查发动机舱外观油漆、损伤情况 2. 检查板件有无油漆、裂痕、凹痕、污垢等
2	蓄电池、空气滤清器	1. 正确检查蓄电池电压 2. 检查蓄电池壳体有无泄漏现象，以及接线柱、线束连接紧固情况 3. 检查空气滤清器是否正常 4. 拆卸粗滤器和细滤器，检查粗滤器和细滤器有无堵塞、破损现象

(续)

序号	项目	内　容
3	进气、排气系统	1. 检查进气歧管有无破损、泄漏现象 2. 检查进气管路卡箍有无松动现象 3. 检查排气歧管有无泄漏、破损现象 4. 检查涡轮增压器有无泄漏、破损现象 5. 检查排气口朝向是否正常
4	软管、线束、紧固件	1. 检查发动机各连接软管是否磨损、松动 2. 检查发动机各螺栓、螺母夹子等是否紧固 3. 检查发动机各连接线束、插头是否紧固 4. 检查发动机表面有无泄漏现象 5. 检查发动机机座固定锁紧螺母是否松动
5	燃油系统	1. 检查油箱盖密封件有无老化现象，清洁油箱盖 2. 检查燃油液位指示表线束有无松动现象、油箱有无泄漏痕迹 3. 检查油水分离器、油泵线束有无干涉现象、插头是否松动 4. 排放燃油滤清器废水，清洁排水口
6	润滑系统	清洁机油尺口，检查机油液位
7	传动带	1. 检查传动带是否老化磨损 2. 检查传动带张紧度
8	空调	1. 检查空调管路有无泄漏现象 2. 检查空调相关插头有无松动、线束有无干涉现象 3. 检查驾驶室空气滤清器 4. 检查空调各出风口 5. 检查空调制冷性能和暖风系统 6. 检查空调滤清器是否堵塞
9	散热器	1. 检查散热器外观有无变形、漆面有无损伤 2. 检查散热器罩气动撑杆安装可靠性 3. 检查冷却液管路有无泄漏痕迹 4. 检查液压管路有无泄漏痕迹 5. 检查散热器风扇罩安装可靠性 6. 检查风扇叶片是否损坏 7. 检查液压取样口是否泄漏 8. 检查散热器、膨胀水箱液位是否正常 9. 检查液压油过滤器是否泄漏

（2）传动、底盘区域检查项目内容

序号	项目	内　容
1	托链轮	1. 检查接合面有无渗漏油等现象 2. 检查表面是否损坏 3. 检查螺栓是否松动
2	支重轮	1. 检查接合面有无渗漏油等现象 2. 检查表面有无损坏 3. 检查螺栓是否松动

(续)

序号	项目	内容
3	引导轮	1. 检查结构是否损坏 2. 检查螺栓是否松动
4	驱动轮	1. 检查结构是否损坏 2. 检查螺栓是否松动
5	行走减速器	1. 检查是否有渗漏油现象 2. 检查齿轮油油位是否正常 3. 检查表面是否变形 4. 检查螺栓是否松动
6	履带	1. 检查履带是否损坏变形 2. 检查螺栓是否松动 3. 检查履带松紧度 4. 检查张紧装置是否损坏变形
7	变幅液压缸	1. 检查是否有渗漏油现象 2. 检查润滑脂嘴是否正常,加注润滑脂并清洁

(3) 液压、工作系统区域

序号	项目	内容
1	驾驶室下部	1. 检查液压油箱安装是否可靠 2. 检查液压油箱连接处各个管路有无泄漏情况 3. 检查液压油箱连接处各插头有无松动脱落现象 4. 检查液压油油位
2	液压泵	1. 检查主泵及相关连接管路有无泄漏现象 2. 检查先导泵及相关连接管路有无泄漏现象 3. 检查各插头有无脱落现象 4. 检查各液压管路有无干涉现象 5. 检查各测压口有无泄漏现象
3	先导油源块、先导手柄、主控阀	1. 检查先导油源块中先导滤芯、蓄能器及相关连接管路有无泄漏现象 2. 检查先导测压口有无泄漏现象 3. 检查先导手柄是否泄漏,检查管路有无干涉现象 4. 检查主控阀及相关连接管路有无泄漏现象 5. 检查主控阀测压口有无泄漏现象 6. 检查动臂、铲斗及辅件电磁阀各插头有无脱落现象 7. 检查驾驶室底部线束有无干涉现象,插头是否松动,管路有无泄漏现象 8. 检查喇叭线束有无干涉现象,插头是否脱落
4	工作装置(铲斗、斗杆、动臂、推土铲)	1. 检查工作装置外观是否损伤 2. 检查联接螺母是否松动 3. 检查工作装置液压缸有无渗漏现象 4. 检查液压缸活塞杆表面有无带油现象 5. 检查液压缸活塞杆表面有无损伤(用指甲划过时无卡滞感) 6. 检查工作装置管路有无渗漏现象 7. 检查工作装置润滑脂嘴是否损坏,加注润滑脂并擦拭溢出的润滑脂

(续)

序号	项目	内容
5	回转减速器、中心回转体	1. 检查回转减速器、中心回转体有无渗漏现象 2. 检查回转减速器齿轮油油位是否正常 3. 检查结构是否损坏 4. 检查螺栓是否松动

(4) 驾驶室区域检查

序号	项目	内容
1	防护	进入驾驶室操作前,必须安装地板垫、座椅罩
2	金属板件、油漆	1. 检查有无凹痕、变形、锈点或紧固件是否配合不当 2. 检查油漆、损伤
3	车门附件	1. 检查刮水器刮片有无老化、破损现象 2. 检查工作灯灯座安装是否牢固 3. 检查工作灯线束是否老化、破损,插头是否脱落 4. 车门密封条是否老化、破损
4	座椅	1. 检查座椅调节功能是否正常 2. 检查安全带性能是否正常
5	驾驶室车窗、玻璃、后视镜	1. 检查车窗是否破损 2. 检查车窗能否锁紧 3. 检查天窗是否破损 4. 检查车内后视镜是否破损 5. 检查后风窗玻璃是否破损
6	仪表、喇叭、灯具、刮水器	1. 检查仪表指示灯是否正常 2. 检查喇叭工作是否正常 3. 检查扶手安全起动开关工作是否正常 4. 检查室内灯工作是否正常 5. 检查室外灯光是否正常 6. 检查室外灯光是否正常 7. 检查刮水器工作性能
7	发动机运转、工作装置功能测试	1. 检查急速控制功能 2. 检查动臂提升下降功能 3. 检查动臂偏转功能 4. 检查铲斗内外翻功能 5. 检查斗杆内外伸功能 6. 检查推土铲上升下降功能
8	回转和行走功能测试	1. 检查行走功能(前进、后退、左转、右转、直线行走) 2. 检查行走高低速功能 3. 检查回转功能

5. 挖掘机新车交付检查注意事项

1) 悬置警示标志(禁止起动标志必须悬挂于点火开关附近,禁止操作标志必须放置于操作手柄处)。

2) 按规定佩戴护目镜、安全帽,穿工作服、劳保鞋。

3）安装车轮挡块。
4）实行三点式接触上下车。
5）上下车时手上禁止携带任何物品。
6）机械作业时，需断开电源（电源总开关或者蓄电池负极线）。
7）每次起动发动机前要鸣喇叭；每次操作机具前要鸣喇叭两次。
8）运行发动机时，要佩戴耳塞。
9）离开驾驶室时，要关掉发动机。
10）发动机舱盖打开时，使用锁销锁住。

6.3　装载机新车交付检查

1. 车型信息

整车品牌	徐工	整车型号	50GV
技术参数	车辆名称：装载机 尺寸（长×宽×高）：8600mm×3016mm×3515mm 额定载荷：5000kg 铲斗容量：3.5m^3 工作质量：17665kg±300kg 卸载高度：3390~3780mm 卸载距离：1180~1300mm 轴距：3300mm 轮距：2250mm 最大掘起力：148kN±5kN 最大牵引力：160kN±5kN 三项和时间：≤10.5s 最小转弯半径（轮胎中心）：5925mm±50mm 铰接角度：38° 发动机型号：潍柴WD10（国三阶段） 额定功率：162kW 转速：2200r/min 一档速度：6.5km/h（前进/后退） 二档速度：11km/h（前进/后退） 三档速度：24km/h（前进/后退） 四档速度：38km/h（前进）		

2. 新车交付检查内容

需要检查的具体内容如下：

1）记录需要交付检查的整车信息（包括厂商、型号、发动机型号等）。
2）按照厂家操作维修手册安全地进行维修检查和操作。
3）对照 PDI 清单完成车辆交付检查，并说明故障位置，记录故障，排除故障。
4）如果发现有缺陷，在作业表上清晰准确地记录维护和维修过程，包括故障现象、故障位置、测量值、调整和评价结果。

3. 徐工50GV型装载机基本信息

（1）装载机型号　装载机型号检查如图6-6所示。

图6-6　装载机型号检查

（2）发动机铭牌信息　装载机发动机铭牌信息如图6-7所示。

图6-7　装载机发动机铭牌信息

4. 徐工50GV型装载机检查项目内容

序号	项目	内　容
1	油漆、损伤	1. 检查整车外观油漆、损伤情况，检查是否存在裂痕、凹痕、污垢等 2. 检查弯管、拉杆损伤、变形情况
2	油液	1. 检查发动机机油油位 2. 检查冷却液液位 3. 检查液压油油位 4. 检查燃油油位 5. 检查制动液液位
3	结构件、安全防护装置	1. 检查所有结构件、覆盖件是否被撞变形损坏 2. 检查所有安全防护装置如挡板、盖子等是否安装正确 3. 检查油漆是否完好，有无裂痕、凹痕、污垢等

(续)

序号	项目	内　容
4	蓄电池	1. 检查蓄电池壳体有无泄漏现象 2. 检查蓄电池接线柱、线束连接是否紧固 3. 检查蓄电池负极开关工作情况
5	进气系统	1. 检查进气歧管表面有无磕碰、掉漆等现象 2. 检查进气管路卡箍有无松动现象 3. 检查空气滤清器表面有无磕碰、掉漆等现象 4. 检查空气滤清器滤芯排泄口是否堵塞 5. 检查真空度指示计工作状态 6. 检查进气管路表面有无磕碰、掉漆等现象
6	排气系统	1. 检查排气歧管有无泄漏现象 2. 检查消声器表面有无磕碰、掉漆等现象 3. 检查排气口朝向是否正常 4. 检查排气管路卡箍是否松动
7	燃油系统	1. 检查油箱盖密封件有无老化现象 2. 检查油箱表面有无磕碰、掉漆等现象 3. 检查油箱有无泄漏现象 4. 检查燃油系统各油管有无泄漏痕迹 5. 检查发动机燃油细滤器及燃油粗滤器
8	风扇、传动带	1. 检查发动机风扇 2. 检查风扇罩安装可靠性 3. 检查风扇表面有无磕碰等 4. 检查传动带是否老化磨损 5. 检查传动带张紧度
9	暖风系统	1. 检查暖风管路有无泄漏现象 2. 检查空调各出风口 3. 检查暖风风量开关面板及功能
10	散热器	1. 检查散热器外观是否变形 2. 检查散热器片是否损伤 3. 检查散热器密封条安装是否到位 4. 检查冷却液管路有无泄漏痕迹 5. 检查散热器座螺栓是否松动 6. 安装散热器锁紧螺栓
11	轮胎	1. 检查轮胎规格 2. 检查花纹沟槽有无异常磨损现象 3. 检查轮胎安装朝前标记
12	驾驶室	1. 检查驾驶室内是否清洁 2. 检查驾驶室玻璃有无划痕、污渍 3. 检查驾驶室有无凹痕、变形、锈点、外观油漆脱落、损伤现象 4. 检查驾驶室固定螺栓紧固情况 5. 检查刮水器刮片有无老化、破损现象 6. 检查刮水器功能 7. 检查车门密封条有无老化、破损现象 8. 检查座椅罩有无破损现象

(续)

序号	项目	内　　容
12	驾驶室	9. 检查座椅调节功能是否正常 10. 检查安全带性能是否正常 11. 检查车窗能否锁紧 12. 检查车内后视镜是否破损 13. 检查驾驶室内风扇功能 14. 检查喇叭工作是否正常 15. 检查转向盘工作是否正常 16. 检查变速杆工作是否正常 17. 检查操作手柄工作是否正常 18. 检查制动踏板工作是否正常 19. 检查加速踏板工作是否正常
13	液压工作装置、传动系统	1. 检查工作泵、转向泵是否泄漏 2. 检查动臂液压缸及管路是否损伤、泄漏 3. 检查铲斗液压缸及管路是否损伤、泄漏 4. 检查铲斗表面油漆是否脱落、锈蚀 5. 检查铲斗斗齿紧固情况 6. 检查铲斗焊缝是否有裂纹 7. 检查油箱表面是否泄漏、损伤
14	电气系统	1. 检查仪表指示灯工作是否正常 2. 检查驾驶室内灯工作是否正常 3. 检查和更换熔丝 4. 检查电气线束是否磨损或擦破,熔断器是否完好,以及接头是否连接紧固 5. 检查起动开关 6. 检查组合手柄,前照灯和示宽灯开关,前工作灯开关,后灯开关,驻车灯开关工作是否正常 7. 检查收音机功能
15	前后车架及附件	1. 检查前车架各受力焊缝是否有裂纹 2. 检查前车架油漆是否脱落、锈蚀 3. 检查后车架各受力焊缝是否有裂纹 4. 检查后车架油漆是否脱落、锈蚀 5. 检查并确保转向锁固定在释放位置 6. 检查储气筒及放水阀 7. 检查左扶梯油漆是否脱落、锈蚀 8. 检查右扶梯油漆是否脱落、锈蚀 9. 检查左扶梯螺栓紧固情况 10. 检查右扶梯螺栓紧固情况 11. 检查配重油漆是否脱落、锈蚀、有凹坑
16	发动机运转和工作装置功能测试	1. 起动发动机,检查发动机是否存在异响、振动 2. 检查工作装置操纵手柄:是否能实现动臂举升功能、动臂下降功能、铲斗前倾功能、铲斗后翻功能 3. 检查变速杆:挂一档前进2m左右;挂倒档后退2m左右;熄火并下车

5. 装载机新车交付检查注意事项

1）悬置警示标志（禁止起动标志必须悬挂于点火开关附近，禁止操作标志必须放置于操作手柄处）。

2）按规定佩戴护目镜、安全帽，穿工作服、劳保鞋。

3）接触油液时，要带丁腈手套。

4）安装车轮挡块。

5）实行三点式接触上下车（两脚一手或两脚）。

6）面向装载机上下车，且上下车时手上不准携带任何物品。

7）机械作业时，需断开电源（电源总开关或者蓄电池负极线）。

8）每次起动发动机前要观察前后左右，并鸣喇叭一次；每次操作机具前要鸣喇叭两次。

9）运行发动机时，要佩戴耳塞。

10）离开驾驶室时，要关掉发动机。

11）工量器具不得掉落或者放在地面上。

12）发动机舱后侧板打开时，使用锁销锁止侧板。

13）要用柔和的方式将铲斗下放到地面。

14）要将挤出的旧润滑脂擦除。

15）要保持工作场地清洁，地面无油污。

16）工具使用完毕后，归位放置。

17）作业完毕后收拾机器，摆放好零件车和工具车。

第7章 精密测量

7.1 气门间隙的测量

1. 柴油发动机信息

品牌	康明斯	型号	B5.9-C
技术参数	直列、四冲程、水冷、增压、直喷式柴油发动机 缸径为102mm，行程为120mm，排量为5.88L，压缩比为17.5：1，进气门气门间隙为0.25mm，排气门气门间隙为0.50mm 发火顺序：1-5-3-6-4 润滑方式：强制与飞溅复合式 冷却方式：闭式强制水冷 质量：495kg 额定功率：118kW 额定转速：2600r/min 最大转矩：588N·m 怠速：750r/min±100r/min		

2. 测量相关知识

配气机构的作用是根据发动机工作循环和点火次序，适时开启和关闭各缸的进、排气门，使纯净空气及时地进入气缸，废气及时地从气缸排出。配气机构的组成如图7-1所示。

曲轴正时齿轮驱动凸轮轴旋转，使凸轮轴上的凸轮凸起部分通过挺柱、推杆、调整螺钉推动摇臂摆转，摇臂的另一端便向下推开气门，同时使弹簧进一步压缩，当凸轮凸起部分的顶点转过挺柱以后，气门在其弹簧张力的作用下，开度逐渐减小，直至最后关闭，进气或排气过程即告结束。压缩和做功行程中，气门在弹簧张力作用下严密关闭，使气缸密闭。

（1）气门间隙 通常在发动机冷态装配时，在气门及其传动机构中留有一定的间隙，以补偿气门受热后的膨胀量，这一间隙称为气门间隙，如图7-2所示。

（2）气门间隙过大 气门间隙过大，会造成进、排气门开启滞后，缩短进、排气时间，降低气门的开启高度，改变正常的配气相位，使发动机因进气不足、排气不净而使功率下降，此外，还使配气机构零件的撞击增加，磨损加快。

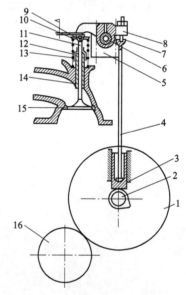

图7-1 配气机构的组成
1—凸轮轴正时齿轮 2—凸轮轴 3—挺柱
4—推杆 5—摇臂轴座 6—摇臂轴
7—气门间隙调整螺钉及锁紧螺母 8—摇臂
9—气门锁夹 10—气门弹簧座 11—气门
12—防油罩 13—气门弹簧 14—气门导管
15—气门座圈 16—曲轴正时齿轮

 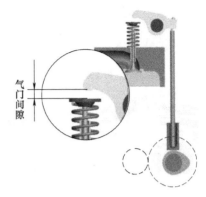

图 7-2 气门间隙

(3) 气门间隙过小　发动机工作时，若气门间隙过小，则零件受热膨胀，将气门推开，使气门关闭不严，造成漏气，功率下降，并使气门的密封表面严重积炭或烧坏，甚至气门撞击活塞。

3. 气门间隙的调整方法

气门间隙的调整方法见表 7-1。首先确定 1 缸位置，并用盘车工具将 1 缸置于 1 缸压缩上止点位置，此时正时销可插入凸轮轴正时齿轮背面的凹孔内，这时可调整 1 缸的进排气门，而 5、3 缸的排气门，2、4 缸的进气门，以及 6 缸不调；拔出正时销，用盘车工具盘动飞轮旋转 360°，此时 1 缸处于排气上止点，6 缸处于压缩上止点，这时可调整 5、3 缸的进气门，2、4 缸的排气门，6 缸的进排气门，1 缸不调。这样两次调整即可将所有的气门调整完毕，效率较高且间隙调整也准确。气门间隙的调整工具如图 7-3 所示。二次调整法的说明见表 7-2。

表 7-1 气门间隙的调整方法

序号	气门间隙调整方法	特点	是否选用
1	逐缸调整法	费时、不准确	是
2	二次调整法	省时、准确	否

表 7-2 二次调整法的说明

调整顺序	1缸位置	1缸	5、3缸	6缸	2、4缸
第一次调整	1缸压缩上止点	调进、排气门	调排气门	不调	调进气门
第二次调整	1缸排气上止点	不调	调进气门	调进、排气门	调排气门

4. 塞尺

(1) 塞尺的结构　塞尺是用于检验间隙的测量器具之一，由一组具有不同厚度级差的薄钢片组成（图 7-3）。塞尺用于测量间隙尺寸。在检验被测尺寸是否合格时，可以用此法判断，也可由检验者根据塞尺与被测表面配合的松紧程度来判断。塞尺一般用不锈钢制造，最薄的为 0.02mm，最厚的为 3mm。在 0.02~0.1mm 间，各钢片厚度级差为 0.01mm；在 0.1~1mm 间，各钢片的厚度级差一般为 0.05mm；在 1mm 以上，钢片的厚度级差为 1mm。

(2) 塞尺的使用方法

1) 用干净的布将塞尺测量表面擦拭干净，不能在塞尺沾有油污或金属屑末的情况下进行测量，否则将影响测量结果的准确性。

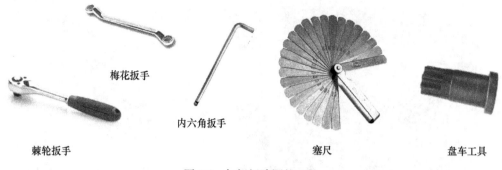

图 7-3 气门间隙调整工具

2）将塞尺插入被测间隙中，来回拉动塞尺，若感到稍有阻力，说明该间隙值接近塞尺上所标出的数值；如果拉动时阻力过大或过小，则说明该间隙值小于或大于塞尺上所标出的数值。

3）进行间隙的测量和调整时，先选择符合间隙规定的塞尺插入被测间隙中，然后一边调整，一边拉动塞尺，直到感觉稍有阻力时拧紧锁紧螺母，此时塞尺所标出的数值即为被测间隙值。

（3）塞尺使用注意事项

1）不允许在测量过程中剧烈弯折塞尺，或用较大的力硬将塞尺插入被检测间隙，否则将损坏塞尺的测量表面或零件表面的精度。

2）使用完后，应将塞尺擦拭干净，并涂上一薄层工业凡士林或机油，然后将塞尺折回夹框内，以防锈蚀、弯曲、变形而损坏。

3）存放时，不能将塞尺放在重物下，以免损坏塞尺。

5. 气门间隙测量步骤及方法

气门间隙测量步骤及方法如图 7-4 所示。

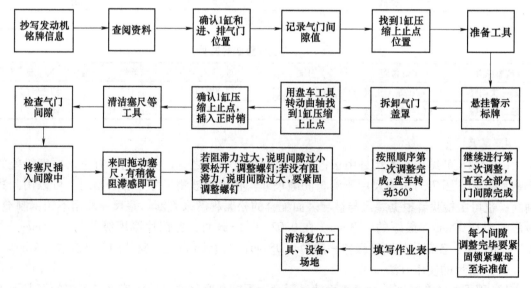

图 7-4 气门间隙测量步骤及方法

气门调整时的注意事项：
1）注意在操作前悬挂警示标牌。
2）盘动车辆时要正转发动机，不可逆转。
3）使用塞尺前要检查和清洁。
4）要用力矩扳手将摇臂的气门间隙调整螺母拧到规定力矩。
5）要对所有的气门间隙调整螺母进行检查。
6）调整完成后的气门要做好标记。
7）检查调整好所有气门后，要转两圈后重复检查。
8）在调整气门间隙前找好1缸方向，一般是正时端为1缸；分清进、排气门位置。
9）每次用完塞尺后需要进行保养。

7.2 活塞连杆组的测量

1. 柴油发动机信息

品牌	康明斯	型号	B5.9-C
技术参数	连杆小端内径：不带衬套时为 φ42.987~φ43.013mm 带衬套时为 φ40.053~φ40.076mm 连杆大端内径：不带轴瓦时为 φ72.987~φ73.013mm 带轴瓦时为 φ69.051~φ69.103mm 活塞裙部尺寸：φ101.823~φ101.887mm 活塞环侧隙尺寸：顶环为 0.075~0.150mm；中环为 0.075~0.150mm；油环为 0.040~0.130mm 活塞环端隙尺寸：顶环为 0.40~0.90mm；中环为 0.25~0.75mm；油环为 0.25~0.75mm 活塞销孔尺寸：φ40.006~φ40.025mm 活塞销尺寸：φ39.990~φ40.003mm		

2. 测量相关知识

（1）外径千分尺　如图7-5所示，外径千分尺是一种精度较高的量具，精度可到0.01mm，主要用来测量精度要求较高的工件。外径千分尺的规格有 0~25mm、25~50mm、50~75mm、75~100mm、100~125mm。

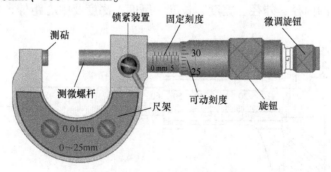

图7-5　外径千分尺的结构

根据螺旋运动原理，当微分筒（又称可动刻度筒）旋转一周时，测微螺杆前进或后退一个螺距（0.5mm）。这样，当微分筒旋转一个分度后，它转过了1/50周，这时螺杆沿轴线移动了 1/50×0.5mm=0.01mm，因此，使用千分尺可以准确读出 0.01mm 的数值。

使用前，应把外径千分尺的两个测砧面擦干净，然后对外径千分尺校零，转动旋钮，当测微螺杆即将接触测砧时，缓缓转动微调旋钮，使测微螺杆与测砧接触，听到发出"咔咔"声音时为止，此时微分筒的零刻线应当和固定刻度套筒上的基准线（长横线）对正，否则有零误差将造成测量数据有误。

外径千分尺的读数如图 7-6 所示，首先读固定刻度套筒的上刻度为 3mm，下刻度（半刻度）在"3"之后，也就是说 3mm+0.5mm＝3.5mm，然后读微分筒（又称可动刻度筒）刻度"25"与固定刻度的水平线对齐，就是 25×0.01mm＝0.25mm，全部加起来就是 3.75mm。由于外径千分尺的千分位需要估读，因此，正确的读数应为 3.750mm。如果固定刻度的水平线介于微分筒（又称可动刻度筒）刻度"25"与"26"正中间，则读数为 3.755mm。

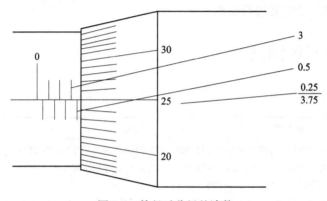

图 7-6　外径千分尺的读数

外径千分尺使用前后均需将测砧面擦拭干净，不使用时两个测砧面之间松开 0.1mm，并尽可能放入包装盒中；不能有过激烈的碰撞，如不能摔到地上或撞击，应注意轻拿轻放；外径千分尺不能反方向旋转；温度对外径千分尺的测量数据影响较大，要使外径千分尺和被测物充分适应室温，使用温度应保持在 20℃±5℃。测量时必须使用微调旋钮，不可直接旋转微分筒。非数显的外径千分尺，读数要从外径千分尺正面读取。

（2）游标卡尺　游标卡尺是一种中等精密通用量具，如图 7-7、图 7-8 所示，使用它可以直接测量加工件的内径、外径、宽度、长度、厚度、深度及中心距等，如图 7-9 所示。

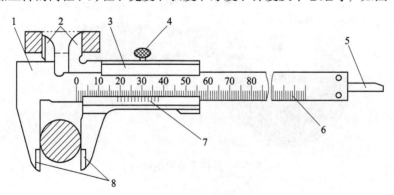

图 7-7　游标卡尺结构

1—尺身　2—刀口内测量爪　3—尺框　4—制动螺钉　5—深度尺　6—主标尺　7—游标尺　8—外测量爪

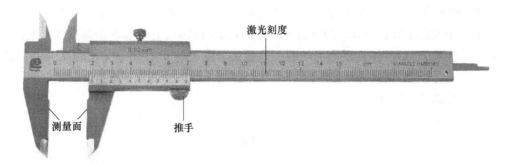

图 7-8 游标卡尺实物

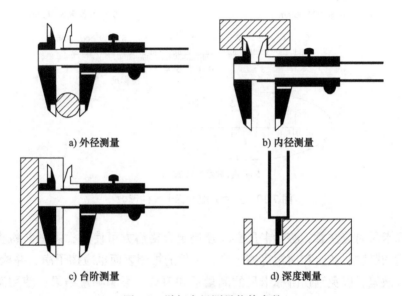

图 7-9 游标卡尺测量物体参数

游标卡尺的主标尺是一般常用的毫米刻度尺。游标尺可以在主标尺上左右移动。不同种类的游标尺上刻度线的条数不同，通过游标尺来精确读数，常见的有 10 分度、20 分度、50 分度，即 1mm 分成 10 等份、20 等份、50 等份，对应的精度分别为 0.1mm、0.05mm、0.02mm。外测量爪用来测量物体的长度、管的外径、管壁的厚度等尺寸，用法是将物体立在两个外测量爪之间夹紧。刀口内测量爪用来测量管的内径、槽内部的宽度等尺寸，用法是将物体卡在两个刀口内测量爪外，把游标尺尽量向外拉紧。深度尺用来测量管、槽的深度等尺寸，用法是将深度尺插入管、槽内，直到不能再往里插为止。制动螺钉用来固定游标卡尺上的游标尺。

测量尺寸时，应按零件的尺寸大小和测量精度要求选用游标卡尺。游标卡尺使用前应擦净测量爪，并将两测量爪合拢，检查这时主标尺、游标尺零刻线是否重合，若不重合，则在以后测量中根据这个起始误差修正各读数。用游标卡尺测量时，应使测量爪逐渐靠近零件表面，最后达到轻微接触，以防测量爪变形或磨损，从而影响测量精度。读数时要正视主标尺与游标尺对准的刻线，不要造成斜视误差。当测量同一个点有 2~3 个接近的数值时，应取算术平均值作为测量结果。量具使用完毕后必须揩净上油，妥善保管。

游标卡尺的读数包括三个步骤：首先从主标尺上读出主要部分，即游标尺的零刻度线对准的尺身上的刻度值 A（应以 mm 为单位）；接着找出从游标尺上的第 N 条刻度线与主标尺上的某条刻度线对齐，然后根据游标尺的种类确定每分度的值 u（10 分度尺为 0.1mm，20 分度尺为 0.05mm，50 分度尺为 0.02mm），算出游标尺上计出的值 $B=Nu$；最后算出测量结果 $X=A+B$。读数如图 7-10 所示。

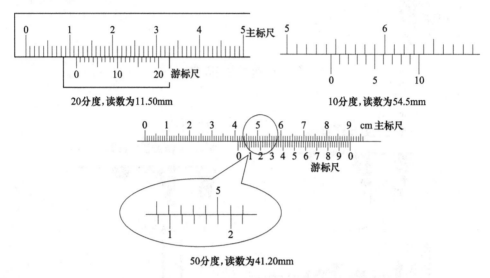

图 7-10　三种分度游标卡尺的读数

使用游标卡尺时应注意：游标卡尺必须经检定合格后方可使用；测量前检查游标卡尺，应将测量爪间的脏物、灰尘和油污等擦干净；工件的被测表面也应擦干净，并检查表面有无毛刺、损伤等缺陷，以免刮伤游标卡尺的测量爪和刀口，影响测量结果；使用游标卡尺前，首先应检查主标尺与游标尺的零线是否对齐，并采用透光法检查内、外尺测量面是否贴合，如果透光不均，说明测量面有磨损，这样的游标卡尺不能测量出精确的尺寸；测量时，用左手拿零件，右手拿游标卡尺进行测量，对比较长的零件要多测几个位置；游标卡尺不能在工件转动或移动时进行测量，否则容易使测量面磨损，甚至发生事故；不能用游标卡尺测量铸锻件等毛坯尺寸，因为这样容易使测量面很快磨损而失去精度。

（3）内径百分表（分度值为 0.01mm 的内径指示表）　内径百分表如图 7-11 所示，度盘上刻有 100 个等分格，每个格为 0.01mm，大指针转动 1 圈，则小指针转动 1 小格，数值均为 1mm。当内径百分表的测头（可换测头）伸缩变化时，此时百分表上的大小指针也跟着一起旋转，大指针每转一格读数为 0.01mm，小指针每转一格读数为 1mm。百分表的度盘可以独立转动，以供测量时大指针对零用。

内径百分表可以通过更换测头来实现不同孔径的测量，测量范围有 10～18mm、18～35mm、35～50mm、50～100mm、100～160mm、160～250mm、250～450mm，如图 7-12 所示。

3. 活塞连杆组的测量

（1）活塞的测量　如图 7-13 所示。

（2）活塞销孔的测量　如图 7-14 所示。

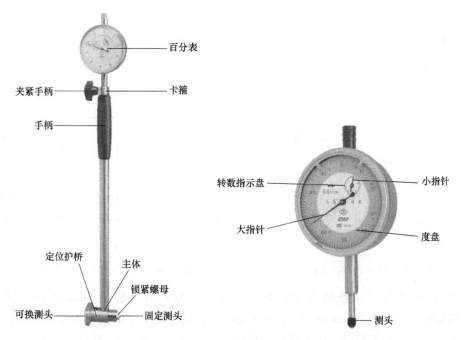

图 7-11 内径百分表

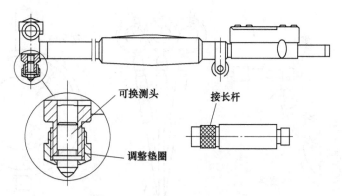

图 7-12 内径百分表测头的更换

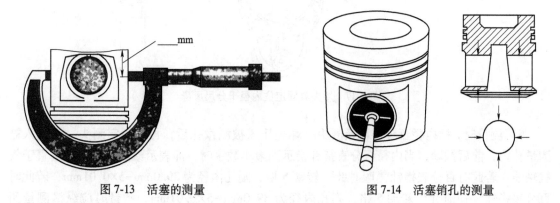

图 7-13 活塞的测量　　　　　　图 7-14 活塞销孔的测量

1）使用游标卡尺，测量活塞销孔然后获得工称尺寸。
2）根据游标卡尺测得的数据，给内径百分表选择一根合适的固定测量杆和一个调整垫圈，如图 7-15 所示。

3）当百分表安装到内径百分表的表杆上时，百分表的测量杆有 0.5~1.0mm 的压缩量（即指针顺时针旋转 0.5~1 圈）。锁紧百分表并将指针调回到"0"位，如图 7-16 所示。

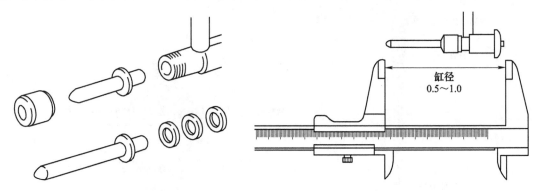

图 7-15　内径百分表选测量杆　　　图 7-16　内径百分表头的压缩量

4）将内径千分尺设置到由游标卡尺取得的工称尺寸（以 0.5mm 为分界线，大于 0.5mm 则取整数，如将 39.24mm 设为 39.0mm），紧固测量头上的锁紧螺母，并将百分表度盘对准零位，重复校零两次。用夹具固定住千分尺尺身，如图 7-17 所示。

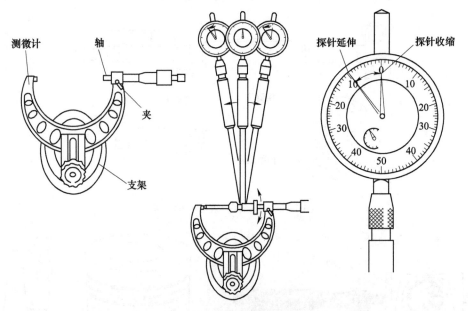

图 7-17　用夹具固定住内径千分尺尺身

5）测量时，把内径百分表可换测头一端先压入被测量孔后，再使固定测头一端进入被测量孔内，前后摆动，当内径百分表指针指示到最小数字时，即表示活动测量杆已垂直于气缸轴线。若此时百分表指针"顺时针"转动 5 格，则孔内径为 39.0mm-5×0.01mm；若此时百分表指针"逆时针"转动 5 格，则孔内径为 39.0mm+5×0.01mm，测量时应纵横测量两次，如图 7-14 所示。

（3）活塞销的测量　如图 7-18 所示。

(4)连杆的测量 如图7-19和图7-20所示。在测量连杆大端内径之前,连杆轴承端盖应拧紧至标准力矩,否则,测量的数据无效。

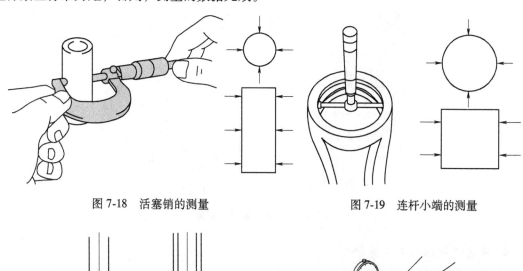

图7-18 活塞销的测量　　　　　　　图7-19 连杆小端的测量

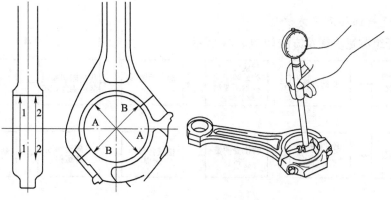

图7-20 连杆大端的测量

(5)活塞环侧隙的测量 将活塞环嵌入相应的环槽内,用塞尺测量活塞环与环槽之间的间隙,如图7-21所示。

(6)活塞环背隙的测量 先用游标卡尺测出活塞环的径向厚度A,再用游标深度卡尺测出相应环槽深度B,A与B的差值即为该活塞环的背隙,如图7-22所示。

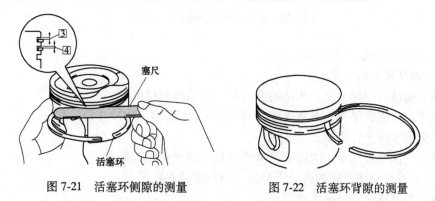

图7-21 活塞环侧隙的测量　　　　　　图7-22 活塞环背隙的测量

(7)活塞环端隙的测量 将活塞环推入气缸套内,并用倒置的活塞顶部将活塞环推入气缸内相应的上止点,然后用塞尺测量开口间隙,如图7-23所示。

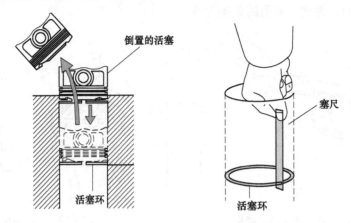

图7-23 活塞环端隙的测量

4. 活塞连杆组的测量方法

活塞连杆组测量步骤及方法如图7-24所示。

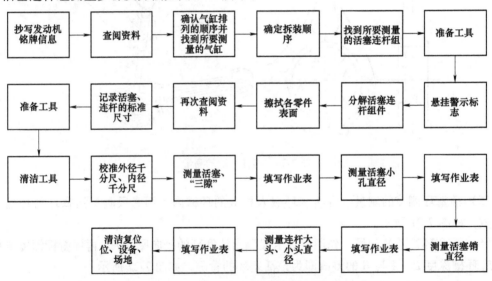

图7-24 活塞连杆组测量步骤及方法

活塞连杆组的测量注意事项:
(1) 正确使用游标卡尺
1) 使用前清洁游标卡尺,清洁测量内爪、外爪和卡尺尺身。
2) 校零:与眼睛平齐,对准光线,看"0"刻度线。
3) 对测量零件进行清洁。
4) 最后一次测量完毕,应将卡尺清洁和测头缩回并放入盒中。
(2) 正确选用合适量程的外径千分尺 使用前需先校正:
1) 使用前清洁外径千分尺表面。
2) 正确检查千分尺是否校零。

3) 对测量零件进行清洁。
4) 测量时千分尺应轻轻接触零件，不可发出碰撞响声。
5) 最后一次测量完毕，应将千分尺清洁和测头缩回并放入盒中。

（3）正确使用合适量程的力矩扳手

1) 使用前清洁，并正确调整力矩。
2) 采用拉力而不是推力来使用力矩扳手。
3) 匀速拉动而不是冲击拉动力矩扳手。
4) 最后一次使用完毕后清洁。
5) 恢复力矩扳手至初始值位置。

7.3 曲轴的测量

1. 柴油发动机信息

品牌	康明斯	型号	B5.9-C
技术参数	连杆轴颈尺寸：直径 $\phi 68.962 \sim \phi 69.013$mm，圆度误差为 0.050mm（最大），锥度为 0.013mm（最大），轴承间隙（直径方向）为 0.114mm（最大）		
	主轴颈尺寸：直径 $\phi 82.962 \sim \phi 83.013$mm，圆度误差为 0.050mm（最大），锥度为 0.013mm（最大），轴承间隙（直径方向）为 0.119mm（最大）		

2. 测量相关知识

（1）曲轴 曲轴是发动机最重要的机件之一，如图 7-25 所示，连杆轴颈用来安装连杆大端，主轴颈和轴承配合用来支承曲轴（旋转）。其作用是将活塞连杆组传来的气体作用力转变成曲轴的旋转力矩对外输出，并驱动发动机的配气机构及其他辅助装置工作。曲轴前端主要用来驱动配气机构、水泵和风扇等附属机构，前端轴上安装有正时齿轮（或同步带轮）、风扇与水泵的带轮、扭转减振器以及起动爪等。曲轴后端采用凸缘结构，用来安装飞轮。

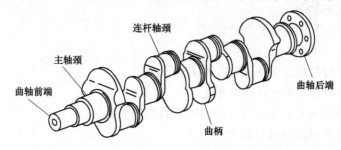

图 7-25 曲轴

曲轴一般选用强度高、耐冲击、韧度和耐磨性能好的优质中碳结构钢、优质中碳合金钢或高强度球墨铸铁来锻造或铸造。

曲轴在装配前必须经过动平衡校验，对不平衡的曲轴，常在其偏重的一侧平衡重或曲柄上钻去一部分质量，以达到平衡的要求。

（2）曲轴的测量 在测量曲轴前要查阅资料判断曲轴的前端和后端，进而判断发动机 1 缸或 6 缸所在的连杆轴颈位置。如图 7-26 所示，测量时要按照 A-A、B-B 方向进行测量，每个截面至少测量两个数据。

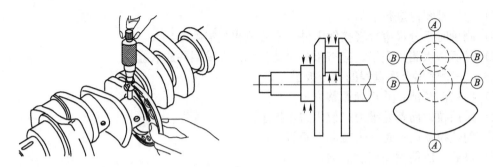

图 7-26 曲轴测量

1）曲轴测量步骤及方法如图 7-27 所示。

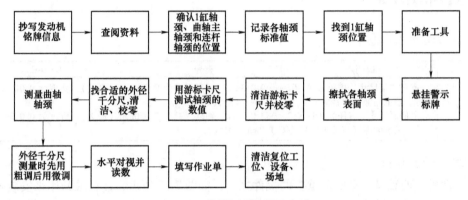

图 7-27 曲轴测量步骤及方法

2）曲轴轴颈测量时的注意事项。
① 注意在操作前悬挂警示标牌。
② 要找对 1 缸主轴颈。
③ 使用外径千分尺前要检查和清洁。
④ 轴颈测量前要清洁。
⑤ 取出外径千分尺后，要在 10s 内关闭盒子。
⑥ 手只能捏在外径千分尺的隔热板上。
⑦ 不能用蛮力使用外径千分尺，会损坏工具和被测物体。
⑧ 测量结束后要对轴颈进行润滑。
⑨ 曲轴测完后要垂直放置在地面上。

7.4 凸轮轴的测量

1. 柴油发动机信息

品牌	康明斯	型号	B5.9-C
技术参数	凸轮轴尺寸：进气凸轮最大尺寸 47.040~47.492mm，排气凸轮最大尺寸 46.770~47.222mm，偏心轮最大尺寸 35.500~36.260mm，轴颈为 ϕ53.962~ϕ54.013mm		

2. 测量相关知识

凸轮轴承受周期性的冲击载荷。凸轮与挺柱之间的接触应力很大，相对滑动速度也很高，因此，凸轮工作表面的磨损比较严重。

(1) 凸轮轴　凸轮轴是通过凸轮轴轴颈支承在凸轮轴轴承孔内的，因此凸轮轴轴颈数量是影响凸轮轴支承刚度的重要因素。如果凸轮轴刚度不足，工作时将发生弯曲变形，这会影响配气正时。下置式凸轮轴每隔1~2个气缸设置一个凸轮轴轴颈，如图7-28所示。

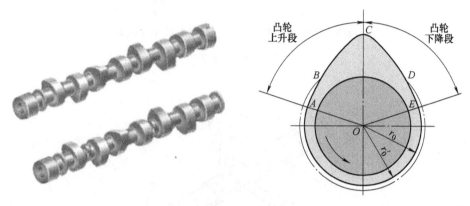

图 7-28　凸轮轴

进、排气门开启和关闭的时刻、持续时间以及开闭的速度等分别由凸轮轴上的进、排气凸轮控制。转速较低的发动机，其凸轮轮廓由几段圆弧组成，这种凸轮称为圆弧凸轮。高转速发动机则采用函数凸轮，其轮廓由某种函数曲线构成。O点为凸轮轴回转中心，凸轮轮廓上的AB段和DE段为缓冲段，BCD段为工作段。挺柱在A点开始升起，在E点停止运动，凸轮转到AB段内某一点处，气门间隙消除，气门开始开启。此后随着凸轮继续转动，气门逐渐开大，至C点气门开度达到最大。再后气门逐渐关闭，在DE段内某一点处气门完全关闭，接着气门间隙恢复。气门最迟在B点开始开启，最早在D点完全关闭。由于气门开始开启和关闭落座时均在凸轮升程变化缓慢的缓冲段内，其运动速度较小，从而可以防止强烈的冲击。凸轮轴上各同名凸轮（各进气凸轮或各排气凸轮）的相对角位置与凸轮轴旋转方向、发动机工作顺序及气缸数或做功间隔角有关。如果从发动机风扇端看凸轮轴逆时针方向旋转，则工作顺序为1—3—4—2的四缸发动机其做功间隔角为720°/4＝180°曲轴转角，相当于90°凸轮轴转角，即各同名凸轮间的夹角为90°。对于工作顺序为1—5—3—6—2—4的六缸发动机，其同名凸轮间的夹角为60°，如图7-29所示。同一气缸的进、排气凸轮的相对角位置即异名凸轮相对角位置，取决于配气正时及凸轮轴旋转方向。

(2) 凸轮轴测量　在测量凸轮轴前要查阅资料判断凸轮轴的前端和后端，进而判断发动机1缸或6缸进、排气门所在的凸轮轴轴颈位置。如图7-30所示，测量时要通过测量C、D的尺寸计算凸轮的升程，进、排气凸轮的尺寸都要测量。

1）凸轮轴测量步骤及方法如图7-31所示。
2）凸轮轴测量时的注意事项。
① 注意在操作前悬挂警示标牌。
② 要找对凸轮轴1缸位置。

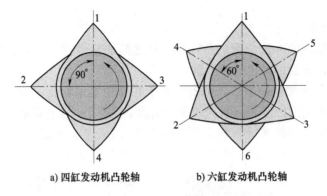

a) 四缸发动机凸轮轴　　b) 六缸发动机凸轮轴

图 7-29　凸轮轴

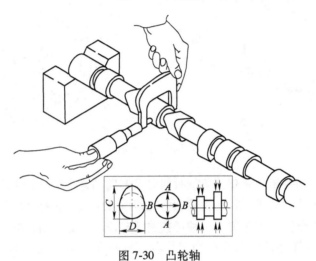

图 7-30　凸轮轴

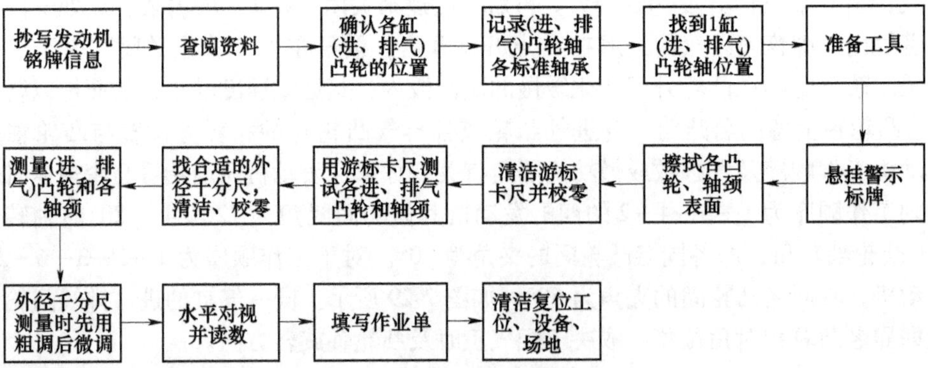

图 7-31　凸轮轴测量步骤及方法

③ 使用外径千分尺前要检查和清洁。
④ 测量凸轮轴前，要对凸轮轴进行清洁。
⑤ 取出外径千分尺后，要在 10s 内关闭盒子。
⑥ 手只能捏在外径千分尺的隔热板上。
⑦ 不能用蛮力使用外径千分尺，会损坏工具和被测物体。

⑧ 测量结束后要对轴颈进行润滑。
⑨ 凸轮轴测完后要垂直放置在地面上。

7.5 气缸内径的测量

1. 柴油发动机信息

品牌	康明斯	型号	B5.9-C
技术参数	气缸体尺寸：缸孔内径为 φ102.000~φ102.116mm，圆度公差为0.038mm，圆柱度公差为0.076mm 主轴承孔尺寸：φ83.106mm 第一凸轮轴孔尺寸：不带衬套时为 φ57.222~φ57.258mm，带衬套时为 φ54.107~φ54.146mm 其余凸轮轴孔尺寸：不带衬套时为 φ54.089~φ54.164mm		

2. 测量相关知识

机体组是发动机的支架，是曲柄连杆机构、配气机构和发动机各系统主要零部件的装配基体，如图 7-32 所示。

（1）气缸体　气缸体是发动机各个机构和系统的装配基体，是发动机中最重要的一个部件。气缸体主要包含以下结构：气缸、曲轴支承孔、曲轴箱（曲轴运动的空间）、加强筋、冷却水套、润滑油道等。

图 7-32　发动机机体

车用发动机气缸体按气缸排列形式分为直列、V 型、对置三种，如图 7-33 所示，比较常用的是直列（L 型）和 V 型两种。由于直列 6 缸的动平衡较好，振动相对较小，所以货车和工程机械多用直列 6 缸发动机。

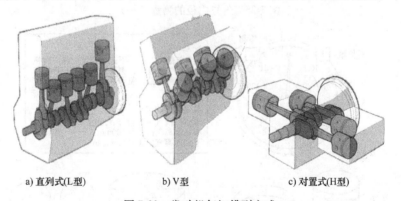

a) 直列式(L型)　　b) V型　　c) 对置式(H型)

图 7-33　发动机气缸排列方式

（2）气缸体的测量

1）使用游标卡尺，测量活塞销孔然后获得工称尺寸，如图 7-34 所示。

2）根据游标卡尺测得的尺寸，给内径百分表选择一根合适的固定测量杆和一个调整垫圈。

3）当百分表安装到内径百分表的表杆上时，百分表的测量杆应有 0.5~1.0mm 的压缩量（即指针顺时针旋转0.5~1圈）。锁紧百分表并将指针调回到"0"位。

4）将内径千分尺设置到由游标卡尺取得的工称尺寸（以0.5mm为分界线，大于0.5mm则取整数，如将102.24mm设为102mm），紧固测头上的锁紧螺母，并将百分表度盘对准零位，重复校零两次。用夹具固定住内径千分尺尺身。

5）测量时，把内径百分表可换测头一端先压入被测量孔后，再使固定测头一端进入被测量孔内，前后摆动内径百分表指针指示到最小数字时（精确尺寸），即表示活动测量杆已垂直于气缸轴线。若此时百分表指针"顺时针"转动5格，则孔内径为102.24mm-5×0.01mm，若此时百分表指针"逆时针"转动5格，则孔内径为102.24mm+5×0.01mm。测量时应在上、中、下三个截面测量，每个截面应纵横测量两次，如图7-35和图7-36所示。

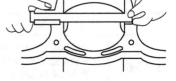

图7-34 测量活塞销孔

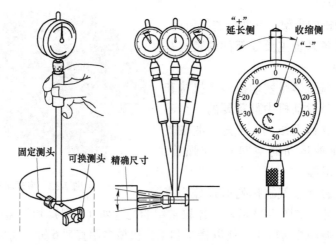

图7-35 气缸内径的测量（一）

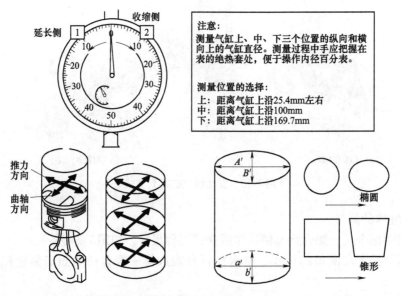

图7-36 气缸内径的测量（二）

(3) 气缸套测量步骤及方法如图7-37所示。

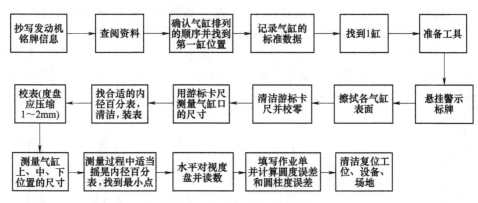

图7-37 气缸套测量步骤及方法

7.6 气门的测量

1. 柴油发动机信息

品牌	康明斯	型号	B5.9-C
技术参数	气门杆直径：$\phi7.94\sim\phi7.98$mm 气门大头厚度：0.79mm 气门锥角：进气门30°，排气门45°		

2. 测量相关知识

气门组由气门、气门座、气门导管、油封、气门弹簧、气门锁夹等零件组成，如图7-38所示。

(1) 气门 气门分为进气门与排气门两种，其作用是密封进、排气道。气门由头部和杆身组成，如图7-39所示。

头部用来封闭进、排气道，杆身用来在气门开闭过程中起导向作用。气门头部与含有腐蚀介质的高温燃气接触，并在关闭时承受很大的落座冲击力。气门杆身润滑困难，处于半干摩擦状态下工作。由于

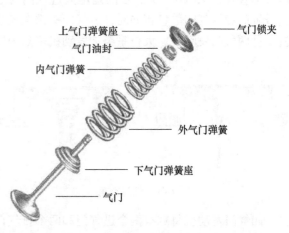

图7-38 气门组

气门的工作条件很差，因此要求气门材料必须有足够的强度、刚度，且耐高温、耐腐蚀和耐磨损。进气门一般采用中碳合金钢，排气门多采用耐热合金钢。

(2) 气门的工作条件 气门的工作条件非常恶劣。首先，气门直接与高温燃气接触，受热严重而散热困难，因此气门温度很高。其次，气门承受气体力和气门弹簧力的作用，以及由于配气机构运动件的惯性力使气门落座时受到冲击。最后，气门在润滑条件很差的情况下以极高的速度启闭并在气门导管内做高速往复运动。此外，气门会由于与高温燃气中有腐

蚀性的气体接触而受到腐蚀。

（3）气门材料　进气门一般用中碳合金钢制造，如铬钢、铬钼钢和镍铬钢等。排气门则采用耐热合金钢制造，如硅铬钢、硅铬钼钢、硅铬锰钢等。

（4）气门构造　汽车发动机的进、排气门均为菌形气门，由气门头部和气门杆两部分构成。气门顶面有平顶、凹顶和凸顶等形状，如图7-40所示。目前应用最多的是平顶气门，其结构简单，制造方便，受热面积小，进、排气门都可采用。

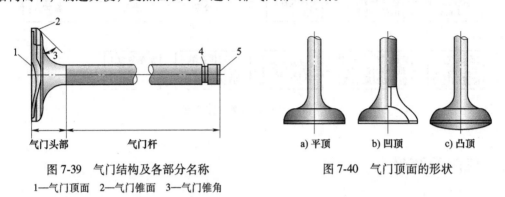

图7-39　气门结构及各部分名称
1—气门顶面　2—气门锥面　3—气门锥角
4—气门锁夹槽　5—气门尾端面

图7-40　气门顶面的形状

气门与气门座或气门座圈之间靠锥面密封。气门锥面与气门顶面之间的夹角称为气门锥角。进、排气门的气门锥角一般均为45°，只有少数发动机的进气门锥角为30°，如图7-41所示。

一般发动机每个气缸有两个气门，即一个进气门和一个排气门。进气门头部直径比排气门头部直径大15%~30%，目的是增大进气门通过断面面积，减小进气阻力，增加进气量。当进气门和排气门数量相同时，进气门头部直径总比排气门头部直径大。每缸两气门的发动机又称两气门发动机。大排量柴油发动机多数为四气门，如图7-42所示。

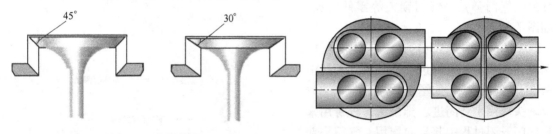

图7-41　气门锥角

图7-42　四气门发动机

四气门发动机每缸有两个进气门和两个排气门。其突出的优点是气门通过断面面积大，进、排气充分，进气量增加，发动机的转矩和功率提高；其次是每缸四个气门，每个气门的头部直径较小，每个气门的质量减小，运动惯性力减小，有利于提高发动机转速。

（5）气门座　气缸盖上与气门锥面相贴合的部位称气门座，如图7-43所示。气门座的温度很高，又承受频率极高的冲击载荷，容易磨损。因此，铝气缸盖和大多数铸铁气缸盖均镶嵌由合金铸铁或粉末冶金或奥氏体钢制成的气门座圈。在气缸盖上镶嵌气门座圈可以延长气缸盖的使用寿命。也有一些铸铁气缸盖不镶气门座圈，直接在气缸盖上加工出气门座。

（6）气门的测量　测量时应在左、中、右三个截面测量，每个截面应纵横测量两次，如图 7-44 所示。

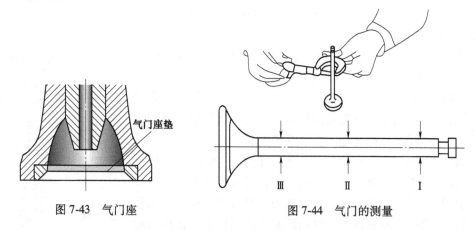

图 7-43 气门座　　　　图 7-44 气门的测量

（7）气门测量步骤及方法　气门测量步骤及方法如图 7-45 所示。

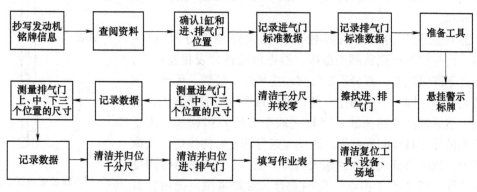

图 7-45 气门测量步骤及方法

7.7 气门导管的测量

1. 柴油发动机信息

品牌	康明斯	型号	B5.9-C
技术参数	气门导管尺寸：新缸盖 $\phi(8.019\pm0.010)$ mm，使用极限为 $\phi8.090$ mm		

2. 测量相关知识

（1）气门导管　气门导管的功用是对气门的运动进行导向，保证气门做直线往复运动，使气门与气门座或气门座圈能正确贴合，如图 7-46 所示。此外，还将气门杆接收的热量部分地传给气缸盖。气门导管的工作温度较高，而且润滑条件较差，靠配气机构工作时飞溅起来的机油来润滑气门杆和气门导管孔。气门导管由灰铸铁、球墨铸铁或铁

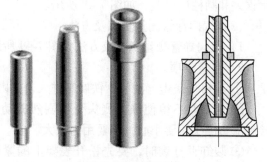

图 7-46 气门导管

基粉末冶金制造。在以一定的过盈量将气门导管压入气缸盖上的气门导管座孔之后，再精铰气门导管孔，以保证气门导管与气门杆的正确配合间隙。

（2）气门导管的测量

1）涨簧式内径百分表。涨簧式内径百分表（简称内径量仪）是广泛应用于机械加工行业中测量孔尺寸的具有较高精度的量具，如图7-47所示。主要用于以比较法测量通孔、盲孔及深孔的直径或形状误差。涨簧式内径百分表经一次调整后可测量多个公称尺寸相同的孔而中途不需要其他调整，方便快捷。

2）涨簧式内径百分表的使用方法。把百分表的表头擦干净，小心地装进表架带有紧固装置的一端，使百分表主指针转过一圈，然后用扳手紧固百分表头，夹紧力不宜太大，根据被测孔的内尺寸，选取一个相应尺寸的涨簧测头装在顶杆上，常见的测量范围有3～4mm、4～6mm、6～10mm、10～18mm，测量精度为0.01mm。

根据被测孔的内尺寸选择校对环规或外径千分尺（0～25mm），用擦拭纸把涨簧测头擦净，检查内径百分表相互作用，用手压几下涨簧测头，百分表指针移动应平稳、灵活、无卡滞现象，然后校零，即一只手握住手柄，另一只手压缩涨簧测头，使其合拢，然后把涨簧测头放入环规（或千分尺）内松手，由于涨簧测头的外形具有圆形截面，因此能起自动定心的作用。稍微摆动表架，找出百分表读数的最大值即"拐点"，转动百分表度盘，使零线与指针的"拐点"处相重合，对好零位，把内径百分表从环规（或千分尺）内取出，重复校零一次（同气缸内径百分表的校零）。

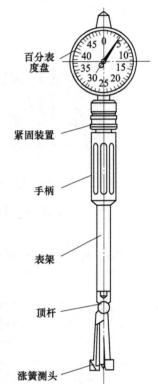

图7-47 涨簧式内径百分表

对好零位后的内径百分表，不得松动其紧固装置，以防零位变化。测量时，把涨簧测头放入被测孔内后，摆动表架，找出百分表读数最大值，该值就是被测孔与环规孔径（或千分尺校零时的公称尺寸）的差。如果百分表"顺时针"转动，则用公称尺寸减去"顺时针"转动的数值；如果百分表"逆时针"转动，则用公称尺寸加上"顺时针"转动的数值。

为了测出气门导管的准确孔径，可在上、中、下不同位置多测量几次，以便计算气门导管孔的圆度误差和圆柱度误差，如图7-48所示。

（3）气门导管测量步骤及方法

1）气门导管测量步骤及方法如图7-49所示。

2）注意事项。

① 不得使灰尘、油污、铁屑等进入表架内。

② 测量时不得使涨簧测头受到剧烈振动，在接触涨簧测头时要小心，不要用力太大。

③ 装卸百分表时，要先松开表架上的紧固装置，防止损坏夹头和百分表。

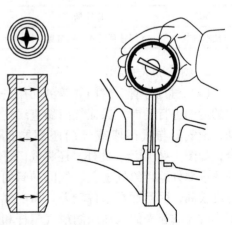

图7-48 气门导管的测量

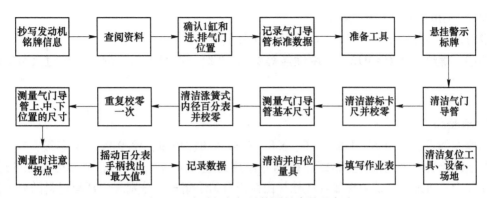

图 7-49　发动机气门导管测量步骤及方法

④ 安装涨簧测头时一定要用扳手紧固。

⑤ 测完后，把涨簧测头取下，擦净涨簧测头、顶杆后涂防锈油与百分表一起放入盒内相应位置。

7.8　螺栓的测量

世界上广泛应用的长度计量单位主要有两种：一种为米制，计量单位为米（m）、厘米（cm）、毫米（mm）等，在我国及日本等国家使用较多，其中 $1m = 100cm = 1000mm$；另一种为英制，计量单位主要为英寸（in），在美国、英国等欧美国家使用较多，其中 $1in ≈ 25.4mm$。

1. 螺栓参数

螺栓是一种圆柱形带螺纹的紧固件，由头部和螺杆（带有外螺纹的圆柱体）两部分组成，需与螺母配合，用于紧固联接两个带有通孔的零件，其参数如图 7-50 所示。

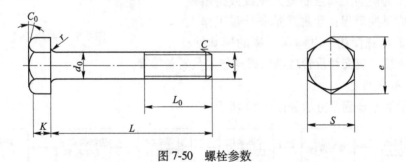

图 7-50　螺栓参数

d—螺纹公称直径　d_0—杆部直径　L—公称长度　L_0—螺纹长度
C_0—六角头倒角　K—六角头厚度　C—螺纹倒角　S—六角对边　e—六角对角　r—过渡圆半径

2. 螺栓、螺母标记

螺栓规格一般标记为：螺栓　标准号　螺纹规格×有效长度

例如：螺纹规格 $d = M12$，公称长度 $L = 80mm$，性能等级为 4.8 级，不进行表面处理，全螺纹，C 级的六角头螺栓标记为

螺栓　GB/T 5781　M12×80

螺母规格一般标记为：螺母　标准号　螺纹规格

例如：螺纹规格 D = M12，强度性能等级为 10 级，不经表面处理，A 级的六角螺母标记为

螺母　GB/T 6170　M12

3. 螺栓强度

螺栓性能等级分 4.6、4.8、5.6、6.8、8.8、9.8、10.9、12.9 等几个等级，其中 8.8 级及以上螺栓材质为低碳合金钢或中碳钢并经热处理（淬火、回火），通称为高强度螺栓，其余统称为普通螺栓。螺栓性能等级标号由两部分数字组成，分别表示螺栓材料的公称抗拉强度值和屈强比（即屈服强度除以抗拉强度得到的数值）。例如，性能等级为 4.6 级的螺栓，其含义是：螺栓材质公称抗拉强度达 400MPa，螺栓材质的屈强比为 0.6。因此，可以通过公称抗拉强度与屈强比的乘积得到公称屈服强度，即 400MPa×0.6 = 240MPa。同样，性能等级为 10.9 级高强度螺栓，其螺栓材质公称抗拉强度达 1000MPa 级，螺栓材质的屈强比为 0.9，因此，其公称屈服强度达 1000MPa×0.9 = 900MPa。

4. 螺纹牙规

米制螺纹都是 60°的，寸制螺纹有 55°和 60°两种，以 55°最为常用。将牙规上的牙型直接与测量的螺栓相配合，可以知道该螺纹是米制还是寸制，也可得到相应的螺距。公称直径则可以直接用游标卡尺测量出来。螺纹牙规如图 7-51 所示。

牙规使用注意事项：牙规使用完毕后，应及时清理干净测量部位附着物；生产现场在用牙规时，应轻拿轻放，以防止磕碰而损坏测量表面；严禁将牙规作为切削工具强制旋入螺纹或挤出螺纹，避免造成早期磨损；牙规严禁非计量工作人员或操作人员随意使用，以确保检测的准确性；

图 7-51　螺纹牙规

牙规长时间不用，应交计量管理部门或操作人员妥善保管。

5. 螺纹参数测量

螺纹参数测量步骤及方法如图 7-52 所示。

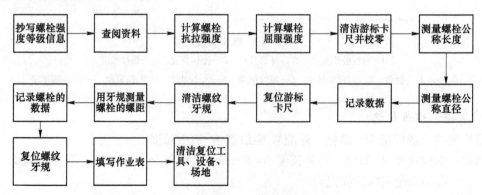

图 7-52　螺纹参数测量步骤及方法

7.9 轴承的测量

1. 轴承

轴承是机械设备中一种重要的零部件，如图 7-53 所示。它的主要功能是支承机械旋转体，降低其运动过程中的摩擦力，并保证其回转精度。

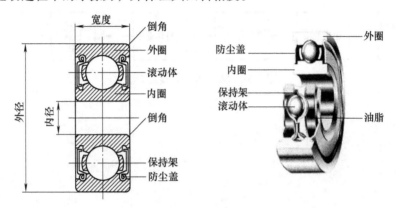

图 7-53 轴承

2. 轴承的测量

（1）轴承内径的测量　轴承内径可以选用游标卡尺或者内径百分表进行测量，如图7-54所示。一般情况下，十字交叉测量两个位置得到轴承的内径。

（2）轴承外径的测量　轴承外径可以选用游标卡尺或者千分尺进行测量，如图 7-55 所示。一般情况下，十字交叉测量两个位置得到轴承的外径。

（3）轴承宽度的测量　轴承宽度分为内圈宽度和外圈宽度，可以选用千分尺进行测量，如图 7-56 所示。一般情况下，测量两个位置得到轴承的宽度。

（4）轴承测量步骤及方法　轴承测量步骤及方法如图 7-57 所示。

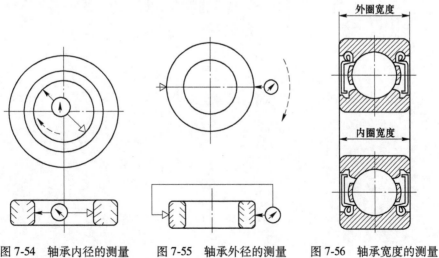

图 7-54　轴承内径的测量　　图 7-55　轴承外径的测量　　图 7-56　轴承宽度的测量

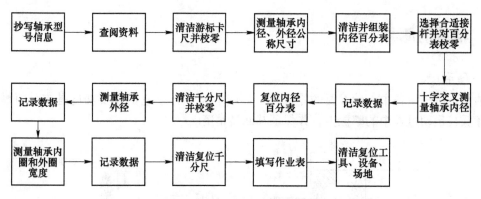

图 7-57 轴承测量步骤及方法

附录

附录 A　重型车辆维修项目专业英语词汇

1. 柴油发动机系统

柴油　diesel
柴油机　diesel engine
槽　groove
粗滤器　rough filter
齿轮泵　gear pump
传感器　sensor
催化转化器　catalytic converter
点火　ignition
对置式　horizontally opposed
电子控制燃油喷射系统　EFI system
电磁阀　solenoid valve
发动机　engine
飞轮　flywheel
防冻剂　antifreeze
风扇　fan
风扇传动带　fan drive belt
废气再循环阀　EGR valve
缸套、衬垫　liner
隔热槽　heat dam
故障指示灯　malfunction indicator light
火花塞　spark plug
活塞　piston
活塞顶部　piston head
活塞环槽岸　piston land
活塞裙部　piston skirt
活塞销孔　piston hole
活塞环　piston ring
活塞销　piston pin
进气道　air intake duct

节温器　thermostat
机油泵　lubricating oil pump
集滤器　suction strainer
机油压力传感器　lubricating oil pressure sensor
进气管　intake ducting
进气歧管　intake manifold
进气温度传感器　intake air temperature sensor
空冷　air cooling
空燃比　air-fuel ratio
连杆　connecting rod
连杆轴颈　connecting rod journal
冷却液　coolant
扭振减振器　torsional vibration damper
配气机构　valve mechanism
排气歧管　exhaust manifold
盆形　basin-shaped
喷油器　fuel injector
平衡重　balance weight
偏心轮　eccentric wheel
旁通阀　bypass valve
排放物　emission
排气管　tail pipe
气缸　cylinder
曲轴　crankshaft
汽油　gasoline
气缸垫　cylinder gasket
气环、压缩环　compression ring
曲柄　crank throw
气门　valve
气门弹簧　valve spring

气门间隙　valve lash
气门杆　valve stem
润滑　lubrication
燃烧室　combustion chamber
润滑油　lubricanting oil
燃油分配管　fuel delivery pipe
燃油管路　fuel rail
燃油压力调节器　fuel pressure regulator
燃油回油管　fuel return pipe
水套　water jacket
散热器　radiator
水冷　water cooling
水泵　water pump
散热器盖　radiator cap
凸轮轴　camshaft
挺柱　tappet
推杆　push-rod
涡轮增压器　turbocharger
涡轮　turbine
楔形　wedge-shaped
泄漏　leakage
消声器　silencer
油环　oil control ring
摇臂　rock arm
叶轮　blade disk
油泵继电器　fuel pump relay
油箱　fuel tank
压缩机　compressor
正时齿轮　timing gear
直列式发动机　in-line engine
轴承　bearing
主轴颈　crank journal
轴承盖　bearing cap
主油道　main oil gallery
转子泵　rotary pump
增压器　supercharger

2. 液压系统

安全阀　relief valve
泵的特性曲线　pump characteristic curve
变量排量　variable displacement
百分表　dial gage
垂直地　Vertically
铲斗　bucket
铲刀液压缸　blade cylinder
铲斗阀块　bucket block
铲斗溢流阀　bucket port relief（测压时）
测压口/检查阀　check valve
铲刀阀块　dozer blade block
操纵杆（手柄）　joystick
出油口　outlet port
铲刀先导　RCV blade
次伺服液压油　secondary servo hydraulic oil
串联柱塞泵　tandem piston pump
场地　site
沉降（下沉）　creep
测量起始点　measuring start point
沉降量（下沉量）　amount of creeping
擦　wipe
磁力座　magnet base
斗杆　arm
斗杆液压缸　arm cylinder
斗杆阀块　arm block
斗杆合流阀块　arm conflux block
斗杆溢流阀　arm port relief（测压时）
动臂　Boom
动臂回（偏）转液缸　Boom swing cylinder
动臂液压缸　Boom cylinder
动臂回（偏）转阀块　Boom swing block
动臂破碎锤阀块　Boom conflux/hammer block
动臂阀块　Boom block
动臂保持阀　Boom holding valve
动臂补偿　Boom offset
动臂升举　Boom raise
动臂下降　Boom lower
动臂回转开关　Boom slew switch
动臂溢流阀　Boom port relief（测压时）
定量齿轮泵　Fixed displacement gear pump
动臂破碎锤阀块　Hammer block/Boom conflux

电磁阀　Solenoid valve
等速　Constant speed
阀盘　Valve plate
放置　Position
管头滤清器　Connector filter
供油口　Oil supply port
滑阀　Spool valve
回油滤清器　Return filter
回转阀块　slewing block
回（扭）转　slewing
回转系统　slewing system
回转减速齿轮　slewing reduction gear
回转阀芯　slewing spool
换向阀　reversing valve
滑动量　Coasting amount（Amount of coasting）
回转轴承间隙　Swing bearing clearance
回转机构　swing actuator
检查阀/测压口　Check valve
夹具　fixture
胶带　adhesive tape
间隔　Interval
坚固　Firm
极限（值）　Limit
节流圈　Orifice
快换接头电磁阀　Quick fit solenoid valve
控制杆　Control lever
流量　Flow
粗滤器　strainer
水平（表场地）　Level
履带架　Track frame
马力控制活塞　Horse power control piston
秒表　Stopwatch
内圈　Inner race
旁通阀　Bypass valve
排量　Displacement
剖视图　sectional view
破碎锤电磁阀　Hammer solenoid valve
P3合流阀块　P3 conflux block
平均值　Average value

牵引力　Tractive force
全冲程　Full stroke
容许值　Allowable values
收斗　Curl
收回　Roll in（retract）
伸出　Roll out（extend）
伺服液压泵　Servo hydraulic pump
上部回转（机构）/回转支承　Superstructure rotation
上部机构　Superstructure
抬举　Raise
挖掘单元　Digging unit
外翻　Dump
外观图　External view
外圈　Outer race
泄油管路　Drain line
下降　Lower
先导式安全阀　Pilot-actuated safety valve
行走踏板　Optional pedal
先导滤芯　Pilot filter
先导测压口/检查阀　Pilot check valve
先导阀块　Pilot block
先导式减压阀　Pilot reducing valve
先导控制阀左手柄　RCV L/H
先导控制阀右手柄　RCV R/H
斜盘　Swash plate
斜盘活塞泵　Swash plate piston pump
旋转斜角度　Swash angle
行走　Travel
行走马达　Travel motor
行走阀块　Travel block
行走锁定　Travel locking
下沉（沉降）　Creep
下沉量（沉降量）　Amount of creeping
下机架　Undercarriage
油耗　Fuel consumption
液压油箱　Hydraulic oil tank
液压油冷却器　Hydraulic oil cooler
溢流阀　Relief valve

原理图　Schematic diagram
液压剪　hydraulic shear
执行元件　Actuator
制动阀　Brake valve
制动阀阀芯　Brake valve spool
中央通（油）道　Center passage
主泵　Main pump
主控阀　Main control valve
驻车制动　parking brake
主溢流阀　Main relief valve
主控阀伺服液压接头　Main control valve servo hydraulic port
主伺服液压油供应　Primary servo hydraulic oil supply
最小流量调节螺钉　Minimum flow adjusting screw
最大流量调节螺钉　Maximum flow adjusting screw
直线行走阀　Straight travel valve
中央回转接头　Turning joint
总功率控制　Total horsepower control

3. 电子与电气系统

安培计（电流表）　ammeter
充电系统　charging system
磁力开关　magnetic switch
触点　contact point
电化的　electrochemical
电压表（伏特计）　voltmeter
电缆　cable
电阻　resistance
电路　electric circuit
电磁的　electromagnetic
电枢　armature
电磁场　electromagnetic field
电容器　capacitor
二极管　diode
发电机传动带　alternator drive belt
过充电　overcharge
交流发动机　alternator

交流电　alternating current
继电器　relay
空调　air conditioning
螺线管　solenoid
冷凝器　condenser
马力　horsepower
前照灯　headlamp
起动系统　starting system
起动机　starting motor
压缩机　compressor

4. 传动、转向、制动与底盘系统

变速器　gear box
传动系统　driving system
差速器　differential
传动轴　propeller shaft
离合器　clutch
驱动轴　drive shaft
万向节　universal joint
液压泵　hydraulic pump
压盘　pressure plate
止推垫　thrust pad
转向阀　steering valve
转向液压缸　steering cylinder
中心阀　central valve

5. 新车交付检查

新车交付　pre delivery inspection
型号　Model Number
序列号　Serial Number
设备　Facility
检查日期　Inspection Date
油漆　Paint
损坏　Damage
机油　lubricating oil
冷却液　Coolant
燃油　Fuel
蓄电池　Battery
空气滤清器　Air Filter
润滑脂嘴　Grease Fittings
异响　Unusual Noise

烟色　Smoke Color
调速器控制　Governor Control
真空度指示器　Air Cleaner Indicator
机油泄漏　Oil Leaks
燃油泄漏　Fuel Leaks
冷却液泄漏　Coolant Leaks
管路摩擦　Friction on Hoses
导线连接松　Loose Wire Connections
卡箍　Fastener
空气压缩机　Air Compressor
锁　Lock
空档起动　Neutral Start
倒车报警器　Back-up Alarm
振动　Vibration
转向　Steering
制动　Brakes
底盘　Chassis & Undercarriage
金属片　Sheet Metal
门锁　Door-Locks & Latches
焊接　Weld
液压　Hydraulic
液压缸杆　Cylinder Rod
驾驶室　Cab
玻璃　Glass
刮水器　Wiper
断路开关　Disconnect Switch
仪表系统　Elec Monitoring System
喇叭　Horn
座椅安全带　Seat Belt
座椅调整　Seat Adjustments
门窗　Doors and Windows
加热器　Heater
驾驶室外部灯　Lights-Outside and Cab
测量（仪器）　Gauges
调整　Adjustment
维修指导手册　Maintenance Guide
零件手册　Parts Book
操作手册　Operation manual
撬棍　Grab Irons

附件　Attachment
特殊组装部件　Special Assembly Parts
贴纸（标识）　Decals
手动工具　Hand Tools
警示牌　Warning Plates

6. 精密测量

表格　chart
测量　measure
长度　length
磁力表座　magnetic base for dial indicator
带帽螺钉紧固件　cap screw fastener
电镀的　plated
等级　class
镀锌的　zinc plated
防护眼镜（带侧面防护）　safety glasses with side protection
法兰处理　black finish
工作服　work clothes
米制单位　metric units
外径千分尺　outside micrometer
规格　Specification
活塞连杆组　piston and connecting-rod assembly
厚度　thickness
精密测量　precision measuring
机械手套　mechanic Gloves
计算　calculate
计算器　calculator
间隙　clearance
紧固力　clamp load
基圆直径　lobe base circle
量规　gage
劳保鞋（前端带钢板）　steel-toed boots
节距　pitch
螺栓强度等级　grade
力矩　torque
螺栓底孔内径　tap-drill size
内径百分表　dial bore gage
内径　inside diameter
拧紧力矩　tightening torque

排（气） exhaust
曲轴连杆轴颈 connecting rod bearing journal
乳胶手套 latex gloves
伸缩性量规 telescopic gauge
识别 identify
升程 lift
凸轮轴 camshaft
V形块 V block set
外径 outside diameter

位置 location
细牙螺纹 fine thread
英制单位 imperial units
游标卡尺 vernier caliper
主轴颈 crank journal
直径 diameter
最大圆度误差 maximum out of round
最大误差 maximum error

附录 B 世界技能大赛重型车辆维修项目试题及评分标准

模块 A：液压工作装置作业表

选手参赛号		选手姓名		裁判 1 签字	
作业起始时间		作业结束时间		裁判 2 签字	

一、内容

这个模块包含以下参考资料：

1. 该文件（模块 A：液压工作装置）
2. 维修信息系统

二、介绍

1. 全国选拔赛由 4 个模块组成。
2. 每个模块的工作时间为 2h。

三、工作任务说明

这个模块（模块 A：液压工作装置）将测试选手对液压系统的熟悉程度。

你将在 301.7D 橡胶履带液压挖掘机上进行操作。

2h 内需要完成四个任务，你需要按照下列顺序完成：

任务一：排除全车无动作故障。

任务二：排除液压工作装置功能混乱的故障。

任务三：排除斗杆外伸/缩回速度过慢的故障。

任务四：排除回转机构故障。

你可以通过电子售后服务信息系统 CATSIS 获取相关信息。

如果没有厂家的维修说明，请根据自己的维修经验进行操作。

在你操作过程中，裁判员可协助你完成测试。请准确地告诉裁判需要协助你做的事，车辆操作由厂家技术人员来执行，选手必须清晰发出指令。

四、选手作业说明

1. 安全操作过程

1）必须穿戴

◆ 带有侧面保护的防护眼镜。

◆ 带钢板的劳保鞋。

◆ 工作服。

◆ 针对处理高温、锋利、易滑物品或者重物的机械手套。

◆ 处理液体的丁腈手套。

◆ 长头发者须将长发扎起。

2）不应该佩戴

◆ 珠宝首饰（戒指、手镯、手表、项链、胸针和袖扣）。

◆ 领带。

◆ 挂牌。
◆ 任何易松动，从而缠绕在运行设备上的物件。

3）如何避免危险

◆ 在你起动设备之前，你必须和你的裁判完成下列危险评估。
◆ 你必须安全工作。
◆ 向裁判询问有关危险评估事项的行为不会导致失分。
◆ 在开始工作之前你必须完全明白该危险评估内容。
◆ 如果在工作过程中由于你的不安全操作造成危险，你将会被扣分。

2. 危险评估

在工作中将会遇到 7 种险情，以下是险情清单以及怎样避免。

险情 1：运行中的发动机部件会缠住你的衣服、头发或四肢，从而导致严重的身体伤害。
远离运行中的部件（风扇、带轮和传动带）。

险情 2：发动机的高电压系统可能会电伤你，即使在点火开关处在关闭的状态下。
在进行检测和断开插头时，请按照厂家的维修信息说明进行操作。

险情 3：如果在发动机运转过程中，这个发电机设备上的交流发电机产生的高压会电伤你。
不要从发电机上拆除发动机的保护罩或控制面板。
不要在发动机上触动任何断电器。

险情 4：高温零件和液体会严重地烧伤你的皮肤。
在接触任何发动机系统部件时请小心。

险情 5：触摸发动机机油可能导致皮肤过敏。
带丁腈手套（现场提供）。
运用抹布（现场提供）。

险情 6：你可能会被发动机的支架绊倒。
注意脚下。
任何时候都采用三点支撑。

险情 7：尖锐物会划伤皮肤。
请远离尖锐物。

模块 A：液压工作装置评分表

选手参赛号		选手姓名		成绩	
作业起始时间		作业结束时间			

项目	分值	评分标准子项	实际得分
A1	12 分	安全项目	
	7 分	发生下列任意一项，得分为零分： 作业中未穿劳保鞋，未戴防护眼镜、作业手套 发动机工作时未佩戴耳罩或者耳塞 未悬挂或者填写警示标志 检查发动机油位、液压油液位、冷却液液位时未断开蓄电池负极 工具和零件落地 工具车、零件车无移动时未制动 未安放车轮挡块	
	1 分	用万用表完成对蓄电池的电压检测	
	1 分	车辆起动，需检视周围环境，并鸣喇叭	
	1 分	上下车时，需保持三点支撑	
	1 分	驾驶人需系安全带（选手需给指令提醒）	
	1 分	不得在动臂下行走及穿越	
A2	9.5 分	维修的逻辑顺序	
	0.5 分	绕车检查车辆外观是否有磨损，有无漏油现象	
	0.5 分	检查车辆底部是否有油水泄漏及零件脱落	
	0.5 分	检查液压管路及线束插接头是否插接牢固	
	0.5 分	检查车辆"四轮一带"是否紧固，车辆方向是否向前	
	0.5 分	检查液压油、机油液位	
	0.5 分	检查发动机、发电机传动带松紧度	
	0.5 分	车辆上电，起动车辆，检视仪表，查看燃油液位	
	2 分	更换新熔丝时必须检查通断和注意规格是否相符	
	2 分	熔丝烧断后，必须在断电状态下测量后方对地的电阻	
	2 分	安装测量接头时，用手拧紧即可	

（续）

项目	分值	评分标准子项	实际得分
A3	12分	维修信息的查找和解释	
	2分	查找安全锁开关相关电气原理图	
	2分	查找相关液压原理图	
	2分	液压缸速度 SMCS-5105-535-VF；5105-535；5456-535-VF；5456-535；5457-535-VF；5457-535；5458-535-VF；5458-535；5486-535-VF；5486-535；7562-535-BG；7562-535-VF	
	2分	查找先导压力测量 SMCS-5117-025；5117-081；5453-036	
	2分	最大切断压力测试和调整 SMCS-5070-036	
	2分	高低急速调整 SMCS-L200	
A4	9分	精密测量	
	3分	检测发动机实际高急速	
	3分	先导实际压力	
	3分	实际最大切断压力	
A5	26分	故障诊断与排除	
	2分	故障1：	
	2分	故障2：	
	2分	故障3：	
	2分	故障4：	
	2分	故障5：	
	2分	故障6：	
	2分	故障7：	
	2分	故障8：	
	2分	故障9：	
	2分	故障10：	
	2分	故障11：	
	2分	故障12：	
	2分	故障13：	

（续）

项目	分值	评分标准子项	实际得分
A6	12分	工具的正确使用	
	1分	选取正确量程测量蓄电池电压，断开蓄电池负极线后，应确认测量	
	1分	测量线路电阻时，应断开蓄电池负极线	
	1分	测量系统压力时，应事先确认卸压	
	1分	正确选择测量先导回路压力的压力表 198-4237	
	1分	正确选择测量工作压力的测量接头 198-4234	
	2分	调节先导压力后，按照要求力矩拧紧	
	2分	调节系统最大切断压力时，按照要求力矩拧紧	
	1分	转速测量仪不能照射人体，测速功能调节正确	
	1分	粘贴和拆除反光胶带时，需在蓄电池负极线断开情况下进行	
	1分	使用完毕后，拆掉反光胶带，应将测速仪关机	
A7	7.5分	车辆系统和元件的维修和保养	
	0.5分	拔插熔断器时应断开点火开关	
	2分	调整先导压力时，发动机应熄火、卸压	
	2分	拆卸管路时，应注意用容器收集液体，不得洒落到设备或者地面上	
	2分	停车时，应将系统压力卸压	
	0.5分	垃圾分类处理	
	0.5分	工作完毕后，需对车辆进行清洁整理	
A8	12分	保养和修理过程中的信息沟通	
	2分	车辆信息填写正确（产品名称、型号、前缀和序列号、设备运行时间）每项0.5分，共4项	
	2分	任务一描述正确。清楚地描述了哪个原因导致系统无法工作	
	2分	任务二描述正确。清楚地描述了哪个原因导致系统工作混乱	
	6分	任务三分析正确。清楚地描述了发动机转速、先导压力以及系统压力此三项的实际测量值、标准值以及评价（每一项2分，共3项）	
		小计	
		比重	25%
		项目成绩	

模块 B：柴油发动机系统作业表

选手参赛号		选手姓名		裁判 1 签字	
作业起始时间		作业结束时间		裁判 2 签字	

一、内容

这个模块包含以下参考资料：

1. 该文件（模块 B：柴油发动机系统）。
2. 维修信息系统。

二、介绍

1. 全国选拔赛由 4 个模块组成。
2. 每个模块的工作时间为 2h。

三、工作任务说明

这个模块（模块 B：柴油发动机系统）将测试选手对柴油发动机系统维护、保养、故障诊断和排除的能力。裁判员会提前断开高压输出。

你将在 C4.4 发动机上进行操作。

2h 内需要完成 3 个任务，你需要按照下列顺序完成：

任务一：请完成绕机检查（主功率）。

任务二：处理发动机不能起动和着车故障。

任务三：利用解码器读取和消除现存和历史故障码。

你可以通过电子售后服务信息系统 CATSIS 获取相关信息。

如果没有厂家的维修说明，请根据自己的维修经验进行操作。

在你操作过程中，裁判可协助你完成测试。请准确地告诉裁判需要协助你做的事。

四、选手作业说明

1. 安全操作过程

1）必须穿戴

◆ 带有侧面保护的防护眼镜。

◆ 带钢板的劳保鞋。

◆ 工作服。

◆ 针对处理高温、锋利、易滑物品或者重物的机械手套。

◆ 处理液体的丁腈手套。

◆ 长头发者须将长发扎起。

2）不应该佩戴

◆ 珠宝首饰（戒指、手镯、手表、项链、胸针和袖扣）。

◆ 领带。

◆ 挂牌。

◆ 任何易松动，从而缠绕在运行设备上的物件。

3）如何避免危险

◆ 在你起动设备之前，你必须和你的裁判完成下列危险评估。

◆ 你必须安全工作。
◆ 向裁判询问有关危险评估事项的行为不会导致失分。
◆ 在开始工作之前你必须完全明白该危险评估内容。
◆ 如果在工作过程中由于你的不安全操作造成危险,你将会被扣分。

2. 危险评估

在工作中将会遇到 7 种险情,以下是险情清单以及怎样避免。

险情 1:运行中的发动机部件会缠住你的衣服、头发或四肢,从而导致严重的身体伤害。
远离运行中的部件(风扇、带轮和传动带)。

险情 2:发动机的高电压系统可能会电伤你,即使在点火开关处在关闭的状态下。
在进行检测和断开插头时,请按照厂家的维修信息说明进行操作。

险情 3:如果在发动机运转过程中,这个发电机设备上的交流发电机产生的高压会电伤你。
不要从发电机上拆除发动机的保护罩或控制面板。
不要在发动机上触动任何断电器。

险情 4:高温零件和液体会严重地烧伤你的皮肤。
在接触任何发动机系统部件时请小心。

险情 5:触摸发动机机油可能导致皮肤过敏。
带丁腈手套(现场提供)。
运用抹布(现场提供)。

险情 6:你可能会被发动机的支架绊倒。
注意脚下。
任何时候都采用三点支撑。

模块 B：柴油发动机系统评分表

选手参赛号		选手姓名		成绩	
作业起始时间		作业结束时间			

项目	分值	评分标准子项	实际得分
B1	10 分	安全项目	
	6 分	发生下列任意一项，得分为零分： 悬置警示标志，填写姓名和日期 作业中没有穿戴防护眼镜和劳保鞋 没有遵守"三点"上、下发动机架 发动机运转时没戴耳塞或者耳罩 机械保养和维修作业，电气元件更换时没有断开负极线或者负极开关 不带手套作业 因操作不当造成设备工具损坏 因操作不当造成受伤流血	
	1 分	保持工作场地清洁，地面无油污	
	1 分	设备、工具使用完毕后清洁，并归好位置	
	2 分	作业完毕后收回和清洁警示牌，拆除尾气抽排管，去掉车轮垫块	
B2	3 分	维修的逻辑顺序	
	1 分	车辆起动前，应前后观察确认发电机没有工具和人员接触	
	1 分	诊断逻辑正确：先外观明显故障，再查找电源故障，然后故障码故障，最后根据故障征兆完成其余故障诊断	
	1 分	能在电路图上展示损坏的元件、线路，并指出具体部位。每个 1 分。至少能说出两个故障元件的具体部件	
B3	10 分	维修信息的查找和解释	
	2 分	能找到绕机检查的维修手册 SMCS-1000-040	
	2 分	发电机传动带检查和调整 SMCS-1357-025；1357-040；1357-510	
	2 分	冷却液液位检测 SMCS-1395-082	
	2 分	发动机机油数量检查 SMCS-1348-535	
	2 分	能查到发电机的电路图 SMCS-7566	
B4	36 分	故障查询与排除（每个故障由选手报告给裁判，假线类故障由技术人员恢复，其余故障由选手自行恢复	
	3 分	故障 1：	
	3 分	故障 2：	
	3 分	故障 3：	

(续)

项目	分值	评分标准子项	实际得分
B4	36 分	故障查询与排除（每个故障由选手报告给裁判，假线类故障由技术人员恢复，其余故障由选手自行恢复	
	3 分	故障 4：	
	3 分	故障 5：	
	3 分	故障 6：	
	3 分	故障 7：	
	3 分	故障 8：	
	3 分	故障 9：	
	3 分	故障 10：	
	3 分	故障 11：	
	3 分	故障 12：	
B5	16 分	工具的正确使用	
	2 分	首次使用万用表检测电压时，需用万用表在蓄电池上检查电压	
	3 分	能正确使用工具检查继电器故障	
	3 分	选用正确数据线连接故障诊断仪器	
	2 分	能按规定读取和消除故障码（排除故障前、后需分别操作一次）	
	3 分	拆除管路时，采用抹布或者吸油纸垫在管路下面，收集洒落的液体	
	3 分	拿到新继电器必须检查线圈、触点工作性能，否则不得分	
B6	7.5 分	零部件系统的保养和修理	
	2 分	更换电气元件时，断开蓄电池负极线（如更换继电器）	
	2 分	进行涉及安全的机械维修作业时，断开蓄电池负极线（拆卸燃油管路）	
	2 分	负极线断开时，必须用绝缘胶布给予绝缘保护	
	1.5 分	发电机传动带张紧度调整正确	
B7	17.5 分	保养和修理过程中的信息沟通	
	2 分	正确填写设备名称	
	2 分	型号	
	2 分	前缀和序列号	
	2 分	小时计	
	6 分	正确填写故障原因。12 个，少 1 个减 0.5 分	
	2 分	跟裁判和设备操作人员沟通畅通，指令清晰	
	1.5 分	解码器信息填写正确	
		小计	
		比重	25%
		项目成绩	

模块C：新车交付检查单

合格请画"√"，不合格请写明原因。

检查项目		合格	不合格和原因
油漆、损伤	1. 发动机舱外观油漆、损伤情况 2. 油漆、裂痕、凹痕、污垢等 3. 检查弯管、拉杆损伤、变形		
蓄电池、空气滤清器	1. 正确检查蓄电池电压 2. 检查蓄电池壳体有无泄漏，接线柱、线束连接紧固情况 3. 检查空气滤清器是否正常		
进气系统	1. 检查进气歧管有无泄漏现象 2. 检查进气管路卡箍有无松动现象 3. 检查进气堵塞指示器是否正常（必须先查找SIS）		
软管、线束、紧固件	1. 检查软管是否磨损 2. 检查螺栓、螺母夹子等是否紧固		
排气系统	1. 检查排气歧管有无泄漏 2. 检查涡轮增压器有无泄漏 3. 检查消声器有无泄漏 4. 检查排气口朝向是否正常		
燃油系统	1. 检查油箱盖密封件有无老化现象，清洁油箱盖 2. 检查燃油液位指示线束有无松动、油箱有无泄漏痕迹 3. 检查燃油系统各油管有无泄漏痕迹 4. 检查油水分离器、油泵线束是否干涩，插头是否松动 5. 排放燃油滤清器废水，清洁排水口		
润滑系统	清洁机油尺口，检查机油液位（必须先查找SIS）		
传动带	1. 检查传动带是否老化磨损 2. 检查传动带张紧度（必须先查找SIS）		
空调	1. 检查空调管路有无泄漏现象 2. 检查空调相关插头是否松动、线束是否干涩 3. 检查驾驶室空气滤清器 4. 检查空调各出风口 5. 检查空调制冷性能 6. 检查空调暖风系统		
散热器	1. 检查散热器外观有无变形、漆面有无损伤现象 2. 检查散热器罩气动撑杆安装可靠性 3. 检查散热器叶片有无损伤现象 4. 检查散热器密封条安装是否到位 5. 检查冷却液管路有无泄漏痕迹 6. 检查液压油管路有无泄漏痕迹 7. 检查散热器座螺栓是否松动 8. 检查散热器锁止机构 9. 检查散热器风扇罩安装可靠性 10. 检查风扇叶片是否损坏 11. 检查各管路有无泄漏现象 12. 检查液压取样口有无泄漏现象 13. 检查膨胀水箱液位是否正常（必须先查找SIS） 14. 检查液压油滤清器有无泄漏现象		

（续）

检查项目		合格	不合格和原因
散热器	15. 检查冷却液各个管路有无泄漏现象		
	16. 检查发动机表面有无泄漏现象		
	17. 检查发动机机座固定锁紧螺母（必须先查找螺母力矩标准）		
	18. 安装散热器锁紧螺栓（必须先查找螺母力矩标准）		
轮胎	1. 检查轮胎规格		
	2. 检查花纹沟槽有无异常磨损		
	3. 检查轮胎安装朝前标记		
	4. 检查轮胎胎压（必须先查找标准胎压）		
	5. 检查钢圈螺母力矩		
下位	1. 检查驱动链液位（必须先查找标准液位）		
	2. 检查下部漆面		
	3. 检查 AUX 辅助接头有无泄漏情况		
	4. 检查各个螺栓是否松动		
	5. 检查液压油液位（必须先查找标准液位）		
	6. 清洁润滑脂嘴，加注润滑脂，再次清洁润滑脂嘴及多余溢出部分（必须先查找 SIS）		
驾驶室下部	1. 检查驾驶室有无杂物，掀起前要确认		
	2. 检查驾驶室紧固件		
	3. 掀起驾驶室，检查锁止螺杆有无落位		
	4. 检查左右行走马达		
	5. 检查行走系统管路有无泄漏现象		
	6. 检查线束有无干涩，插头有无脱落现象		
	7. 检查液压油箱安装是否可靠		
	8. 检查液压油箱连接处各个管路有无泄漏情况		
	9. 检查液压油箱连接处各插头有无松动脱落现象		
主泵	1. 检查主泵有无泄漏现象		
	2. 检查各管路有无泄漏现象		
	3. 检查各插头有无脱落现象		
	4. 检查各测压口有无泄漏现象		
	5. 检查主泵线束干涩情况		
主控阀、蓄能器	1. 检查蓄能器及管路有无泄漏现象		
	2. 检查主控阀及管路有无泄漏现象		
	3. 检查主控阀测压口有无泄漏现象		
	4. 检查各插头是否脱落		
	5. 检查驾驶室底部线束有无干涩、插头有无松动、管路有无泄漏现象		
	6. 检查喇叭线束有无干涩、插头有无脱落现象		
触地机具	1. 检查触地机具外观有无损伤现象		
	2. 检查联接螺母是否松动		
	3. 检查铲斗快拆机构工作是否正常		
驾驶室清洁	进入驾驶室操作，必须使用干净手套		
金属板件、油漆	1. 检查有无凹痕、变形、锈点或紧固件不当配合		
	2. 检查外观油漆、损伤情况		
车门附件	1. 检查刮水器刮片有无老化，破损现象		
	2. 检查工作灯灯座安装是否牢固		
	3. 检查工作灯线束有无老化、破损，插头有无脱落现象		
	4. 检查车门密封条老化、破损情况		

（续）

检查项目		合格	不合格和原因
座椅	1. 检查底板有无杂物 2. 检查座椅罩是否破损 3. 检查座椅调节功能是否正常 4. 检查安全带性能是否正常		
车窗	1. 检查车窗是否破损 2. 检查车窗能否锁紧 3. 检查天窗是否破损 4. 检查室内灯工作是否正常 5. 检查后车内视镜是否破损 6. 检查后风窗玻璃是否破损		
仪表、喇叭、灯具、刮水器	1. 检查油泵工作是否正常 2. 检查仪表指示灯是否正常 3. 检查喇叭工作是否正常 4. 检查扶手安全启动开关 5. 检查P位液压锁开关 6. 检查灯光系统 7. 检查刮水器工作性能 8. 检查倒车警告灯及倒车警报器		
发动机运转和工作装置功能测试	1. 检查发动机排烟、异响、振动情况 2. 检查加速踏板高低怠速控制功能 3. 检查动臂提升功能 4. 检查铲斗功能 5. 检查提升臂锁止机构 6. 检查油缸及管路有无损伤、泄漏情况 7. 检查杆端是否刮花 8. 检查铲斗液压缸有无损伤、泄漏现象 9. 检查铲斗杆端有无刮花现象 10. 检查设备降下控制阀		
解码器使用	能熟练使用解码器读码和消码		

模块C：新车交付检查评分表

选手参赛号		选手姓名		成绩	
作业起始时间		作业结束时间			

项目	分值	评分标准子项	实际得分
C1	10 分	安全项目	
	6 分	发生下列任意一项，得分为零分： 未悬置警示标志（禁止起动标志必须悬挂于点火开关附近，禁止操作标志必须放置于操作手柄处） 除测量外，未全程戴手套 接触油液时，未戴丁腈手套 未按规定佩戴护目镜、安全帽，穿工作服、劳保鞋 未安装车轮挡块 未实行"三点式"接触上下车 上下车手上携带物品 机械作业时，未断开电源（电源总开关或者蓄电池负极线） 运行发动机时，未佩戴耳塞 离开驾驶室时，不关掉发动机 驾驶室翻转时没有放置支撑杆 发动机舱后侧板打开时，未使用锁销锁止侧板 没有将挤出的旧润滑脂擦除 没有用柔和的方式将铲斗下放到地面	
	1 分	保持工作场地清洁，地面无油污	
	1 分	工具使用完毕后清洁，并归位放置	
	2 分	作业完毕后收拾机器，摆放好零件车、工具车	
C2	14 分	维修信息的查找和解释	
	6 分	使用 SIS 查找所有 3 个标准液位位置（机油/膨胀水箱/链条油/液压油）每个 2 分 发动机机油油位-检查：SMCS-1348-535-FLV 冷却系统液位-检查：SMCS-1350-040-HX；1350-535-FLV；1362-070；1362-510 传动链条箱机油-检查：SMCS-3261-535 液压油液位 SMCS-5095-535-FLV	
	2 分	使用 SIS 查找轮胎规格及标准胎压 轮胎充气量-检查，SMCS-4203-535-AI	
	2 分	散热器倾斜 SMCS-1353-506；1353-509	
	2 分	倾斜驾驶室 SMCS-7301-506；7301-509 安装 ROPS 的螺栓。将螺栓拧紧至 125N·m±10N·m	
	2 分	使用 SIS 检查传动带张紧度 传动带-检查/调整/更换 SMCS-1357-025；1357-040；1357-510	

(续)

项目	分值	评分标准子项	实际得分
C3	19.6分	发动机区域	
	1.2分	油漆、损伤 1. 发动机舱外观油漆、损伤检查（0.4） 2. 检查油漆、裂痕、凹痕、污垢等（0.4） 3. 检查弯管、拉杆损伤、变形情况（0.4）	
	2分	蓄电池、空气滤清器 1. 正确检查蓄电池电压（0.4） 2. 检查蓄电池壳体有无泄漏，接线柱、线束连接紧固情况（0.4） 3. 检查空气滤清器是否正常（0.4） 4. 拆卸粗滤器，检查粗滤器有无堵塞、破损现象（0.4） 5. 拆卸细滤器，检查细滤器有无堵塞、破损现象（0.4）	
	1.2分	进气系统 1. 检查进气歧管有无泄漏情况（0.4） 2. 检查进气管路卡箍有无松动情况（0.4） 3. 检查进气堵塞开关是否正常（0.4）	
	0.8分	软管、线束、紧固件 1. 检查软管是否磨损（0.4） 2. 检查螺栓、螺母夹子等是否紧固（0.4）	
	1.6分	排气系统 1. 检查排气歧管有无泄漏现象（0.4） 2. 检查涡轮增压器有无泄漏现象（0.4） 3. 检查消声器有无泄漏现象（0.4） 4. 检查排气口朝向是否正常（0.4）	
	2分	燃油系统 1. 检查油箱盖密封件有无老化现象，清洁油箱盖（0.4） 2. 检查燃油液位指示线束有无松动、油箱有无泄漏痕迹（0.4） 3. 检查燃油系统各油管有无泄漏痕迹（0.4） 4. 检查油水分离器、油泵线束有无干涩、插头有无松动现象（0.4） 5. 排放燃油滤清器废水，清洁排水口（0.4）	
	0.4分	润滑系统 清洁机油尺口，检查机油液位（必须先查找标准，否则此项得分为0）（0.4）	
	0.8分	传动带 1. 检查传动带有无老化磨损现象（0.4） 2. 检查传动带张紧度（必须先查找标准张紧度，否则此项得分为0）（0.4）	
	2.4分	空调 1. 检查空调管路有无泄漏现象（0.4） 2. 检查空调相关插头有无松动、线束有无干涩现象（0.4） 3. 检查驾驶室空气滤清器（0.4） 4. 检查空调各出风口（0.4） 5. 检查空调制冷性能（0.4） 6. 检查空调暖风系统（0.4）	

（续）

项目	分值	评分标准子项	实际得分
C3	19.6分	发动机区域	
	7.2分	散热器 1. 检查散热器外观有无变形、漆面有无损伤现象（0.4） 2. 检查散热器罩气动撑杆安装可靠性（0.4） 3. 检查散热器叶片有无损伤现象（0.4） 4. 检查散热器密封条安装是否到位（0.4） 5. 检查冷却液管路有无泄漏痕迹（0.4） 6. 检查液压油管路有无泄漏痕迹（0.4） 7. 检查散热器座螺栓是否松动（0.4） 8. 检查散热器锁止机构（0.4） 9. 检查散热器风扇罩安装可靠性（0.4） 10. 检查风扇叶片是否损坏（0.4） 11. 检查各管路有无泄漏现象（0.4） 12. 检查液压取样口有无泄漏现象（0.4） 13. 检查膨胀水箱液位是否正常（必须先查找标准，否则此项得分为0）（0.4） 14. 检查液压油滤清器有无泄漏现象（0.4） 15. 检查冷却液各个管路有无泄漏现象（0.4） 16. 检查发动机表面有无泄漏现象（0.4） 17. 检查发动机机座固定锁紧螺母（0.4） 18. 安装散热器锁紧螺栓（必须先查找螺母力矩标准，否则此项得分为0）（0.4）	
C4	6.8分	传动、底盘系统区域	
	2分	轮胎 1. 检查轮胎规格（0.4） 2. 检查花纹沟槽有无异常磨损现象（0.4） 3. 检查轮胎安装朝前标记（0.4） 4. 检查轮胎胎压（必须先查找标准胎压，否则此项得分为0）（0.4） 5. 检查钢圈螺母力矩（必须先查找标准胎压，否则此项得分为0）（0.4）	
	2.4分	下位 1. 检查驱动链液位（必须先查找标准液位，否则此项得分为0）（0.4） 2. 检查下部漆面（0.4） 3. 检查AUX辅助接头有无泄漏情况（0.4） 4. 检查各个螺栓有无松动现象（0.4） 5. 检查液压油液位（必须先查找标准液位，否则此项得分为0）（0.4） 6. 清洁润滑脂嘴，加注润滑脂，再次清洁润滑脂嘴及多余溢出部分（0.4）	
	2.4分	驾驶室下部 1. 检查驾驶室有无杂物掀起前要确认（0.4） 2. 拆卸驾驶室固定螺栓（0.4） 3. 掀起驾驶室，检查锁止螺杆有无落位情况（0.4） 4. 检查左右行走马达（0.4） 5. 检查行走系统管路有无泄漏情况（0.4） 6. 检查线束有无干涩、插头有无脱落情况（0.4）	

(续)

项目	分值	评分标准子项	实际得分
C5	6.8 分	液压、工装系统区域	
	1.2 分	驾驶室下部 1. 检查液压油箱安装是否可靠（0.4） 2. 检查液压油箱连接处各个管路有无泄漏情况（0.4） 3. 检查液压油箱连接处各插头有无松动脱落情况（0.4）	
	2 分	主泵 1. 检查主泵有无泄漏现象（0.4） 2. 检查各管路有无泄漏现象（0.4） 3. 检查各插头有无脱落现象（0.4） 4. 检查各测压口有无泄漏现象（0.4） 5. 检查主泵线束干涩情况（0.4）	
	2.4 分	主控阀、蓄能器 1. 检查蓄能器及管路有无泄漏现象（0.4） 2. 检查主控阀及管路有无泄漏现象（0.4） 3. 检查主控阀测压口有无泄漏现象（0.4） 4. 检查各插头有无脱落现象（0.4） 5. 检查驾驶室底部线束有无干涩、插头有无松动、管路有无泄漏情况（0.4） 6. 检查喇叭线束有无干涩、插头有无脱落现象（0.4）	
	1.2 分	触地机具 1. 检查触地机具外观有无损伤现象（0.4） 2. 检查联接螺母有无松动现象（0.4） 3. 检查铲斗快拆机构工作是否正常（0.4）	
C6	14.4 分	驾驶室区域	
	0.4 分	清洁 进入驾驶室操作，必须使用干净手套（0.4）	
	0.8 分	金属扳件、油漆 1. 检查有无凹痕、变形、锈点或紧固件不当配合（0.4） 2. 检查外观油漆、损伤（0.4）	
	1.6 分	车门附件 1. 检查刮水器刮片有无老化、破损现象（0.4） 2. 检查工作灯灯座安装是否牢固（0.4） 3. 检查工作灯线束有无老化、破损，插头有无脱落现象（0.4） 4. 检查车门密封条有无老化、破损现象（0.4）	
	1.6 分	座椅 1. 检查底板有无杂物（0.4） 2. 检查座椅罩有无破损现象（0.4） 3. 检查座椅调节功能是否正常（0.4） 4. 检查安全带性能是否正常（0.4）	
	2.8 分	车窗 1. 检查车窗有无破损现象（0.4） 2. 检查车窗能否锁紧（0.4） 3. 检查天窗有无破损现象（0.4） 4. 检查室内灯工作是否正常（0.4） 5. 检查后车内视镜有无破损现象（0.4） 6. 检查空调滤清器有无堵塞现象（0.4） 7. 检查后风窗玻璃有无破损现象（0.4）	

（续）

项目	分值	评分标准子项	实际得分
C6	14.4 分	驾驶室区域	
	3.2 分	仪表、喇叭、灯具、刮水器 1. 检查油泵工作是否正常（0.4） 2. 检查仪表指示灯是否正常（0.4） 3. 检查喇叭工作是否正常（0.4） 4. 检查扶手安全起动开关（0.4） 5. 检查 P 位液压锁开关（0.4） 6. 检查灯光系统（0.4） 7. 检查刮水器工作性能（0.4） 8. 检查倒车警告灯及倒车警报器（0.4）	
	4 分	发动机运转和工作装置功能测试 1. 检查发动机排烟、异响、振动情况（0.4） 2. 检查油门高低怠速控制功能（0.4） 3. 检查动臂提升功能（0.4） 4. 检查铲斗功能（0.4） 5. 检查提升臂锁止机构（0.4） 6. 检查油缸及管路有无损伤、泄漏现象（0.4） 7. 检查杆端有无刮花现象（0.4） 8. 检查铲斗液压缸有无损伤、泄漏现象（0.4） 9. 铲斗杆端有无刮花现象（0.4） 10. 检查设备降下控制阀（0.4）	
C7	22 分	故障查询	
	2 分	正确找到故障点 1，并向裁判报告	
	2 分	正确找到故障点 2，并向裁判报告	
	2 分	正确找到故障点 3，并向裁判报告	
	2 分	正确找到故障点 4，并向裁判报告	
	2 分	正确找到故障点 5，并向裁判报告	
	2 分	正确找到故障点 6，并向裁判报告	
	2 分	正确找到故障点 7，并向裁判报告	
	2 分	正确找到故障点 8，并向裁判报告	
	2 分	正确找到故障点 9，并向裁判报告	
	2 分	正确找到故障点 10，并向裁判报告	
	2 分	正确找到故障点 11，并向裁判报告	
C8	6.4 分	工具的正确使用	
	2 分	力矩扳手使用完毕，应调整为初始值，并擦拭干净	
	1.4 分	工具、设备无损坏	
	1 分	能正确使用解码器进行故障码读取和消码	
	2 分	作业中，工具、零件应拿稳，不得落地	
		小计	
		比重	25%
		项目成绩	

模块 D：精密测量作业表

选手参赛号		选手姓名		裁判 1 签字	
作业起始时间		作业结束时间		裁判 2 签字	

一、内容

这个模块包含以下参考资料：

1. 该文件（模块 D：精密测量）。
2. 维修信息系统。

二、介绍

1. 全国选拔赛由 4 个模块组成。
2. 每个模块的工作时间为 2h。

三、工作任务说明

这个模块（模块 D：精密测量）将测试选手对米制测量工具的使用。

你将在 C9 ACERT 柴油发动机及 CAT 相关部件上进行操作。

2h 内需要完成 7 个任务，你需要按照下列顺序完成：

任务一：检查和调整气门间隙。

任务二：以米制单位测量活塞连杆组并评估使用性能。

任务三：以米制单位测量曲轴并评估使用性能。

任务四：以米制单位测量凸轮轴并评估使用性能。

任务五：以米制单位测量气门杆和气门导管间隙并评估使用性能。

任务六：轴承测量。

任务七：螺栓/螺母测量。

你可以通过电子售后服务信息系统 CATSIS 获取相关信息。

如果没有厂家的维修说明，请根据自己的维修经验进行操作。

在你的操作过程中，裁判可协助你完成测试，请准确地告诉裁判需要协助你做的事。

四、选手作业说明

1. 安全操作过程

1）必须穿戴

◆ 带有侧面保护的防护眼镜。

◆ 带钢板的劳保鞋。

◆ 工作服。

◆ 针对处理高温、锋利、易滑物品或者重物的机械手套。

◆ 处理液体的丁腈手套。

◆ 长头发者须将长发扎起。

2）不应该佩戴

◆ 珠宝首饰（戒指、手镯、手表、项链、胸针和袖扣）。

◆ 领带。

◆ 挂牌。

◆ 任何易松动,从而缠绕在运行设备上的物件。

3) 如何避免危险

◆ 在你起动设备之前,你必须和你的裁判完成下列危险评估。

◆ 你必须安全工作。

◆ 向裁判询问有关危险评估事项的行为不会导致失分。

◆ 在开始工作之前你必须完全明白该危险评估内容。

◆ 如果在工作过程中由于你的不安全操作造成危险,你将会被扣分。

2. 危险评估

在工作中将会遇到 7 种险情,以下是险情清单以及怎样避免。

险情 1:运行中的发动机部件会缠住你的衣服、头发或四肢,从而导致严重的身体伤害。
远离运行中的部件(风扇、带轮和传动带)。

险情 2:发动机的高电压系统可能会电伤你,即使是在点火开关处在关闭的状态下。
在检测和断开插头时,请按照厂家的维修信息说明进行操作。

险情 3:在发动机运转过程中,这个发电机设备上的交流发电机产生的高压会电伤你。
不要从发电机上拆除发动机的保护罩或控制面板。
不要在发动机上触动任何断电器。

险情 4:高温零件和液体会严重地烧伤你的皮肤,在接触任何发动机系统部件时请小心。

险情 5:触摸发动机机油可能导致皮肤过敏。
带丁腈手套(现场提供)。
运用抹布(现场提供)。

险情 6:你可能会被发动机的支架绊倒。
注意脚下。
任何时候都采用三点支撑。

险情 7:尖锐物会划伤皮肤。
请远离尖锐物。

模块 D：精密测量—评分表

选手参赛号		选手姓名		成绩	
作业起始时间		作业结束时间			

项目	分值	评分标准子项	实际得分
D1	9分	安全项目	
	6分	发生下列任意一项，得分为零分 零部件受严重撞击 测量工具受严重撞击 作业中未穿劳保鞋 工具和零件落地 工具车、零件车未制动	
	1分	保持工作场地清洁，地面无油污	
	1分	工具使用完毕后清洁，并归位放置	
	1分	作业完毕后收拾发动机台架，摆放好零件车、工具车	
D2	9.8分	维修的逻辑顺序	
	2分	调整一、六缸压缩上止点位置 1. 正确选用飞轮盘车工具（0.5分） 2. 正确旋转曲轴至一、六缸压缩上止点；如果旋转过头，应倒转30°以上，在正转至上止点（0.5分） 3. 转动曲轴时应使用拉力，而不是推力（0.5分） 4. 曲轴的旋转方向正确（0.5分）	
	1分	正确判断1/6上止点，（观察气门换气重叠时刻）	
	0.2分	能分清气缸的排列顺序（由裁判提问）	
	1分	能分清每个气缸的进气门和排气门位置（由裁判提问）	
	3.6分	正确调整好所有12个气门间隙，一个不正确扣0.3分	
	2分	按照标准力矩紧固螺栓，一个不标准扣0.5分，扣完2分为止	
D3	10分	维修信息的查找和解释	
	2分	找到维修手册：确定第1缸活塞上止点位置 SMCS-1105-531	
	2分	找到维修手册：发动机气门间隙-检查/调整 SMCS-1102-025	
	2分	找到维修手册：查阅测量曲轴技术资料，正确指出测量及计算所在部件的维修标准 SMCS-XXXX	
	2分	找到维修手册：查阅测量凸轮轴的技术资料，正确指出测量及计算所在部件的维修标准 SMCS-XXXX	
	2分	找到维修手册：查阅测量气门杆和气门导管间隙的技术资料，正确指出测量及计算所在部件的维修标准 SMCS-XXXX	

（续）

项目	分值	评分标准子项	实际得分
D4	44分	精密测量	
		测量活塞连杆组	
	1分	测量活塞销的外径	
	1分	测量活塞销座孔的内径	
	1分	计算活塞销与活塞销座孔之间的间隙	
	1分	测量连杆小头孔的直径	
	1分	计算连杆小头孔的内径与活塞销之间的间隙	
		测量曲轴	
	1分	1号曲轴主轴颈	
	1分	2号曲轴主轴颈	
	1分	3号曲轴主轴颈	
	1分	4号曲轴主轴颈	
	1分	5号曲轴主轴颈	
	1分	1缸曲轴连杆轴颈	
	1分	2缸曲轴连杆轴颈	
	1分	3缸曲轴连杆轴颈	
	1分	4缸曲轴连杆轴颈	
		测量凸轮轴	
	1分	测量1号凸轮轴主轴颈的外径	
	1分	测量2号凸轮轴主轴颈的外径	
	1分	测量3号凸轮轴主轴颈的外径	
	1分	测量1缸排气凸轮轴的基圆直径	
	1分	测量2缸排气凸轮轴的基圆直径	
	1分	测量3缸排气凸轮轴的基圆直径	
	1分	测量4缸排气凸轮轴的基圆直径	
	1分	测量1缸排气凸轮轴的升程	
	1分	测量2缸进气凸轮轴的升程	
	1分	测量2缸排气凸轮轴的升程	
	1分	测量3缸排气凸轮轴的升程	
	1分	测量4缸进气凸轮轴的升程	
	1分	测量4缸排气凸轮轴的升程	
		测量发动机气门杆和气门导管间隙	
	1分	测量1号气门导管的内径	
	1分	测量进气门杆的外径	
	1分	计算进气门杆和气门导管之间的间隙	

(续)

项目	分值	评分标准子项	实际得分
D4	44	精密测量	
		测量轴承	
	1分	大轴承外圈直径	
	1分	大轴承内圈内径	
	1分	大轴承外圈厚度	
	1分	大轴承内圈厚度	
	1分	小轴承外圈直径	
	1分	小轴承内圈内径	
	1分	小轴承外圈厚度	
	1分	小轴承内圈厚度	
		测量螺栓/螺母	
	1分	螺栓公称直径	
	1分	螺栓节距	
	1分	螺栓精度等级	
	1分	螺栓螺纹小径	
	1分	螺母公称直径	
	1分	螺母加工时底孔直径	
D5	7.2分	工具的正确使用	
	(1.2分)	正确使用游标卡尺： 1. 使用前清洁游标卡尺，清洁测量内爪、外爪和卡尺尺身（0.3分） 2. 校零：与眼睛平齐，对准光源，看0线刻度（0.3分） 3. 对测量零件进行清洁（0.3分） 4. 最后一次测量完毕，应清洁卡尺并将测量头缩回放入盒中（0.3分）	
	(1.8分)	正确选用合适量程的外径千分尺，使用前需校正： 1. 使用前清洁千分尺测量表面（0.3分） 2. 正确检查千分尺是否校零（0.3分） 3. 对千分尺进行校零（0.3分） 4. 测量零件应清洁（0.3分） 5. 测量时千分尺应轻轻接触零件，不可发出碰撞响声（0.3分） 6. 最后一次测量完毕，应清洁千分尺，并将测量头缩回，放入盒中。（0.3分）	
	(2.4分)	正确使用内径百分表： 1. 使用前清洁内径量仪（0.3分） 2. 选择正确量程的测量杆，调整至合适长度（比测量内孔要大于0.5mm且小于1mm）（0.3分） 3. 测量杆螺母要用扳手锁紧（0.3分） 4. 检查百分表测量头是否松动（事先由裁判拧松）（0.5分） 5. 检查百分表杆滑动是否顺畅，指针是否回位（0.4分） 6. 百分表压表正常（0.5~2mm）（0.3分） 7. 测量完毕，对内径百分表进行清洁并装盒（0.3分），有零件漏装和未清洁的则扣分	

(续)

项目	分值	评分标准子项	实际得分
D5	7.2 分	工具的正确使用	
	1.8 分	正确使用合适量程的扭力扳手： 1. 使用前清洁（0.3分） 2. 正确调整力矩（0.3分） 3. 采用拉力而不是推力来旋转扭力扳手（0.3分） 4. 匀速拉动而不是冲击拉动扭力扳手（0.3分） 5. 最后一次使用完毕后清洁（0.3分） 6. 恢复扭力扳手至初始值（0.3分）	
D6	9 分	评价项目：千分尺的正确使用和记录	
	只选则下列 0~3 中其中 1 项 0-低于行业标准（3分）	如果出现以下任何一项则为零分： 1. 使用千分尺前未清洁，尤其是测量头端面 2. 使用前未校零 3. 千分尺不对零，且没有对千分尺调零 4. 对测量工件没有清洁 5. 零件和测量工具掉落 6. 测量时每个截面至少在水平和垂直平面测量各1次 7. 填写数据时应填写毫米（mm）单位 8. 千分尺在使用完毕装盒时，测量头收回，但不接触	
	1-达到行业标准（3分）	上述都做到了	
	2-达到行业标准，且某些方面超过标准（6分）	如果上述都做到了，且还做到了下述事项： 1. 除了凸轮升程测量以外，其他测量至少测量两个截面，测量四个尺寸 2. 至少有三次及以上未取出千分尺前读读数，而不是锁止千分尺拿出后读读数	
	3-达到行业期待的优秀水平（9分）	所有千分尺读读数，都未取出千分尺前读读数，而不是锁止千分尺拿出后读读数	
D7	11 分	保养和修理过程中的信息沟通	
	2 分	记录了维修发动机信息-C9	
	1 分	记录了作业任务	
	4 分	记录了实际气门间隙测量值： 1. 6个气门间隙过小（每个0.5分，6个3分） 2. 2个进气间隙过大（每个0.5分，满分1分）	
	2 分	从维修手册抄录了标准间隙值	
	2 分	记录了锁紧螺母故障现象 两个气门锁紧螺母力矩不足（每个1分，满分2分）	
		小计	
		比重	25%
		项目成绩	

参 考 文 献

[1] 初长祥. 第44届世界技能大赛重型车辆维修项目全国选拔赛技术工作文件及评分标准 [Z]. 2016.
[2] 刘庆华. 第45届世界技能大赛重型车辆维修项目全国选拔赛技术工作文件及评分标准 [Z]. 2018.
[3] 李清德. 工程机械（装载机）维修 [M]. 北京：中国劳动社会保障出版社，2017.
[4] 李清德. 发动机拆装与检修 [M]. 北京：中国劳动社会保障出版社，2017.
[5] 汪超. 工程机械（挖掘机）维修 [M]. 北京：中国劳动社会保障出版社，2017.
[6] 余自俏. 工程车辆电气设备安装与调试 [M]. 北京：中国劳动社会保障出版社，2017.
[7] 赵明. 轮胎式、履带式起重机维修图解手册 [M]. 南京：江苏科学技术出版社，2007.
[8] 张明军. 工程机械修理工（汽车起重机）[M]. 北京：机械工业出版社，2018.
[9] 张育益. 现代装载机构造与使用维修 [M]. 北京：化学工业出版社，2016.
[10] 罗映. 装载机构造与维修手册 [M]. 2版. 北京：化学工业出版社，2014.
[11] 赵培全. 国Ⅲ系列重卡柴油机常见故障与维修 [M]. 北京：机械工业出版社，2011.
[12] 瑞佩尔. 重型卡车整车电气线路图集大全 [M]. 北京：化学工业出版社，2018.
[13] 李自广. 实用重型货车线束图集 [M]. 北京：机械工业出版社，2016.
[14] 李波. 卡特挖掘机液电控制维修手册 [M]. 北京：化学工业出版社，2014.